我
们
一
起
解
决
问
题

本著作受到河北经贸大学工商管理学院
学术著作出版基金资助

顾客体验和服务品牌权益研究

李建州 著

人民邮电出版社
北京

图书在版编目（ＣＩＰ）数据

顾客体验和服务品牌权益研究 / 李建州著. -- 北京：
人民邮电出版社，2022.12（2023.9重印）
ISBN 978-7-115-60339-5

Ⅰ. ①顾… Ⅱ. ①李… Ⅲ. ①企业管理－商业服务－
研究 Ⅳ. ①F274

中国版本图书馆CIP数据核字(2022)第201030号

内 容 提 要

　　本书在现有文献的基础上，主要探讨了顾客体验对服务品牌权益的影响，构建了顾客体验对服务品牌权益影响的研究模型，同时通过问卷调查，借助 LISREL 软件进行分析，就顾客体验对品牌关系的影响机理进行了阐述。研究的主要内容包括：顾客体验的内涵和构成；基于服务的本质和特性，探索顾客体验对服务品牌权益的影响；探索企业经营定位对模型的影响；顾客的消费目的和人口统计特征对结构变量的影响。

　　本书适合企业管理人员、咨询师以及管理类专业的师生阅读和参考。

◆　　著　　李建州
　　责任编辑　程珍珍
　　责任印制　彭志环

◆人民邮电出版社出版发行　　北京市丰台区成寿寺路 11 号
　邮编 100164　　电子邮件 315@ptpress.com.cn
　网址 https://www.ptpress.com.cn
　北京七彩京通数码快印有限公司印刷

◆开本：700×1000　1/16
　印张：16.5　　　　　　　　　2022 年 12 月第 1 版
　字数：300 千字　　　　　　　2023 年 9 月北京第 2 次印刷

定　价：79.00 元
读者服务热线：（010）81055656　印装质量热线：（010）81055316
反盗版热线：（010）81055315
广告经营许可证：京东市监广登字20170147号

自 序

　　服务业占 GDP（国内生产总值）的比重已经成为衡量一个国家或地区经济发达程度的重要指标。《中华人民共和国 2021 年国民经济和社会发展统计公报》显示，2021 年我国服务业（第三产业）增加值约为 60.97 万亿元，比 2020 年增长 8.2%，在 GDP 中的占比为 53.3%，尽管比 1978 年的 24.6%、2000 年的 39.8% 有了较大幅度的提升，但与一些发达国家的 70% 以上相比，仍存在较大差距；如果按人均计算，这种差距会更加明显。

　　尽管与一些发达国家相比存在不小的差距，但从产业贡献率来看，服务业早已成为推动我国经济发展的最主要力量。2021 年，服务业对我国 GDP 的贡献率为 54.9%，自 2014 年（贡献率为 49.9%）以来连续 8 年超过第二产业。2016 年至 2019 年，服务业对我国 GDP 的贡献率连续 4 年超过 60%。2020 年，受新冠肺炎疫情影响，服务业的贡献率仅为 46.3%（仍超过第二产业）。2021 年，在精准防控政策的作用下，服务业的贡献率有所恢复。2020 年，服务业的从业人员为 3.58 亿人，占总就业人员（7.5 亿人）的 47.7%[①]。

　　列举这些数字，主要有两个目的。一是横向对比，我们要正视差距，尽管我国的经济体量在 2010 年超过日本之后，已经连续 12 年位居世界第二，但在 2021 年世界人均 GDP 排名中，我国却只排第 66 位，人均 GDP 也只接近日本的 1/3，因此仍有很大的发展空间。二是纵向对比，我们的确取得了不俗的成就，产业结构优化、供给侧结构性改革、经济高质量发展、国内国

[①] 数据来自国家统计局的年度数据，各项数据由笔者根据相关年度指标整理所得，由于在年度数据中缺少 2021 年三个产业的就业人员情况，故采用了 2020 年的就业人员数据。

际双循环等一系列配套措施，有效地促进了经济的高速良性发展，面对新冠肺炎疫情，我国经济也表现出强劲的韧性。因此，面对困难，我们不能妄自菲薄、缩手缩脚，要有强烈的民族自豪感和民族自信心。

大力发展服务业，不仅是为了解决就业问题，更重要的是这是打开经济增长空间、实现经济高速腾飞的必然选择。按照产业分类标准，除第一产业（农业）、第二产业（工业）之外的都属于第三产业，即服务业，可见服务业的种类、形态多种多样。一般情况下，我们对服务业的理解仍然偏重于传统服务业，如商贸、零售、餐饮、金融、教育、旅游、交通、娱乐、电信、医疗、物流、电商等。尽管这些传统服务业已经融入人工智能、大数据、云计算、移动支付等现代科技元素，创新形成多种商业形态，但仍离不开"以人为本"的服务本质。当今社会，一个人如果离开服务业将寸步难行。

事实上，受信息化、网络化、智能化、数字化的影响，三类产业之间呈现日趋交融之势，特别是现代服务业对第一产业和第二产业的升级改造，也极大提升了这两类产业的生产效率。身处前两类产业中的企业要么通过增值服务来增加盈利，要么直接向服务业延伸，通过"有形产品＋服务产品"的组合方式，实现优势互补，攫取高额收益。例如，苹果公司既是手机制造商，又是软件开发商，更是软件交易平台商；汽车、家电等领域的传统制造商，也通过融入智能高科技元素向服务提供商转型，从而构建属于自己的商业生态系统。

服务业的高速发展使服务企业之间的竞争日益加剧，可以说竞争已经无孔不入、无处不在。即便是那些由垄断带来先天竞争优势的服务业，也早已陷入"混战"之中——不仅要面临同业竞争，还要接受新商业形态的挑战。例如，中央广播电视总台与各地方卫视和优酷、抖音等视频平台之间的竞争；银行、证券公司、互联网公司之间的竞争；三大电信运营商与微信的竞争；商场、超市与淘宝网、拼多多、美团之间的竞争；等等。竞争迫使企业不能一劳永逸，不能故步自封，要与时俱进、创新发展；竞争的结果就是实现优胜劣汰，使强势品牌胜出。

大力发展服务业，就是要创建多个知名的服务品牌。因为品牌的影响面越广、影响力越大，其抗压能力就会越强，越可以为企业带来更多收益。全球品牌可以在全世界范围内获取溢价，拥有全球品牌的数量也可以体现一个国家或地区的经济发达程度。

品牌不仅是一个简单的名字或 Logo，更是一种语言、符号和代码，是一家企业的灵魂，浓缩了企业、产品和服务的一切信息。品牌不是大企业的"专利"，小企业同样需要创建品牌，只不过大企业为小企业的成长树立了榜样，是小企业创建品牌的目标。绝大多数的知名品牌，均是从初创时的名不见经传一步步发展起来的。品牌不是有形产品的"专利"，一些小型的服务企业也需要创建品牌。

企业在创建品牌的过程中，容易步入一个误区——只有大量做广告才可以创建品牌。之所以有这种错误认知，是因为那些知名品牌均舍得投放广告，让消费者在工作和生活的每个角落均可以看到这些品牌的身影，导致许多人错把结果当成原因。的确，广告有助于消费者在短时间内迅速认识品牌，或者使消费者对品牌有一定印象，但要想让品牌形象深入人心，获得消费者的认可，企业还得依靠过硬的产品或服务质量，给予消费者最美好的体验。广告只是一种宣传手段，单纯依靠广告，会让品牌"成也广告，败也广告"。20 世纪 90 年代，许多企业追求"广告一响，黄金万两"，斥巨资打广告，结果其品牌却只是昙花一现。

创建品牌，就是要想方设法扩大品牌权益（Brand Equity）。品牌权益是品牌竞争能力的综合反映，创建强势品牌是企业获得和提升竞争能力的重要途径，也是企业长久保持竞争优势的关键。这一概念自 20 世纪 80 年代提出以来，其作用和重要性已经获得企业界与学术界的一致认可。品牌权益与品牌资产（Brand Asset）略有不同，品牌资产是个财务概念，常用货币价值来衡量，而品牌权益是个综合概念，既可以从定量角度（财务视角，体现品牌的货币价值）来衡量，也可以从定性角度（顾客视角，顾客对品牌的印象感知及采取的差异化反应）来评价。品牌资产归根结底来源于顾客的消费数量和顾客的认可程度，所以 Keller（1993）提出的"基于顾客的品牌权益模型"一直被视为抓住了品牌创建的本质。

服务的特性决定了服务品牌权益的创建方式应当有别于有形产品。在服务业，顾客亲自参与服务的生产与消费，服务本身就是一种顾客体验，服务的本质和特性决定了顾客体验对于服务品牌权益的创建具有重要影响。可以说，那些强势的服务品牌均有不俗的顾客体验表现。

本书主要研究顾客体验与服务品牌权益之间的关系。本书的主体为我于2006年发表的博士论文，看似时间久远，但我当年经研究提出的顾客体验的三个维度——功能性体验、情感体验和社会性体验——现在来看仍不过时。甚至可以说，在今后很长一段时间内，这种提法仍将成立，因为这三种体验基本涵盖了顾客所追求的利益，只不过在不同的场景，顾客所追求的利益有所不同，体验也会有所不同，但其一定会追求其中的一种。

这三种体验是基于人的生物人、经济人、情感人和社会人四个基本属性提出的。功能性体验主要针对生物人和经济人两个属性，根据服务业的特性，还可以分为服务产品体验、服务环境体验和员工服务体验（在移动互联网时代，功能性体验可能还需要再加一个"网络体验"维度。由于本书主体完成时，互联网在企业中的应用尚不普及，所以本书并未涉及这一部分，但这并不影响我们对功能性体验的理解）。情感体验对应情感人属性。社会性体验对应社会人属性。三种体验充分体现了"以人为本"的生存、消费、成长等活动的本质。在自媒体蓬勃发展、网络购物盛行、机器人日益普及的智能化时代，顾客充分参与价值共创，其体验形式、具体体验内容可能会有所改变，但顾客追求美好体验的消费初衷和追求的消费利益不会随着时间的推移而发生任何变化。

我出版本书还有一个目的，那就是为管理类硕士研究生提供论文写作的范例。在平时的教学过程中，我发现许多学生不会写毕业论文，特别是一些工商管理硕士研究生。他们平时较忙，又缺少系统、专业的论文写作训练，因此多数论文在研究规范性和研究逻辑性上总是有许多不足。在指导毕业论文写作时，导师与学生之间常常是相互"折磨"、彼此"伤害"的。虽然本书的整体结构与管理类硕士研究生的毕业论文有所不同，但所用的研究方法、研究过程的表述非常值得学生借鉴。

比如，对于访谈法的使用，本书采用了一对一深度访谈和焦点小组访谈两种方式，共做了两次开放式访谈和八次半结构化访谈，同时结合内容分析法对定性研究的内容做了析出整理。许多管理类硕士研究生认为访谈法简单易行，只要列个访谈提纲，随便找几个人访谈一下，然后在毕业论文中简单罗列受访者的原话就可以了。殊不知，访谈法也有严谨的适用条件和科学的流程设计。由于缺少对访谈法的系统学习，许多学生在使用这一方法时既不规范，也不严谨，导致其研究有杜撰之嫌，真实性常常令人怀疑。

再比如，有的学生为了体现量化研究内容，也采用了问卷，但其采用的是商业问卷而非量表问卷，还要做信度和效度检验。其实，商业问卷的问项相对简单明了，不需要严格地做信度和效度检验，只要有专家的认定就可以视为可信或可靠。因为做信度和效度检验主要是为了测量概念，所以一些学生所列的克龙巴赫 α 系数或做的因子分析一看就有问题。如果采用的是量表问卷，就一定要做信度和效度检验。是否做信度和效度检验，主要取决于问卷的目的、内容和结构，切不可为了体现量化研究内容而硬性地做量化研究设计，一定要根据研究内容和研究对象来确定采用哪类问卷。

本书的适用对象主要有两类：一类是企业界人士，另一类是管理类硕士研究生。如果你是企业界人士，则要重点关注顾客体验，要深刻知晓顾客体验对于企业品牌、企业盈利的重要性，要清楚顾客体验的来源和影响因素。即便企业使用了机器人、参与了直播带货、开通了抖音号等，也要将创造最佳顾客体验作为企业生存的根本。只有确保三类体验并重，企业才会给顾客留下记忆深刻的美好印象，才会培养出众多的忠诚顾客。

对于管理类硕士研究生，如果你是学术型研究生，则完全可以按照本书的架构来写理论性毕业论文，因为你的毕业论文主要是为了丰富、扩延和创新发展现有理论；如果你是专业型研究生，则建议主要阅读研究方法这一模块，特别是访谈法、内容分析法和问卷调研法这三部分（《全国工商管理硕士（MBA）学位论文标准与规范（征求意见稿）》文件中，也特别强调了访谈法和问卷调研法两种研究方法在 MBA 论文中的应用），然后结合自己的研究问题和研究内容做相应的取舍。我不建议专业型研究生阅读提出研究假设这一部分，因为你的毕业论文主要是为了解决企业（MBA）、政府或机构中的实际问题，而不是为了验证假设。

为了体现严谨性，本书的架构基本遵循了我当年所写博士毕业论文的原有结构，只是在书的最后增加了后记。后记的主要内容是补充了从 2006 年至今关于顾客体验的一些学术观点，这些观点全部来自国内外重要管理期刊上引用率非常高的学术论文。因此，你在阅读参考文献这一部分内容时，不要诧异为什么最近五年的文献这么少，因为以当年为节点的话，相关文献的发表主要集中在之后的五年，并且当时国内鲜有人研究这一主题，所以本书引用的国内期刊文献相对较少。

衷心感谢我的博士生导师范秀成教授，他对我的指导和关爱令我难以忘怀，其严谨的治学态度让我受益终身！尽管恩师后来从南开大学调入复旦大学，但我们的联系从未间断。2021年石家庄出现新冠肺炎疫情时，师母沈博闻老师也在第一时间发来慰问，这令我心中倍感温暖。谨祝恩师及家人安康幸福！

感谢刘建华、郑丹、罗海成、张彤宇、蔡升桂、程文卫、康瑾、席文、张运来、李惠璠、杜建刚等博士的帮助，我们是一个很好的团队，一起学习，一起进步，一起成长。在当年读博期间，我还经常与姚飞、张军、王淑翠、李桂华等博士进行学术交流，我们之间结下了深厚的友谊，现在他们都在各自的工作岗位做出了不凡成就，在此也向他们表示诚挚的祝福！

感谢我的挚友郭立军、李彬峰等人，在调研实施阶段，他们积极为我联系受访对象或调研单位，在此祝愿他们事业有成！也感谢在深度访谈和问卷调研中帮助过我的所有人，祝他们一生幸福！

感谢河北经贸大学工商管理学院李桂荣院长和石晓飞副院长，正是两位领导的大力支持，本书才得以面世，也希望本书对于提升学院工商管理硕士研究生的论文质量有所帮助！感谢人民邮电出版社贾福新博士和其他工作人员的辛苦付出，他们对本书也提出了许多中肯的建议。

还要感谢我的好友郭清章、魏金虎、安红雷、杨杰、李明冉、钱树平、武桂青等人，我们经常在安红雷的茶室里品茶论道，相互支持，相互鼓励。还有许多人需要感谢，限于篇幅，恕不能再一一列举他们的名字。最后，真诚感谢为本书提供直接或间接帮助的家人、朋友和各界人士！

衷心祝愿大家都健健康康、平平安安！

2022 年 5 月 20 日

于石家庄市国大全城

目 录

第1章

绪论

本章首先阐述从顾客体验角度研究服务品牌权益的背景及意义，其次提出研究主题及可能的研究创新点，最后简述研究的框架结构。

1.1 研究背景及研究意义

服务品牌权益是服务组织竞争能力的综合反映。了解服务品牌权益的来源和构成，是创建和维护强势服务品牌的基础，可以帮助服务组织提升竞争能力，促进整个服务业的良性发展。本节主要概述本书所做研究的现实背景和理论背景，以及研究意义。

1.1.1 现实背景

品牌是一种价值符号，既有经济价值，又有象征价值。对于公司来说，品牌已经成为最有价值的无形资产和差异化资源，它是营销战略的重要组成部分，是产品或服务质量的标志，创建品牌有利于公司细分顾客市场和增强贸易关系，接受法律保护；对于消费者来说，品牌可以降低搜寻成本和感知风险，提供认知、保证和安全，有时消费者将品牌作为身份和社会地位的象征；对于公司的内部员工来说，强势品牌可以增加员工的荣誉感和归属感，并且常常带给员工更多的经济利益。

品牌一直是市场营销学的一个研究热点，不同的学者用不同的研究方法从不同的角度对品牌展开研究，并由此产生了许多有关品牌的概念。例如，品牌形象、品牌定位、品牌认知、品牌联想、品牌忠诚、品牌关系、品牌意义、品牌个性、品牌信任、品牌延伸、品牌战略和品牌权益等。这些概念中最具有影响力的是品牌权益，它是这些概念的综合反映。

对品牌权益的研究，源于 20 世纪 80 年代，几家大公司的合并或收购，让学者和实践管理者看到了品牌的巨大经济价值，由此引发了对品牌权益的研究热潮，研究的重点包括品牌权益的维度、品牌权益的测量和品牌权益的创建等方面，并由此产生了许多有争议的结论。

以往对品牌权益的研究，更多地关注有形产品，尤其是快速移动消费品，而对服务品牌权益的研究非常少，原因可能有三个：（1）在世界知名品牌中，服务品牌所占的比例相当小；（2）服务业的多样性使得服务品牌权益的测量和创建具有更多的不确定性；（3）许多传统的营销理论和品牌概念，是基于有形产品提出来的。

随着服务业在国民经济中的地位日益提高，服务业已经成为解决社会就业问题的重要渠道，同时，信息和科学技术的发展促进新的服务形式层出不穷，丰富的产品也使得消费者日趋理性和成熟。所有这些使得服务组织之间的竞争越来越激烈，服务组织之间的竞争最终将通过品牌的竞争来体现。研究服务品牌的创建对于服务业乃至全社会都具有重大意义。

服务的几大特性——无形性、差异性、消费和生产不可分离性、易逝性和非标准化，使得服务营销成为一个独立的营销学科。对服务的研究主要集中在服务质量、服务接触、服务设计、顾客保留、服务创新和服务补救几个方面（Fisk，Brown and Bitner，1993），这些概念主要反映了服务组织的内部表现，而对作为外部表现的服务品牌权益的研究还相对不足。

张彤宇（2005）通过对零售行业的调研，证实了服务营销组合同样可以创建服务品牌权益，这是从企业营销策略角度分析服务品牌权益的来源。在服务业，顾客本身对于服务品牌的创建具有重要影响。从服务的本质来看，服务就是为顾客提供一种体验，服务的生产与消费需要顾客的参与，服务的特性和顾客的消费目的决定了顾客体验在服务品牌权益创建中扮演重要角色。

在 20 世纪晚期，管理和营销文献开始关注顾客体验，商业战略和咨询师将全面顾客体验作为战略设计的出发点（Harris，Harris and Baron，2003），营销战略从销售产品或服务转向顾客销售体验（Joy and Sherry，2003）。体验作为一种信息和新竞争优势的来源，会对顾客偏好、品牌关系、营销策略和顾客感知价值等产生影响。

Pine 和 Gilmore（1998）认为，体验经济是继产品经济、商品经济、服务经济之后的另一种经济形态。在这种经济环境下，各类市场提供物应当满足顾客的心理需求，顾客个人的美好体验是一切商业活动的驱动力。在体验经济中，市场角色已经发生变化，一切都以顾客体验为中心，市场的目标就是提供一种顾客可以感知到的愉悦体验（Prahalad and Ramaswamy，2004）。市场角色的变化要求我们用一个更新的视角来看待服务企业的运营。当顾客以个性化和可记忆的方式与企业交往时，企业实际上就不再是单纯地提供产品或服务，而是在提供体验。同时，企业和顾客的角色与关系也发生了变化，企业与顾客之间有更多的互动和合作，顾客已经不再是产品或服务的被动接受者，而是主动地参与产品或服务的生产过程，并通过这种参与实现自身价值的最大化。

Schmitt（1999）指出，信息技术普及、品牌至上的观点、传播和娱乐无所不在受三种趋势的影响，在许多行业，企业已经从以提供传统功能利益为主的营销方式转向为顾客创造体验。传统营销者认为顾客是理性决策者，只关心功能性特征和消费利益；体验营销者认为顾客是理性和感性决策者，关心愉快的体验。传统品牌观点仅仅将品牌视为一种标识，即品牌等于识别，而体验观点认为品牌具有丰富的感观、情感和认知联想，即品牌等于体验。

尽管这些学者指出了顾客体验对企业发展具有重要影响，但是并没有回答"体验是什么？如何管理顾客体验"等问题，对企业经营并没有现实的指导意义。因此，我们有必要对顾客体验的内涵和实质展开进一步的研究。

从服务的本质和体验的重要性来看，顾客体验是影响服务品牌权益创建的重要因素；然而到目前为止（2006 年），对体验和服务品牌之间的关系的研究只限于理论层面的讨论，仍缺少定量数据的验证和支持。

1.1.2 理论背景

在学术界，对于品牌权益的研究基本上可以分成两大学派——财务学派和顾客学派。以 Farquhar（1989）、Simon 和 Sullivan（1993）为代表的财务学派认为，品牌权益是品牌在市场中的财务表现或增加值，常用股票价格和市场份额来衡量。调研机构 Interbrand 公司也是用财务方法来确定一个品牌的价值。由于可以用一个具体的数字来衡量品牌的价值，因此这种方法得到企业界的认可。

另一个学派以 Aaker（1991）和 Keller（1993）为代表，主要从顾客感知和顾客行为两个角度研究品牌权益。这种基于顾客的观点将品牌权益分成几个维度——品牌认知、品牌联想、感知质量和品牌忠诚等，不同的维度对同一个品牌会有不同的贡献，同一个维度对不同的品牌也会有不同的影响。从顾客视角研究品牌权益具有更强的可操作性，因此学术界常从这几个维度来测量一个品牌的价值或增长潜力。调研机构 Y&R 公司也开发了一个基于顾客的品牌评估模型。

事实上，顾客感知和顾客行为是品牌财务（货币）表现的基础。可见，基于顾客的观点研究的是品牌权益的来源，基于财务的观点研究的是品牌权益的最终结果。但是股票价格或市场份额经常受其他因素的影响，具有较大的波动性，而顾客感知和顾客行为则有相对的稳定性。因此，用基于顾客的方法来测量品牌权益显得更可靠。

服务的特性决定了服务品牌的创建方式应当区别于有形产品的品牌，Levy（1996）、de Chernatony 和 Riley 等（1999）提出，品牌的概念同样适用于服务业，只是服务品牌权益的创建方式需要调整。

相对于有形产品，在服务业，服务环境、服务员工和顾客之间的互动对服务品牌的影响更明显。服务的生产和消费需要在特定的场所完成，这就决定了服务环境对于服务产品交换有重要影响。即使在无固定有形经营场所的网络里，虚拟的网络环境同样会影响顾客的感知和行为。服务员工是服务职能的传递者和实施者，尤其是一线员工，对于服务质量和顾客满意具有直接影响。de Chernatony 和 Segal-Horn（2001）强调，服务品牌的创建应当从服务员工开始，员工与顾客之间的互动、员工对组织文化的理解、员工的服意愿和服务动机等，都会对服务品牌在顾客心中的印象产生深远的影响。

服务产品、服务环境和服务员工不仅是顾客体验的影响因素，而且是顾客体验的主要内容，是情感反应的基础，这些因素在不同的服务业对顾客的感知影响是不同的。

顾客体验对品牌权益的影响已经被一些学者所关注（Padgett and Allen，1997；Keller，2001；Berry，2000），但相关理论仅局限于概念层次，没有定量数据的支持。Berry（2000）的服务品牌权益模型显示顾客体验对于服务品牌形象具有重要影响，但也仅仅是基于对 14 家成熟的服务企业的定性研究，并且将顾客体验视为单维概念。

Schmitt（1999）基于心理学，从顾客感知和行为角度来探讨顾客体验，并认为顾客体验有五个维度：感观体验、情感体验、思考（认知）体验、行动体验和社会体验。这五种体验实际上是整个消费心理反应。感观体验、思考体验和行动体验更多的是对顾客产品或服务功能的认知与评价，常常难以区分，这种对体验的划分方法也难以操作和测量。

还有一些学者用剧本理论来解释服务体验（Harris，Harris and Baron，2001，2003；Grove and Fisk，1992），但这种研究不是从顾客角度进行的，而是从公司管理角度进行的，并且他们提出的理论操作起来有很大的难度，尤其是在中国这个对剧场消费比较少的国度里，其理论很难让人理解。

顾客在消费时，不仅追求产品或服务功能上的利益，而且追求情感利益和社会利益。Holbrook 和 Hirschman（1982）指出，顾客消费是为了追求享乐体验，追求积极情感；Cova（1997）强调，顾客消费是一种建立社会联系的手段，是为了满足社区成员的需要；Wakefield 和 Blodgett（1994，1996）则认为服务业不同，顾客追求的利益也就不相同。由此可见，顾客体验是顾客对消费的综合反应。

综上可知，顾客体验的概念有丰富的内涵，这就决定了顾客服务体验与服务品牌权益之间的关系是相当复杂的。了解顾客体验的实质，探索顾客体验如何对服务品牌权益产生影响，对于服务组织创建服务品牌权益具有重要价值，这也是本书研究的根本出发点。

1.1.3 研究意义

服务业的重要性、服务品牌研究理论的相对缺乏，使得对服务品牌的研究具有很强的现实意义。顾客消费服务的过程就是一种体验的过程，从体验的角度研究服务品牌权益，有以下三点优势：

第一，可以抓住服务的实质，了解顾客的消费心理和消费行为，对顾客的服务消费有全面的认识；

第二，从一个全新的视角研究服务品牌权益的来源，有利于服务组织创建强势服务品牌，提升综合竞争能力；

第三，可以帮助服务组织提高营销效率，改进服务流程，真正实现以顾客为中心的客户管理。

1.2　研究主题与创新点

本节主要确定本书的研究主题，并指出可能存在的创新之处。

1.2.1　研究主题

在对相关背景进行分析的基础之上，本书将研究主题确定为顾客体验对服务品牌权益的影响。与有形产品的消费方式不同，顾客既是服务产品的消费者，也是服务产品的生产者，顾客的这种双重身份决定了服务品牌的创建必须考虑顾客因素。

服务组织的各种营销策略首先影响顾客体验，然后通过顾客体验对服务品牌产生影响。顾客是理性和感性的结合体，理性体现在顾客追求功能性利益，感性体现在顾客追求情感上的满足。同时，顾客作为社会人追求社会性利益，这些消费目标决定了服务体验是一个综合性概念，也决定了顾客体验与服务品牌权益之间的关系是错综复杂的。

大量学者已经证实基于顾客的品牌权益是一个多维的概念，但是这些维度的研究更多针对有形产品，是否能引用到服务品牌权益中有待进一步研究。例如，Aaker（1991）提出的基于记忆网络模型的品牌联想实际上是很难用量表来测量的；在服务业，感知质量即为感知服务质量，而服务质量也是一个相当复杂的概念（Parasuraman，Zeithamal and Berry，1985，1988，

1991），由此可知，服务品牌权益的维度构成也应当有别于有形产品。

根据对研究主题的界定，本书主要研究以下内容。

（1）界定顾客体验的内涵和构成

本书将采用文献回顾和定性访谈相结合的方法，探索顾客体验的构成，并开发相应的测量量表对提出的理论加以验证。

（2）基于服务的本质和特性，探索顾客体验对服务品牌权益的影响

本书将构建基于顾客体验的服务品牌权益模型，界定模型中的结构变量和可观测变量，并用定量数据验证顾客体验与服务品牌权益之间的关系。

（3）探索企业经营定位对模型的影响

本书将根据企业经营定位的不同，抽取不同的样本，检验研究模型的普适性。

（4）研究顾客的消费目的和人口统计特征对结构变量的影响

本书将从消费目的、性别、年龄、教育程度和全家月收入等方面，研究这些因素对结构变量的影响。

1.2.2 研究创新点

本书所做的研究总体上是一项探索性研究，其创新点主要体现在以下几个方面。

（1）对顾客体验展开全面分析

尽管我们在日常生活中经常使用"体验"这个词，但是不同的人对"体验"的理解并不相同。本书将结合服务业的特性，深入分析顾客体验的各个方面，对顾客体验进行全面的解释。

（2）从顾客体验的视角研究服务品牌权益

尽管许多学者指出顾客体验影响服务品牌权益，但是这种论断仅属于概念层面，尚未经过实证检验。本书首先用定性研究的方法，提出相关研究假设，然后用定量数据全面分析顾客体验的不同方面对服务品牌权益的影响，为研究服务品牌权益的来源提供全新的视角，这种视角正是抓住了服务的本质。

（3）顾客体验量表的开发

本书首先根据相关文献回顾，界定顾客体验的抽象定义，然后在访谈记录分析的基础之上，确定顾客体验各个方面的操作性定义，最后根据特定的消费情景开发顾客体验的测量量表，并先后用两组数据对量表的信度和效度加以验证。

（4）研究服务品牌权益各个维度之间的关系

本书根据 Aaker（1991）、Keller（1993）、Berry（2000）、Yoo 和 Donthu（2001）的品牌权益模型，以及 Bolton 和 Drew（1991）等其他学者的观点，用顾客感知价值代替感知质量，并将服务品牌形象、服务品牌忠诚和顾客感知价值界定为受顾客体验影响的服务品牌权益的三个维度。本书用定量数据分析这三个维度之间的关系，以及这三个维度如何对服务品牌权益产生影响。

1.3　研究框架结构

本书共分为六章，具体内容如下。

第 1 章阐述了研究的现实背景和理论背景以及研究意义，明确了研究主题和可能存在的创新点，并绘制出了本书的研究框架。

第 2 章先分别对品牌权益、服务品牌和顾客体验的相关研究文献进行回顾与评析，然后指出进一步研究的空间与思路，并提出了一个概念模型。

第 3 章先界定了各个概念的抽象定义，然后在深度访谈和内容分析的基础之上，界定了各个结构变量的操作性定义，并提出了本书研究的理论模型及相关研究假设。

第 4 章先简要概述了结构方程模型，然后根据操作性定义设计了各个结构变量的测量量表，并通过预调研数据分析，检验量表的信度和效度，最后确认研究模型和正式调查问卷。

第 5 章根据三类样本数据，分析了测量模型和结构模型，对相关的研究假设进行检验，在与竞争模型比较的基础之上，提出了研究的最终模型，并对研究结果展开了相应讨论。

第 6 章总结了研究的相关发现，概述了研究的主要贡献，并提出了研究的局限性及未来研究方向。

本书的研究框架结构如图 1-1 所示。

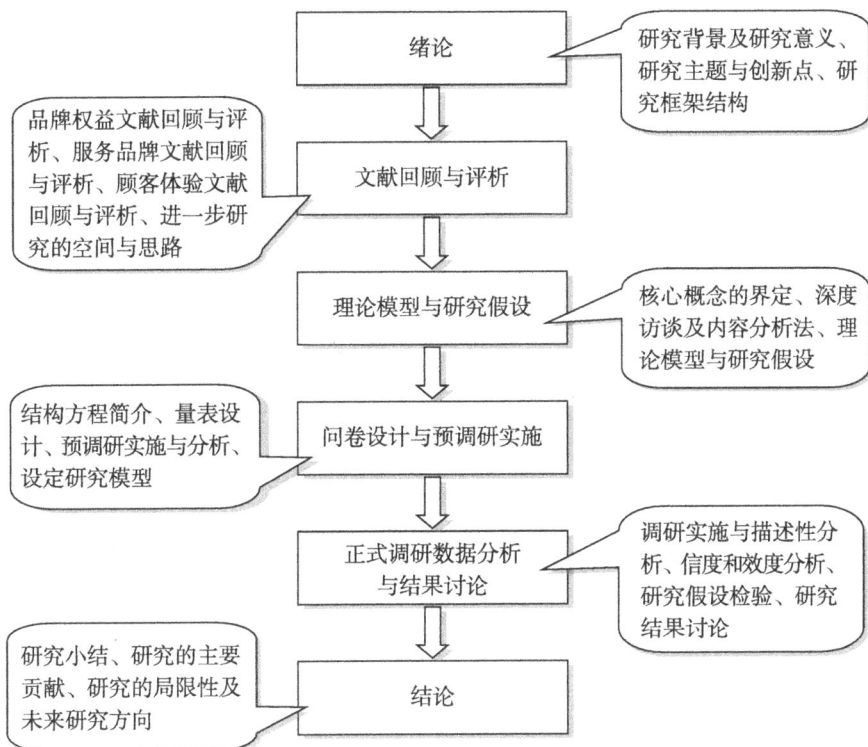

图 1-1　本书的研究框架结构

第 2 章

文献回顾与评析

本章分别对品牌权益、服务品牌和顾客体验的相关文献进行回顾与评析，并在此基础上指出进一步研究的空间与思路，提出一个概念模型。

2.1　品牌权益文献回顾与评析

自 20 世纪 80 年代以来，品牌权益一直是营销领域的一个研究热点。对品牌权益的研究，主要集中在品牌权益的概念、作用、维度、创建和测量等方面。本节主要从这几个方面对国内外相关文献进行梳理，并在此基础之上，对品牌权益研究的进展情况展开简要评析。

2.1.1　品牌权益的概念研究

品牌权益已经成为品牌研究的核心概念之一，不同学者分别从顾客角度和公司角度对品牌权益做了不同的解释。这些学者认为品牌权益是品牌给公司或产品带来的增加值、总效用、顾客关系、顾客差异化反应和顾客偏好等。

从公司的角度来看，品牌权益是公司的一项重要无形资产（Ambler，1997；Baldauf，Cravens and Binder，2003）；是品牌名字给产品或服务带来的增加值（Leuthesser，Kohli and Harich，1995；Washburn and Plank，2002；Farquhar，1989；Yoo and Donthu，2001）；是由品牌产生的现金流的增加值，

可以用股票市场价格的波动来反映品牌权益的动态性，股票市场价格反映了品牌的未来收益（Simon and Sullivan，1993）。

从顾客的角度来看，品牌权益是顾客对使用和消费品牌所联想到的总效用，包括功能效用和象征效用（Río and Iglesias，2002）；是由于顾客的品牌知识而引起的对该品牌营销的不同反应（Keller，1993，2001）；是顾客对相同营销刺激和相同产品属性的品牌产品和非品牌产品做出的差异化反应（Yoo，Donthu and Lee，2000；Yoo and Donthu，2001）；是每个顾客对品牌的偏好，包括与属性相关和不相关两部分（Park and Srinivasan，1994）；是由品牌名称引起的顾客联想和感知带给产品或服务的增加值（Chaudhuri，1995）。

Aaker（1991）认为，品牌权益是指与某种品牌名称或标志相联系的品牌资产或负债，它能够为提供这种产品或服务的公司，以及购买这种产品或服务的顾客增加或减少价值。这个定义包含四个重要部分：（1）品牌是资产或负债，（2）与品牌名称或标志相关，（3）为产品或服务增加或减少价值，（4）为顾客和公司提供价值。

Lassar、Mittal 和 Sharma（1995）提出，在对品牌权益进行定义时，需要考虑五个方面：（1）品牌权益是指顾客感知，这不是客观指标；（2）品牌权益是指总价值；（3）总价值来源于品牌名称而不是品牌的有形方面；（4）品牌权益不是绝对的，而是相对于竞争而言的；（5）品牌权益与财务表现正相关。基于这些前提，三位作者认为品牌权益是指感知效用，包括表现、价值、社会形象、信任和承诺。

美国营销科学协会将品牌权益定义为品牌客户、渠道成员和母公司等方面采取的一系列联合行动，能使该品牌产品获得比未取得品牌名称时更大的销量和更多的利益，还能使该品牌产品在竞争中获得一个更强劲、更稳定、更特殊的优势（Keller，2003）。

我国一些知名学者也对品牌权益进行了定义。范秀成（2000）认为品牌权益是企业以往在品牌方面的营销努力产生的赋予产品或服务的附加价值。卢泰宏（2000）认为，品牌权益应当用概念模型来解释，他归纳了"财务会计概念模型""基于市场的品牌力概念模型""基于消费者的概念模型"三个模型。

2.1.2　品牌权益的作用研究

对顾客来说，品牌权益可以提高顾客价值，帮助顾客解释、处理、贮存和提取有关品牌或产品的信息，增强顾客的购买信心，提高顾客的使用满意度（Aaker，1991），影响顾客对价格涨落的预期反应，提升顾客忠诚度，使顾客对品牌形成一种较强的消费偏好和购买意图（Keller，1993；Park and Srinivasan，1994；Cobb-Walgren，Ruble and Donthu，1995）。

对公司来说，品牌权益可以提高公司营销的效率，增加营销沟通的有效性，提高产品的边际收益，产生溢价，使公司降低对促销的依赖，提供品牌延伸和成长的平台（Keller，1993）；可以使公司利用分销渠道，从而获得更多的贸易或其他公司支持（Aaker，1991；Farquhar，1989）；可以增加公司竞争优势，帮助公司提高转移壁垒，设置竞争进入障碍，增强对竞争性营销活动或营销风险的抵抗能力（Farquhar，1989）。

品牌权益不仅对顾客和公司产生价值，而且对员工和股东同样产生价值（Yoo，Donthu and Lee，2000）。品牌权益可以增强员工的荣誉感和归属感，提高公司的生产效率和服务水平，从而使公司获得良性发展。同时，品牌权益可以增强股东的投资信心，使公司有更多的融资渠道和资金来源。

品牌权益还可以释放一种可信赖的市场信号（Broniarczyk and Gershoff，2003）。当顾客面对不确定的市场环境时，积极的品牌权益可以提供好的品牌声誉。无论是高权益品牌还是低权益品牌，提供有吸引力的微小的特征都可以创造价值。

Baldauf、Cravens 和 Binder（2003）认为，虽然现金流和短期利润是重要绩效指标，但是品牌权益代表公司的竞争优势和未来收入。因此，绩效测量应当结合品牌权益，而不是仅仅着眼于现金流和短期利润。

综上，公司或产品的品牌权益会影响顾客支付溢价的意愿（Keller，1993）、公司间的收购或兼并决策（Mahajan，Rao and Srivastava，1994）、公司股票价格（Simon and Sullivan，1993）、公司持续竞争优势的保持（Bharadwaj，Varadarajan and Fahy，1993；Lassar，Mittal and Sharma，1995）

和公司的营销决策（Ambler，1997；Aaker，1991）。

2.1.3　品牌权益的维度研究

品牌权益由哪些维度构成在学术界尚有不少争议（Ailawadi，Lehmann and Neslin，2003），其中，最有影响力的是 Aaker（1991）的品牌权益五维度模型和 Keller（1993）的二维度模型。

在 Aaker（1991）的模型中，品牌权益一共有五个维度：品牌忠诚、品牌认知、品牌联想、感知质量和其他专用资产。品牌认知、品牌联想和感知质量是消费者感知因素，品牌忠诚是消费者行为因素。品牌认知是指消费者辨识和回忆某个品牌的能力，共有四个层次——品牌辨识、品牌回忆、第一提及率和品牌主导；品牌联想是指一切可以让消费者联想到品牌的因素；感知质量是指消费者对产品总优越性的判断；品牌忠诚是指消费者重复购买和向他人推荐。其中，品牌忠诚是核心因素，因为只有品牌忠诚才能促使消费者购买，只有品牌忠诚才可以使产品直接转化为利润，品牌忠诚有时也依赖于消费者的购买习惯。这五个维度对品牌权益的影响有不同的权重，并且权重视具体的产品或服务种类而定（Cobb-Walgren，Ruble and Donthu，1995）。

在 Keller（1993）的基于顾客的品牌权益模型中，品牌权益有两个维度：品牌认知和品牌形象。品牌认知是指品牌回忆和品牌辨识，表现为顾客能在各种情况下认出品牌；品牌形象是指一系列品牌联想。当一个顾客熟悉一个品牌，并有令人喜爱的、强烈的和独特的品牌联想时，基于顾客的品牌权益就会产生。品牌认知不仅是指顾客知道这个品牌的名称或者以前看到过这个品牌，还包括在记忆中的与品牌名称、标识、象征的某些联系（在国内，品牌认知通常被理解为品牌知名度）。品牌辨识是指顾客确认以前看到过的品牌的能力。品牌回忆是指从记忆中无助式提取品牌的能力，依赖于品牌、产品种类、消费和使用情景之间的关系。品牌联想包括属性联想、利益联想和态度联想，并且有令人喜爱性、独特性和强烈性三个重要特征。属性联想又可以分为与非产品相关联想——价格、包装、使用者形象和使用形象，与产品相关联想——与决定产品性能和本质的产品物理组织或服务相关的联想。利益联想可以分为功能性联想、体验性联想和象征性联想。态度联想是指消费者对品牌的态度，其影响消费者对品牌的总体认知和印象。

　　基于顾客的品牌权益模型为从顾客角度测量企业品牌权益提供了可能，在 Keller 随后的研究中（2003），他又强调营销人员需要借用其他权益来增加企业的品牌权益。顾客的行为受其他信息源的影响，顾客品牌知识有一个二级资源。在竞争激烈的市场中，营销者应当将品牌与其他实体联系在一起。例如，人员、地方、事件或其他品牌，以增加企业的品牌权益。顾客了解到的与品牌相关的信息主要包括认知、属性、利益、形象、思考、感觉、态度和体验，这些信息可以称为品牌知识的维度。在许多情况下，更深入地了解顾客如何感觉、思考和行动，将为品牌管理提供有益的指导。

　　其他学者也从不同的角度分析品牌权益的构成。例如，品牌权益包括品牌强势和品牌价值，品牌强势是指顾客的品牌联想，品牌价值是指现在或将来获得的利润（Lassar，Mittal and Sharma，1995）；包括顾客对产品或服务的购买行为和对品牌的认识或感知（Krishnan，1996）；包括品牌价值、品牌优势和品牌形象（Wood，2000）。

　　我国学者范秀成（2000）将品牌权益分为财务权益、顾客权益和延伸权益。财务权益反映了在使用某品牌的现有业务领域中品牌创造的价值，顾客权益代表现有品牌对于顾客心理和行为的影响，延伸权益表示扩展品牌使用范围给企业带来的潜在收益。

2.1.4　品牌权益的创建研究

　　品牌权益的创建是一个持久的过程，企业可以通过营销努力和营销措施来影响顾客的感知和行为，从而为企业或产品创建品牌权益。创建强势品牌有三个关键因素：积极的品牌评价、可以获得的品牌态度和持续一致的品牌形象（Farquhar，1989）。而且，通过直接体验形成的品牌态度比通过间接体验形成的品牌态度更容易让顾客记忆。

　　企业的广告支出、销售队伍、市场调研、品牌历史、广告份额、进入市场的时间和产品组合是品牌权益的来源（Ruyter and Wetzels，2000），并且其他营销活动，如公共关系、口号、符号、包装、公司形象、产地和促销事件等也对品牌权益产生影响（Simon and Sullivan，1993）。

企业还可以通过社会化营销活动来创建品牌权益（Hoeffler and Keller，2002），社会化营销活动包括创建品牌认知、提升品牌形象、建立品牌信任、激发品牌情感、创建品牌社区的感觉和激发消费者品牌承诺。

基于顾客的品牌权益金字塔模型如图 2-1 所示。

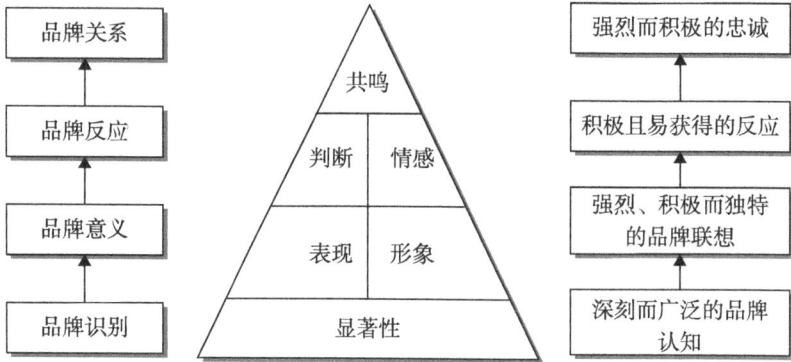

图 2-1　基于顾客的品牌权益金字塔模型

实现品牌识别要求创建品牌显著性，品牌显著性与品牌认知相关。品牌不仅要有第一提及率和头脑份额，而且必须在恰当的时间和地点让顾客感知到。品牌意义是指品牌表现和品牌形象，是一系列品牌联想。品牌表现共有五类：产品主要或次要特征，产品可靠性、耐用性和可服务性，服务的效果、效率和移情性，风格和设计，价格。品牌形象共有四类：使用者个人特征，购买和使用情形，个性和价值，历史、传统和体验。品牌反应可以分为品牌判断和品牌情感。品牌判断有四类：质量、可信性、思考和优越性。在品牌权益创建过程中，可以产生六种品牌情感：温暖、乐趣、兴奋、安全、社会认同和自尊。品牌共鸣可以分为四类：行为性忠诚、态度、社区感觉和积极参与（Keller，2001）。

Yoo、Donthu 和 Lee（2000）研究了营销组合对品牌权益的影响。营销组合和品牌权益结构模型如图 2-2 所示。

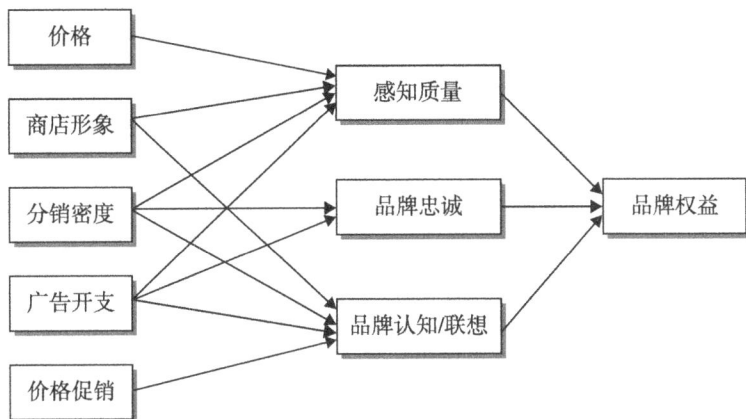

图 2-2　营销组合和品牌权益结构模型

Yoo、Donthu 和 Lee（2000）的研究结果显示，促销与低品牌权益相关，而高的广告开支、高价格、良好商店形象和高分销密度与高品牌权益相关。感知质量、品牌忠诚和有很强品牌联想的品牌认知是品牌权益的共同维度，品牌认知结合强的品牌联想形成特定的品牌形象。高品牌权益是指顾客有许多正面强烈的品牌联想，感知到品牌有很高的质量，并对品牌忠诚。Yoo 和 Donthu（2001）强调顾客形成品牌权益主要基于品牌知识、购买或消费体验、营销活动、公司形象和环境因素。

Dyson、Farr 和 Hollis（1996）认为品牌权益是一个动态的概念，共有五个维度，每个维度在品牌权益创建过程中所处的地位不同，其中，品牌联结是品牌权益的核心。

Dyson、Farr 和 Hollis（1996）指出，在品牌动态金字塔模型（见图 2-3）中，越往上，消费者的品牌忠诚度就越高。品牌展露度与品牌认知相关，是指消费者知晓品牌的程度；品牌相关性是指品牌能否满足消费者的需要；品牌表现是指品牌提供的利益；品牌优势是指品牌与其他品牌的不同之处；品牌联结是指消费者与品牌之间的关系，也是品牌忠诚的关键。

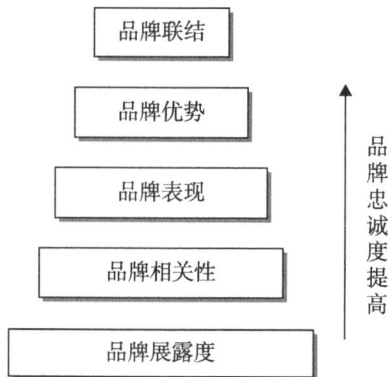

图 2-3　品牌动态金字塔模型

2.1.5　品牌权益的测量研究

MSI（1990）确定理想的测量标准包括：（1）有理论基础；（2）完善性，能包含所有的品牌维度；（3）诊断性，能反映品牌价值，找到价值变化的原因；（4）能反映未来的收入或延伸能力；（5）客观性，测量结果一致，不会因人发生变化；（6）基于能够得到的数据，测量能够跨越不同的产品种类和不同的品牌；（7）单一数字，能够很好地跟踪和宣传；（8）对高层管理是直观的和可信的；（9）能反映品牌在健康方面的真实变化；（10）与其他权益测量相比更可信。实际上，没有任何一种测量能满足这些标准（Ailawadi, Lehmann and Neslin，2003）。

对品牌权益的测量有直接和间接两种方式（Mackay，2001；Washburn and Plank，2002）。直接方式就是测评品牌给产品带来的价值，倾向于用财务指标测量品牌在市场中的资产价值，或者用市场份额和产品溢价测量品牌权益，因为这两个变量更能表示品牌利润率（Park and Srinivasan，1994）。间接方式是指用其他定义来测量品牌权益，如用品牌忠诚、品牌认知、品牌联想和感知质量等反映品牌权益。因此，间接方式更适用于顾客指标。我们还可以通过各种有助式或无助式记忆来测量品牌回忆和品牌辨识，用定性技术（如自由联想法、投射法、图片解释法等）来测量顾客的品牌联想，或用盲试法直接测量顾客对品牌的反应。

从顾客的视角看，品牌权益的测量可以分为两类：一类是顾客感知，包括品牌认知、品牌联想和感知质量；另一类是顾客行为，包括重复购买和支付高价的意愿。将顾客感知和行为结合在一起测量品牌权益具有许多优势（Cobb-Walgren，Ruble and Donthu，1995）。顾客行为受顾客感知驱动，尽管用购买行为可以直接描述品牌权益的购买，但不能代表顾客对品牌的感受。

Ailawadi、Lehmann 和 Neslin（2003）指出，品牌权益的测量主要有三种方法：顾客心智、产品市场表现和财务市场表现。这三种方法有各自的优缺点，具体如表 2-1 所示。

表 2-1　品牌权益测量方法比较

测量方法	特征	优势	劣势
顾客心智	• 评价顾客对品牌的认知、态度、联想、忠诚和联系 • 以顾客感知为中心	• 有利于预测品牌潜能 • 有很强的诊断能力 • 有利于测量品牌权益来源	• 不能提供简单、单一、客观的品牌权益测量标准 • 不能计算财务价值 • 主观性很强
产品市场表现	• 品牌权益最终要以市场表现为反映 • 产品溢价 • 其他测量标准有：市场份额、相对价值、产品种类份额	• 是一个综合性指标 • 能反映市场价值 • 对管理者有吸引力 • 对财务评价很关键 • 有利于量化对品牌名称带来的增加值	• 测量依靠顾客判断 • 依据假设情况测量，而非购买数据，易受主观因素影响 • 要求有复杂的统计模型，不仅浪费时间，而且过分依赖模型 • 易误导测量结果，如降价引起市场份额增加 • 不能解释品牌市场变化的原因
财务市场表现	• 难以准确计量 • 具有流动性 • 是营销绩效的主要衡量指标	• 有利于量化品牌现在的优势和将来的潜能 • 有利于实现品牌价值财务量化 • 测量结果准确 • 能应用于企业并购等	• 不能解释权益来源 • 量化标准不统一 • 测量结果不稳定 • 易受其他非市场因素影响，如股票价格

Aaker（1991）强调品牌权益的测量要有四个标准：（1）能反映品牌权益结构，（2）能反映驱动市场的结构，（3）测量是敏感的，（4）应当适用于各个品牌、各种产品和各类市场。Aaker（1996）还提出品牌权益测量十要素模型（见图2-4），这十个要素可以分为五类：品牌忠诚、感知质量、品牌联想、品牌认知和市场行为。

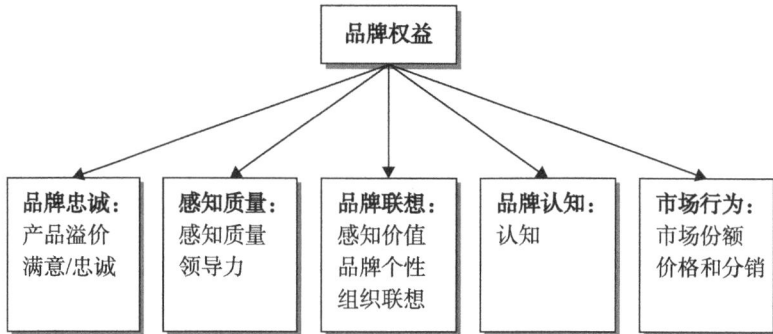

图 2-4　品牌权益测量十要素模型

　　Y&R 是全球最大的广告商之一，该公司开发了一套基于经验的品牌权益创建模型——品牌资产评估器。根据这个模型，品牌权益包括四个维度：差异性、相关性、尊敬度和熟悉度。该模型与品牌优势和品牌地位相结合，组合成一个二维的分析工具，能在四个连续的象限中形象地勾画出一个品牌的生命循环过程。

　　英国的 Interbrand 品牌估计公司用财务方法，根据七个指标对品牌权益进行测评，这七个指标分别是市场性质、稳定性、领导地位、发展趋势、支持力度、地域影响和法律保护，并且每个指标对于不同的产品或不同的地域有不同的权重。

　　Yoo 和 Donthu（2001）从 Aaker（1991）和 Keller（1993）的品牌权益概念模型中开发出多维度品牌权益测评量表。在该研究中，1 530 个美国人、美籍韩国人和韩国人参与调研，参与者评价 12 个品牌，这 12 个品牌来自三大领域：运动鞋、胶卷和彩电。研究证实这个多维度品牌权益测评量表适用于跨文化和跨产品种类。研究发现，品牌联想和品牌认知不具有区别效度，品牌忠诚、感知质量、品牌认知 / 品牌联想是构成品牌权益的三个主要维度。效果层次模型显示，品牌认知和品牌联想是感知质量的前提，而感知质量是品牌忠诚的前提，高产品质量会产生高品牌忠诚，品牌忠诚与品牌权益的关联度比品牌认知、品牌联想、感知质量与品牌权益的关联度要高，品牌认知和品牌联想是品牌权益的必要但非充分条件。

　　Washburn 和 Plank（2002）则用新的数据对 Yoo 和 Donthu（2001）以

及 Yoo、Donthu 和 Lee（2000）的研究结果进行了更深层次的研究。研究发现，将品牌认知和品牌联想区分开，量表的信度和效度也是可以接受的。研究还发现，品牌忠诚和感知质量与品牌态度和购买意愿强相关，而品牌认知和品牌联想与品牌态度和购买意愿弱相关。也就是说，一个有高认知率和丰富品牌联想的品牌，其消费者不一定有高质量感知和高品牌忠诚。两位作者指出，Yoo 和 Donthu（2001）的多维度品牌权益测评量表在用于理论检验时不是十全十美的，需要根据实际情况调整。

我国学者范秀成（2000）提出可从财务权益、顾客权益和延伸权益来测评品牌权益，并对品牌权益测评模型进行总结，具体如表 2-2 所示。

表 2-2　基于顾客的品牌权益测评模型总结

模型名称	开发单位或个人	测评要素
形象力	Landor Associate	熟悉度、尊敬度
权益趋势	Total Research	感知质量
转换模型	Market Facts	继续购买的意愿
品牌权益监视器	Yankelovich	态度、行为、经济因素
无名模型	DDM Needham	品牌认知、喜欢、感知质量
品牌资产评估器	Young and Rubicam	差异性、相关性、熟悉度、尊敬度
品牌权益测量十要素模型	Aaker	品牌忠诚、品牌联想、品牌认知、感知质量、市场行为
基于顾客的品牌权益	Keller	品牌认知、品牌形象
服务品牌权益	Berry	品牌认知、品牌意义
多维度品牌权益测评量表	Yoo and Donthu	品牌忠诚、感知质量、品牌认知 / 品牌联想

2.1.6　品牌权益相关文献评析

不同的学者对品牌权益的概念有不同的解释，总体来说，有三种观点：第一种是基于财务的观点（Simon and Sullivan，1993；Ambler，1997；Chaudhuri，1995，2002；Baldauf，Cravens and Binder，2003），强调可以用财务指标来衡量一个品牌的价值；第二种是基于顾客的观点（Aaker，1991；Keller，1993；Yoo and Donthu，2001；Yoo，Donthu and Lee，2000；Vázquez，Río and Iglesias，2002），强调从顾客的感知、态度和 / 或行为反应来测量品牌价值；第三种是综合观点（Lassar，Mittal and Sharma，1995；Farquhar，1989；Leuthesser，Kohli and Harich，1995；Washburn and Plank，2002；Schultz，2004；范秀成，2000；卢泰宏，2000），强调品牌权益可以从财务和顾客两个角度去评价。这三种观点决定了品牌权益的测量方式有两类：一种是基于顾客感知和 / 或行为，另一种是基于品牌的市场表现。

基于顾客的品牌权益测量方式通常有两类：一类是顾客感知，包括品牌认知、品牌联想和感知质量；另一类是顾客行为，包括品牌忠诚和乐意支付高价。Keller（1993）的模型中只包含顾客感知因素，其在 2001 年提出的模型中加入了行为因素。Aaker（1991）的模型中则包含感知和行为两种因素，并且提出品牌认知、品牌联想、感知质量和品牌忠诚是品牌权益的重要维度。而 Yoo 和 Donthu（2001）则通过研究证实，这四个维度之间具有层级关系，即感知是行为的前提因素，顾客先有感知和评价然后才会产生某种忠诚或不忠诚的行为。

Keller（2001，2003）在提出基于顾客的品牌权益模型（1993）之后，开始关注顾客体验对顾客品牌权益的影响，他强调顾客的直接体验可以产生品牌联想和品牌认知。产品或服务是品牌权益的核心，产品或服务主要影响顾客体验到什么，听到什么，感受到什么。企业设计和传递一个能满足顾客需要的产品是各种营销活动取得成功的前提，顾客对产品或服务的体验必须能够满足顾客的期望。强势品牌确保顾客对产品或服务有恰当的体验，激发顾客对品牌恰当的思考、情感、形象、信念、感知和意见，但是，Keller（2001）的模型为概念模型，缺少定量研究来验证。

Chaudhuri（1995）认为态度联想是基于顾客的品牌权益的核心。Aaker（1991）及 Dyson、Farr 和 Hollis（1996）则认为品牌忠诚是品牌权益的核心。Chen（2001）强调在 Aaker（1991）的品牌权益测量十要素模型中，品牌联想是品牌权益的核心。首先，品牌认知是创建品牌权益的必要而非充分条件。例如，一个品牌由于有很差的质量而被顾客所认知，但是一个强势品牌要比一个弱势品牌有更高的认知度。其次，其他品牌权益维度可以提高品牌忠诚，但是品牌忠诚也可能不包含在品牌权益概念中。例如，顾客由于购买习惯才购买某一品牌，而不考虑为什么购买。最后，感知质量是一种品牌联想。由此可见，对什么是品牌权益的核心还存有争议，需要进一步验证。

Yoo 和 Donthu（2001）及 Yoo、Donthu 和 Lee（2000）认为品牌权益有三个维度——品牌忠诚、感知质量和品牌认知 / 品牌联想，品牌认知和品牌联想不具备区别效度。而 Washburn 和 Plank（2002）则验证了四因素模型也是合理的，品牌认知和品牌联想是两个不同的概念，品牌认知先于品牌联想，也就是说，顾客必须先有品牌认知，才能产生一系列品牌联想。有时顾客虽然有品牌认知，但不一定有较强的品牌联想。品牌认知通过影响品牌联想的形成和强弱来影响顾客的购买决策。这些讨论也说明了 Yoo 和 Donthu（2001）及 Yoo、Donthu 和 Lee（2000）为什么不能有效区分品牌认知和品牌联想，这与他们采用的问项不能有效区分这两个概念有关，他们采用的问项只测量了概念的最低水平，即只测量品牌认知的辨识能力和品牌联想的属性联想。有关文献研究表明，品牌认知和品牌联想是两个联系紧密但本质完全不同的概念（Keller，1993；Aaker，1991）。

品牌权益各个维度之间的关系尚无定论。Yoo 和 Donthu（2001）及 Yoo、Donthu 和 Lee（2000）确认了品牌认知和品牌联想通过影响感知质量来影响品牌忠诚；Aaker（1991，1992）则强调在某些情况下，品牌认知、感知质量和品牌联想可以影响品牌忠诚，但在另一些情况下，这些因素不能影响顾客的品牌忠诚。例如，一个声誉不好但知名度很高的品牌，不会使顾客产生品牌忠诚，可见品牌权益各个维度之间的关系还有待于更多的研究来检验。

品牌权益的创建有多种来源。Keller 对品牌的研究，在前期（1993）关注的重点是顾客，在后来的研究中（2001，2003），他开始关注品牌与其他权益的关系，研究社会营销对品牌权益的影响，强调品牌的社会属性。Keller 指出，品牌权益的来源不仅包括公司自发的营销努力，还包括一些不可控因素的影响，如事件、其他人和其他品牌等。

2.2　服务品牌文献回顾与评析

尽管服务业在经济中的地位越来越突出，但是学者更多地关注有形产品的品牌，而对服务品牌的研究相对较少（Moorthi，2002；O'Cass and Grace，2003；Mackay，2001；de Chernatony and Segal-Horn，2001；Jones et al.，2002；Kim，Kim and Jeong，2003）。Onkvisit 和 Shaw（1989）及 Bharadwaj、Varadarajan 和 Fahy（1993）等学者的研究指出，在服务业，由于服务的无形性和复杂性，创建品牌就显得更为重要，顾客可以根据品牌来判断服务质量，降低感知风险，增强消费信心。Berry（2000）也指出，在 21 世纪，品牌化将成为服务营销的基石。

目前，对服务品牌的研究多集中在服务品牌名称、服务品牌创建和服务品牌权益等方面。服务品牌相关研究简况如表 2-3 所示。

表 2-3　服务品牌相关研究简况

作者	主要研究方法	研究主题
Moorthi（2002）	文献回顾	服务品牌创建原则
O'Cass 和 Grace（2003）	调研问卷	服务品牌形象
Mackay（2001）	调研问卷	服务品牌权益
Devlin（2003）	深度访谈	金融业品牌架构
Krishnan 和 Harling（2001）	调研问卷	服务品牌权益
Turley 和 Moore（1995）	二手资料整理	服务品牌命名
de Chernatony、Drury 和 Segal-Horn（2003）	深度访谈	服务品牌开发过程
de Chernatony 和 SegalHorn（2001）	深度访谈	基于服务特征开发成功服务品牌
de Chernatony 和 Riley（1999）	深度访谈	服务品牌定义和创建原则
de Chernatony、Riley 和 Harris（1998）	深度访谈	品牌成功的标准
de Chernatony 和 Segal-Horn（2003）	深度访谈	成功服务品牌的标准
Underwood、Bond 和 Baer（2001）	文献整理	社会身份对服务品牌的影响
Ruyter 和 Wetzels（2000）	实验法	服务品牌延伸
McDonald、de Chernatony 和 Harris（2001）	文献整理	服务品牌的创建
Berry（2000）	案例研究	服务品牌权益
Berry，Lefkowith 和 Clark（1988）	案例研究	服务品牌命名
Jones，Hiller，Shears 等（2002）	二手数据分析	顾客对服务品牌的感知
Blankson 和 Kalafatis（1999）	文献整理	服务品牌定位

（续表）

作者	主要研究方法	研究主题
Prasad 和 Chekitan（2000）	二手数据分析	宾馆品牌权益指数
Onkkvisit 和 Dev（1989）	案例分析	服务品牌创建
Kim 和 Jeong（2003）	调研问卷	服务品牌权益的财务表现
Dibb 和 Simkin（1993）	文献整理	服务品牌创建和定位
O'Loughlin、Szmigin 和 Turmbull（2003）	调研问卷	服务品牌联想
Padgett 和 Allen（1997）	文献整理	服务品牌形象
Mattila（1999）	文献整理	广告诉求对服务品牌形象的影响
Aish、Ennew 和 Mckechnie（2003）	调研问卷	金融业跨文化服务品牌角色
Gladden、Milne 和 Sutton（1998）	文献整理	运动队品牌权益
Gladden 和 Funk（2002）	调研问卷	运动队品牌联想

本节将从服务品牌名称研究、服务品牌创建研究和服务品牌权益研究等方面对相关文献进行回顾，并在此基础之上，对服务品牌相关文献进行简要评析。

2.2.1　服务品牌名称研究

关于服务品牌采用什么样的名称，有两种观点：一种认为应当以公司的名称作为服务品牌名称；另一种则认为应当根据服务形式采用不同的服务品牌名称。其实，无论采用哪一种命名策略，一个强势服务品牌的名称或符号能够充分利用消费者的认知能力，通过感知质量直接或间接影响服务品牌权益，增加服务的有形性，降低消费者的搜寻成本，以及财务、社会和安全风险感知（Bharadwaj，Varadarajan and Fahy，1993）。

服务品牌的名称应当满足四个基本特征：区别性——应当迅速与竞争对手区分开；相关性——传递服务的本质和利益；可记忆性——能轻易地被理解、使用和回忆；柔性——不仅要满足现在的需要，还要满足未来扩张的需要（Berry，Lefkowith and Clark，1988）。

Berry（2000）强调了在服务市场中用公司名称作为品牌名称的重要性。在有包装的产品市场中，产品是品牌的重心，而在服务市场中，公司是品牌的重心，消费者会产生公司的品牌联想而不是产品的品牌联想（Kim，Kim and Jeong，2003）。服务品牌应当用公司的名称，而不是用不同的名称，其原因在于员工和顾客之间的互动影响顾客对品牌的感知（O'Loughlin，Szmigin and Turnbull，2003）。而 Onkvisit 和 Shaw（1989）认为，服务品牌应当有独立的名称，不同的服务形式应有不同的服务品牌。

事实上，有些服务业应当采用单一的服务品牌，而另一些服务业则应采用不同的品牌。例如，Turley 和 Moore（1995）对现有的服务业进行了调查研究，发现不同的服务业倾向用不同的命名策略，命名策略共有五种：描述性品牌、人名品牌、联想品牌、地域性品牌和数字化品牌。交通、宣传行业和公共事业单位倾向于用地域性品牌，然后是数字化品牌；金融、保险和房地产行业喜欢用地域性品牌，然后是联想品牌；专业化的服务部门，如律师事务所和私人医疗机构则倾向于用人名品牌；其他服务业倾向于用联想品牌和描述性品牌。

服务业进行品牌延伸或提供多种服务时，往往需要对多个品牌进行命名，此时，就要讲究命名技巧和命名策略。Devlin（2003）研究了金融业的服务品牌架构。品牌架构是指品牌谱，即品牌组合。尽管许多企业用企业名称作为品牌名称，但在品牌发展策略方面仍倾向采用多品牌组合策略。品牌架构中，背书品牌和子品牌的区别是很微妙的，背书品牌中，主导品牌的作用相对较小，可能仅仅在联想中被涉及，而在子品牌中，主导品牌的作用是相当大的，对子品牌起决定作用。

2.2.2 服务品牌创建研究

服务主要有四大特性：无形性、异质性、不可分离性和易逝性（Rathmell，1966；Shostack，1977；Gronroos，1978；Zeithaml，Parasuraman and Berry；1985），这些特性已经被许多学者所证实，具体如表 2-4 所示。

表 2-4 服务特性相关研究

研究作者	无形性	异质性	不可分离性	易逝性
Bateson（1977，1979）	★		★	★
Bell（1981）	★	★		★

（续表）

研究作者	无形性	异质性	不可分离性	易逝性
Berry（1975，1980，1983）	★	★	★	★
Bessom 和 Jackson（1975）	★	★	★	
Booms 和 Bitner（1981，1982）	★		★	
Carmen 和 Langeard（1980）	★	★	★	
Davidson（1978）	★	★	★	
Davis、Guiltinan 和 Jones（1979）	★		★	
Donnelly（1976，1980）	★		★	★
Eiglier 和 Langeard（1975，1976）；Eiglear 等（1977）	★	★	★	
Fisk（1981）	★			
George 和 Barksdale（1974）；George（1977）	★		★	
Grorroos（1977，1978，1979，1983）	★		★	
Johrson（1969，1981）	★	★	★	
Judd（1969）	★		★	
Knisely（1979a，1979b，1979c）	★	★	★	★
Langeard 等（1981）	★	★	★	
Lovelock（1981）；Lovelock 等（1981）	★		★	
Rathmell（1966，1974）	★	★	★	★
Regan（1963）	★	★	★	★
Sasser（1976）；Sasser 和 Arbeit（1978）	★	★	★	★
Schlissel（1977）	★	★	★	
Shostack（1977a，1977b）	★	★	★	
Thomas（1978）	★	★		★
Uhi 和 Upan（1980）；Upah（1980）；Upah 和 Uhi（1981）	★	★	★	★
Zeithaml（1981）	★	★	★	

　　服务的这些特性给服务管理带来了一些问题，针对不同的特性，我们可以采取不同的解决方案，具体如表2-5所示。

表 2-5　服务特性带来的问题及解决方案

服务特性	问　题	解决方案
无形性	1. 不能被储存 2. 不能通过专利得到保护 3. 不容易被展示或宣传 4. 很难制定价格	1. 强调有形线索 2. 多用人力资源 3. 模仿或刺激口碑宣传 4. 创建组织形象 5. 通过成本计算，确定价格 6. 进行售后宣传
异质性	标准化和质量控制很难实现	1. 提供产业化服务 2. 提供定制化服务
不可分离性	1. 顾客卷入生产中 2. 大众化生产很难实现	1. 挑选和培训与顾客接触的员工 2. 管理顾客 3. 设置多个地点
易逝性	不能被储存	1. 采取相应战略应对波动需要 2. 同时调整需求和供应能力，实现二者的匹配

在服务品牌创建过程中，公司可以充分利用服务的这些特性（de Chernatony and Segal-Horn，2001）。对于无形性，公司可以像麦当劳那样，通过品牌来展示公司的标识，激发消费者进行清晰的功能性和情感性价值感知；对于服务异质性，公司可以通过雇用、培训和教育员工，使他们的价值观与品牌价值观相同；对于不可分离性，应将消费者看作品牌价值的共同创造者，这也是公司发展的机会；对于易逝性，公司可以通过良好的声誉和品牌形象来削弱影响。

服务品牌的创建原则与快速消费品品牌的创建原则一致，都必须传递功能性和情感性价值，这些原则包括产品定义、清晰的产品利益识别、品牌差异化和产品优势的测量（Levy，1996；de Chernatony and Riley，1999）。但是在创建品牌的过程中，服务品牌和有形产品品牌强调的重点不同。由于服务的四大特性，将有形产品的品牌创建模型应用到服务品牌上就会产生一些问题（O'Cass and Grace，2003）。

将快速移动产品品牌创建的方式应用到服务业时需要对其进行一定调整，因为员工和顾客在传递服务品牌和增强服务品牌影响力的过程中扮演着重要角色（Mackay，2001；Jones et al.，2002；McDonald，de Chernatony and

Harris，2001；Dibb and Simkin，1993），服务公司除了通过外部营销向消费者宣传品牌价值和品牌内涵之外，还需要通过内部营销向员工宣传。服务公司创建服务品牌权益应当集中在三个方面：产品和服务质量、服务传递和实施、象征性形象的建立（Muller，1998）。

服务品牌要求更多的内部营销，并通过招聘、培训和教育员工去传递品牌承诺。顾客对品牌的感知更多地依赖于与员工的互动，这种互动会使顾客产生不同的体验，因此持续一致的服务传递很重要（Balmer，1998）。顾客对服务品牌的评价更多依赖于其参与服务传递的程度，如果顾客高度参与，那么顾客清楚理解自己的角色就非常重要。

服务品牌定位与有形产品的定位也应有所不同（Blankson and Kalafatis，1999），服务品牌定位主要根据顾客需要、服务传递的利益、具体的服务特性、服务使用时间和服务使用者来确定。

产品和服务分为搜寻型、经验型和信任型三类（Nelson，1970；Darby and Kami，1973），有形产品具有更多的搜寻属性，服务则具有更多的经验和信任属性。Moorthi（2002）强调，搜寻型、经验型和信任型服务组织在创建品牌的原则和重点上是不同的。他从品牌作为产品（产品、价格、地点、促销、有形展示）、品牌作为过程、品牌作为组织、品牌作为人和品牌作为一种象征五个方面，对不同类型的服务组织如何创建品牌进行了详细的描述，具体如表 2-6 所示。

表 2-6　三类服务组织创建品牌的比较

品牌化	搜寻型	经验型	信任型
品牌作为产品			
产 品			
典型例子	洗衣店	航空公司、餐馆	医院、咨询机构
无形性	低	中等	高
感知风险	低 / 中等	中等	高
价格			
价格估计	容易	相对容易	困难
溢价能力	低	低	高

（续表）

品牌化	搜寻型	经验型	信任型
地点			
位置	接近顾客	合理距离	距离不是问题
渠道风险	相对较低	高	很高
促销			
广告本质	提供信息	形成顾客满意的口碑	一般的口碑
广告信息传递方式	直接	间接	间接
有形展示			
有形展示需要	高	中等	低
有形结构（机器）	重要	非常重要	不太重要
核心和补充服务的重要性	核心最重要	两者都重要	核心最重要
品牌作为过程			
互动过程	标准化	相对标准化	定制化
顾客卷入程度	中等	中等到高	高
互动内容	清晰	有点模糊	模糊
品牌作为组织			
组织文化	产品驱动	创新驱动	知识驱动
技能需要	基本需定制	基本需定制	高超技能
员工待遇	不高	不高	高
品牌作为人			
角色	问题解决者	娱乐者	建议者
角色期望	只是做	做和说	做和想
个性化	朋友	演说家	老师
典型的人	沃森	卓别林	爱因斯坦
导向	问题导向	友好导向	自信导向
目标顾客	年轻人	中年人	老年人
与顾客的关系	兄弟	叔侄	父子
品牌作为一种象征			
形容词	有用的、便利的	生动的、鲜活的	深沉的、明智的
典型赞助对象	表演秀	环球旅游	大学辩论

　　服务的复杂性决定了服务品牌的创建过程是复杂的。服务品牌的创建是

一个全面的过程（Dobree and Page，1990；Riley and de Chernatony，2000），起始于企业与员工之间的关系，存在于员工和顾客之间的互动中。服务品牌是关系建立者。服务品牌的创建需要企业内部沟通和内部培训来增强员工进行服务传递的动机，让员工愿意为顾客提供服务。因此，服务企业需要一个强烈的以顾客为导向、支持创建服务品牌以及共享价值的企业文化（de Chernatony，Drury and Segal-Horn，2003）。

Berry（2000）指出，培育服务品牌权益主要有四种措施：差异化品牌、确定服务主题、建立情感联系和内部化品牌，具体如图 2-5 所示。

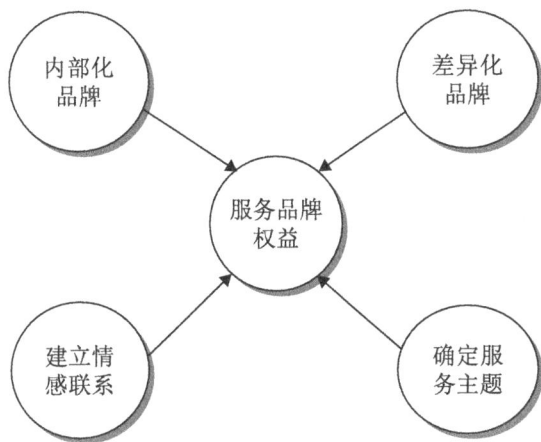

图 2-5　培育服务品牌权益的措施

在培育服务品牌权益措施中，差异化品牌是指服务企业有意识地创建一个独特的品牌个性，让顾客花时间和精力关注品牌。确定服务主题是指企业必须明确自己提供的服务的内涵和意义，其创建的品牌不仅要标明与竞争品牌的区别，而且要代表一种很有价值的市场提供物。建立情感联系是指服务企业通过宣传，有效地创造品牌认知，刺激顾客试用，激发顾客产生亲密和信任等情感，与顾客建立可信任的情感联系。内部化品牌是指服务企业创建品牌要从内部员工开始，让员工了解品牌价值和品牌意义，然后通过员工将其传递给顾客。

Padgett 和 Allen（1997）认为，现有的研究者过多地研究由服务提供商定义的服务产品，而忽视顾客体验。顾客体验的内容对于打造服务品牌形象具有重要作用。服务品牌形象是一个顾客导向的概念，来源于顾客如何感知服务，在塑造服务品牌形象时，营销人员一定要理解顾客如何感知服务、顾客看重哪些服务内容。对于服务品牌形象的创建，服务体验所追求的快乐在本质上将使情感诉求比理性诉求更有效（Mattila，1999）。服务中有形的标志可以使顾客对品牌产生更积极的态度、更强烈的购买意愿和更深刻的记忆，从而有利于企业塑造更好的品牌形象。

服务品牌形象必须与企业形象保持一致，当顾客对企业知之较少时，服务品牌形象和企业声誉将为企业增加价值（O'Loughlin，Szmigin and Turnbull，2003）。尽管品牌形象和品牌识别有助于品牌意义的形成，然而影响最深的是顾客体验，积极的顾客体验是企业与顾客之间建立关系的重要因素。

O'Cass 和 Grace（2003）从服务属性角度出发，研究了服务的各个属性以及服务品牌联想对顾客行为意图的影响。研究发现，服务属性影响服务品牌联想，服务品牌联想又影响顾客对服务品牌的态度，态度将决定着顾客使用品牌化服务的意愿。服务有多种属性，不同的属性对于创建服务品牌的影响是不一样的，其中，创建服务品牌的关键因素是品牌体验和口碑，具体如表 2-7 所示。

表 2-7　服务的品牌属性

服务设计和特征	A	B
服务场景	★	★
情感	★	★
品牌名称、商标	★	
品牌个性	★	
品牌和自我形象	★	
典型使用者形象	★	★
价格	★	
品牌体验	★	★
生产地	★	
品牌广告	★	
口碑	★	★

（续表）

服务设计和特征	A	B
公共关系	★	
个人服务	★	★

注：A——有实意的属性，B——对形成品牌形象和态度有重要影响的属性。

在 O'Cass 和 Grace（2004）的研究中，他们又进一步指出品牌和自我形象、情感、服务场景、个人服务、公共关系、品牌广告和价格对创建服务品牌具有重要影响，而生产地和口碑对创建服务品牌的影响则不显著。

de Chernatony 和 Segal-Hom（2003）指出，成功的服务品牌有三个标准：清晰的集中定位、一致性和可感受到的价值观。清晰的集中定位可以将顾客从竞争对手那里吸引过来，一致性强调员工、顾客和其他利益相关方对品牌的体验和认知相同，可感受到的价值观包括员工的情感和承诺。员工的态度和行为是影响服务品牌能否成功的重要因素。而 Onkvisit 和 Shaw（1989）强调，一个强势服务品牌应具有四个特征：清晰的、相关的、质量可视化、核心服务品牌化。

2.2.3　服务品牌权益研究

品牌权益对于服务市场相当重要，许多应用于快速消费品市场的品牌权益测量方式同样适用于服务市场。例如，在信用卡市场，基于顾客的品牌认知（品牌回忆和品牌熟悉度）是测量品牌权益的最佳指标（Mackay，2001）。Bharadwaj、Varadarajan 和 Fahy（1993）指出，品牌权益帮助企业的产品实现差异化，并且作为质量的代名词，能在顾客心中创造积极的形象，并通过价格或促销策略防止市场份额的流失。服务的无形性程度越高，服务的体验或信任属性越高，品牌权益作为持续竞争优势来源的影响就越大。

Krishnan 和 Hartline（2001）通过对搜寻型服务、经验型服务、信任型服务和有形产品的调查，发现在这几种服务类型中，搜寻型服务具有最高的品牌权益指数，然后是信任型服务，搜寻型服务和有形产品的品牌权益指数没有显著差异，信任型服务和经验型服务的品牌权益指数没有显著差异。

O'Cass 和 Grace（2003）在详细分析了 Keller（1993，1998）提出的两

个模型的差异后指出，这两个模型均忽略了产品与服务之间可能存在的差异。Keller（1993）提出，品牌知识有两个主要组成部分，即品牌认知和品牌形象，企业为了获得基于顾客的品牌权益，必须让顾客认知并熟悉品牌，并且要有强烈的、独特的和令人喜爱的品牌形象。Keller（1998）的模型描述了各种品牌联想，包括产品相关和非产品相关两部分。核心产品是指顾客感知到的核心产品或核心服务功能。对于服务业来说，产品相关属性是指核心服务的流程，非产品相关属性是指除了功能或流程以外的所有其他属性。Keller在1993年提出的模型中，将非产品相关属性分为四大类：价格、包装、使用者形象和使用形象，在1998年提出的修正模型中，则将非产品相关属性分为价格、使用者形象、使用形象、品牌个性、情感和体验，这表明他开始关注品牌的个性和由品牌引发的顾客情感反应。

Berry（2000）分析了14个成熟的绩效很好的服务企业，总结出了一个服务品牌权益模型，如图2-6所示。

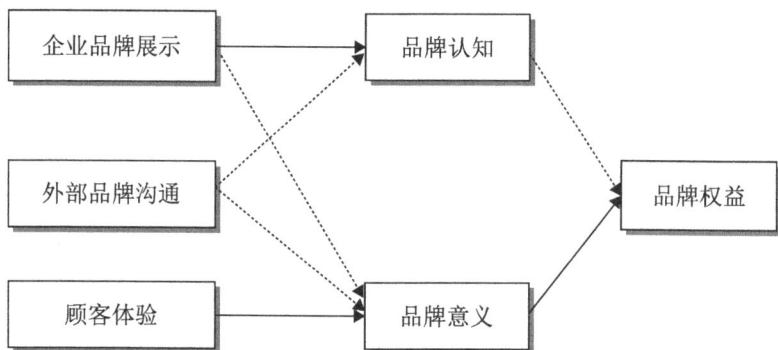

图2-6 服务品牌权益模型

与Keller（1993）提出的品牌权益模型相似，Berry（2000）提出服务品牌权益包括品牌认知和品牌意义。品牌认知是指品牌回忆和品牌辨识，与Keller（1993）的定义相同。顾客的品牌认知主要源于企业品牌展示，即源于企业的宣传，包括广告、服务设施、有形展示、企业名称、标语、视觉表现和标志等。此外，对顾客的品牌认知产生影响的还有外部品牌沟通，即企业不能控制的口碑和公共关系。顾客不仅从企业提供的信息中形成对品牌的认知和印象，还从一些独立的信息源中获取信息。品牌意义即品牌形象，是一系列的品牌联想，是指当顾客提及服务时，马上在脑海中形成的印象。有时，不同的服务企业的品牌认知相同，品牌意义却不相同。尽管企业品牌展示和外部品牌沟通对品牌意义有一定影响，但影响最大的是顾客体验。对于没有消费经历的顾客来说，广告宣传的影响最大，但是对于体验过的顾客来说，广告宣传的影响甚微。当顾客体验与广告宣传不一致时，顾客宁可相信自己的体验。当顾客体验过企业的产品之后，体验就起决定性作用，特别是在主要依靠人员表现的劳动密集型服务企业，顾客体验的作用就更为明显。品牌意义比品牌认知对服务品牌权益的影响更大。

Underwood、Bond 和 Baer（2001）通过对体育市场的研究发现，营销人员可以利用体育市场的四个特征——团体体验、历史或传统、有形设施和仪式来增强顾客的身份意识，增加服务品牌权益。其中，品牌权益包括品牌认知和品牌形象（Keller，1993），如图 2-7 所示。

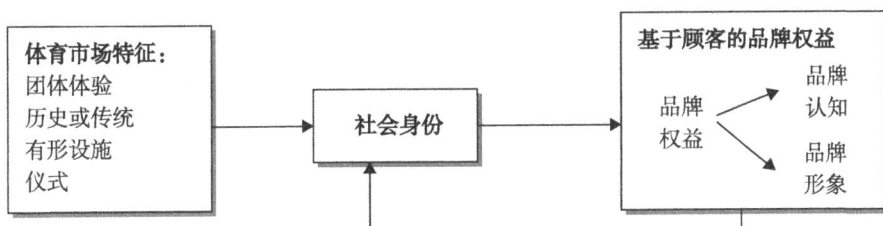

图 2-7 社会身份对服务品牌权益的影响模型

Underwood、Bond 和 Baer（2001）认为，顾客可以通过高水平的个人承诺和情感卷入形成自我概念。自我是指一个人理想中的自己，由个人身份和社会身份组成。社会身份影响顾客的个人感知、认知、评价和对事件的归因，以及顾客的情绪和行为。观看比赛是一种独特的团体体验，比赛能引起不同顾客共同的兴趣，激发顾客的热情，将不同的群体结合成一个整体，团体体验与 Schouten 和 McAlexander（1995）指出的消费亚文化相似。对品牌历史的了解，有助于增强顾客的品牌联想，提高品牌认知和品牌形象。有形设施是体育场景的物理环境，高档、舒适的设施可以提升顾客的身份意识和体验感知，从而影响服务品牌权益。仪式是一种社会化行为，在本质上是重复的，更多地用于庆祝。为了产生最大效果，仪式必须有一种持续一致的强烈感觉。

Prasad 和 Dev（2000）开发了一个以顾客为中心的宾馆品牌权益指数，将顾客对品牌认知和品牌表现的感知转化成一个具体的数字。品牌权益可用两个指标来表示，即品牌表现和品牌认知，品牌表现通过顾客满意度、返回意向、价格/价值感知和品牌偏好四个属性来体现，品牌认知通过品牌回忆来体现。高品牌权益意味着高顾客满意度、高品牌偏好和忠诚度、高顾客保留率、高市场份额、产品溢价、高利益和高股东价值。宾馆品牌权益受顾客体验的影响，好的顾客体验会增加品牌权益，不好的顾客体验会减少品牌权益。

Gladden、Milne 和 Sutton（1998）通过对大学运动队的研究，结合 Aaker（1991）和 Keller（1993）的品牌权益概念，提出一个运动队的品牌权益框架。同时他们指出，有三种因素影响运动队的品牌权益——与运动队相关的因素、与组织相关的因素及与市场相关的因素。体育运动的独特性在于体育运动的情感性和体验性，娱乐环境对娱乐体验有直接影响，顾客记住的往往只是体验。在体育运动中，顾客与许多人一起分享体验，这种体验使人更兴奋和更满意。

2.2.4　服务品牌相关文献评析

服务业的多样性和复杂性，决定了服务业创建品牌的复杂性。有形产品的品牌概念和品牌创建原则同样适用于服务业，但是品牌创建方式和创建过程不相同（Levy，1996；de Chernatony and Riley，1999；Mackay，2001；Jones，et al.，2002）。在服务品牌创建过程中，服务环境、员工、服务流程及顾客均扮演着重要角色。无形性是服务的最大特性，服务品牌可以使服务从无形变为有形，有利于顾客进行品牌选择。服务的异质性决定了员工和服务流程的重要性，尤其是一线员工，其行为往往体现了品牌对顾客的承诺，只有员工认可了品牌价值，才会将其传递给顾客。不可分离性、易逝性决定了顾客体验是品牌创建的一个重要因素。顾客参与服务生产的过程也就是顾客体验的过程，在这一过程中，服务环境、服务员工、其他顾客和顾客本身等多种因素都会对顾客感知和顾客行为产生影响，从而影响顾客对服务品牌的认知。但是这些观点均是一种概念性的理论，缺少定量研究的支持。

在服务品牌权益研究中，多数学者采用 Aaker（1991）和 Keller（1993）的品牌权益模型中的几个概念，并且往往基于理论推导出应如何创建服务品牌，而没有通过调研对服务品牌权益进行实证分析。服务品牌权益的来源、服务品牌权益的维度以及各个维度之间的关系还有待进一步探讨。

Keller（1993）的品牌权益模型是基于现有的品牌理论设计的，Berry（2000）的服务品牌权益模型是根据 14 个成熟品牌分析的结果进行设计的，de Chematony 和 Riley（1998）的双旋涡品牌模型是基于品牌咨询师的感知设计的。尽管这三个模型尝试着从顾客角度来描述品牌，但是其信息来源均不是顾客，而是专家意见或企业案例分析，并且这三个模型缺乏实证支持（O'Cass and Grace，2003）。

Aaker（1991）的品牌权益模型中的感知质量是针对有形产品而言的，在服务业，感知服务质量的概念非常丰富。关于服务质量包括哪几个基本维度，各维度是否具有普适性，不同的服务业是否具有不同的维度尚有许多争议（Carman，1990；Cronin and Taylor，1992；McDougall and Levesque，2000）。Parasuraman、Zeithaml 和 Berry（1988）在 1985 年研究的基础之上，开发了服务质量（SERVQUAL）量表，并确认服务质量有五个维度：有形性、可靠性、响应性、保证性和移情性。然而这一结论受到了其他学者的质疑。Jones（1995）提出，服务质量包括满意因子（Satisfiers）和不满意因子（Dissatisfiers）；McDougall 和 Levesque（2000）认为服务质量包括核心服务质量和相关服务质量；Klemz 和 Boshoff（2001）认为服务质量量表确认的五个维度具有层级结构，并将保证性和移情性作为一种情感反应；Carman（1990）则通过实证发现，在不同的服务企业应用服务质量量表，得到的服务质量的维度是不同的；Cronin 和 Taylor（1992）则证实服务质量量表的五个维度有缺陷，这五个维度在他们的研究中并未得到验证，基于此，他们提出了一个基于服务表现的绩效感知（SERVPERF）服务质量模型。由此可见，将服务质量作为品牌权益的一个维度还值得商榷。

Berry（2000）在服务品牌权益模型中，强调了顾客体验对创建服务品牌意义（品牌联想）具有重要影响，这是学术界第一次将顾客体验作为一个核心概念纳入品牌权益构成模型中,为研究服务品牌权益的来源提供了一个新的视角。

2.3 顾客体验文献回顾与评析

顾客体验无处不在,每次消费都是一次顾客体验。本节从顾客体验的定义、顾客体验的作用研究、顾客体验的维度研究、顾客体验的特征研究、顾客体验的行业研究五个方面,对顾客体验相关文献进行回顾与评析。

2.3.1 顾客体验的定义

体验有多种定义,不同的学者对体验有不同的理解。体验是一种情感、认知和行为的过程,是一种超出日常生活、非理性化的情感和感觉(Huby,1997);是一种追求幻想、情感和乐趣的过程(Holbrook and Hirschman,1982;Greenfield,2003);是指在学习、获取、使用和维护甚至是抛弃一件产品或一项服务时所产生的总的和累积的顾客感知(Carbone and Haeckel,1994);是遭遇和经历某些事物后产生的结果(Schmitt,1999);是一种感觉(Haeckel,Carbone and Berry,2003);是一种交易(Rowley,1999);是一种个体的、内部的、主观的和情感化的活动(Thompson,Locander and Pollio,1989);是一种主观的心理状态(Beeho and Prentice,1997);是通过感观或思维对客体或情绪的理解,是个体的参与和经历(Joy and Sherry,2003);是每个人以个性化方式参与的事件(Pine and Gilmore,1998);是感觉、想象和情感的综合反应(Lofman,1991)。

顾客体验是指顾客对一个具体的服务事件所做出的认知、情感和行为反应(Padgett and Allen,1997),是顾客在服务过程中的情感反应(Hui and Bateson,1991),是顾客进行服务消费时的主观反应和情感,是组织、相关系统/程序、服务员工和顾客之间互动的结果(Bitner,1990),是服务组织的主要输出(Wirtz and Bateson,1999)。

《牛津英语大词典》将体验定义为经历或感受;《汉语大词典》将体验解释为"亲身经历,实地领会",是"通过亲身实践所获得的经验"。由此可以看出,体验有两种词性:一是动词,强调体验是经历和消费活动;二是名词，强调体验是一种感觉。

综合以上概念，本书将顾客体验定义为一种个体主观的内心活动，是顾客基于已有知识或经验，对现场亲身经历所做出的感觉和评价，涉及情感、认知、思考等一系列心理反应。

2.3.2　顾客体验的作用研究

体验不仅对顾客产生情感和行为上的影响，而且对于公司和公司的产品也有直接的影响。体验的作用主要体现在以下四个方面。

（1）体验是一种信息来源

顾客获得信息的来源包括内部资源和外部资源。内部资源主要指顾客的亲身体验，外部资源主要包括广告、口碑等其他信息源（Dibb and Simkin，1993；Gabbott and Hogg，1994；Berry，2000）。与广告相比，顾客选择品牌时更相信自己的体验（Shapiro and Spence，2000）。服务的体验属性推动了顾客更多地依赖口碑，因为口碑让顾客感到更可信，有更少的偏差（Zeithaml，Berry and Parasurman，1988）。

（2）体验影响顾客偏好和品牌关系

顾客对品牌的信念来源于个人使用体验、口碑及公司的营销，体验影响顾客对品牌的期望，是顾客对品牌是否满意的重要决定性因素。体验将产生三种结果：对目标品牌的期望、基于体验的性能标准和品牌态度（Woodruff，Cadotte and Jenkins，1983）。Pullman 和 Gross（2004）认为愉快的体验能增加顾客的品牌忠诚，并且对品牌形象的塑造具有重要作用（Padgett and Allen，1997）。Haeckel、Carbone 和 Berry（2003）研究发现，全面体验管理容易产生更强和更持久的顾客偏好，体验决定顾客的品牌偏好（Carbone and Haeckel，1994），影响顾客进行价值感知、口碑宣传和再次惠顾的意愿。Berry（2000）认为体验对服务品牌联想起关键作用，而 Johnson 和 Mathews（1997）指出体验可提高顾客对服务的期望。

（3）体验影响公司的声誉和策略

根据 MORI 统计，影响组织声誉的因素有 20% 来源于直接体验，25%来源于对员工的了解，而来源于广告和公共关系的影响不超过 3%（Rogers，

2003）。公司成功与否取决于顾客是否满意，而顾客满意与否又取决于顾客的体验。差的顾客体验将降低顾客数量，最终影响公司绩效。消极的顾客体验不仅会导致现在的顾客流向竞争对手，而且会形成负面的口碑，使公司不能吸引新的顾客（Tseng，Ma and Su，1999）。顾客体验和营销战略是紧密相连的（Rowley，1999），了解顾客体验有助于公司更有效地定位、制定促销和沟通策略（Otto and Ritchie，1996）。

（4）体验影响顾客价值和竞争优势

当产品或服务在几周或几个月内很容易被模仿时，顾客体验是公司竞争中的一个重要差异点（Rogers，2003），因为体验是独特的，不能被竞争对手模仿，这是公司竞争优势的一个重要来源（Baker，et al.，2002；Alloza et al.，2004；Pullman and Gross，2004）。Prahalad 和 Ramaswamy（2003，2004）则强调，共同体验和体验创新对于公司保持竞争优势和创造顾客价值具有重要影响。共同体验是体验创新的基础，与传统创新相比，体验创新有许多优势。

2.3.3　顾客体验的维度研究

顾客体验是一个多维的概念，下面从体验目的和体验表现形式两个角度对相关文献进行回顾。

2.3.3.1　与体验目的相关的文献回顾

人们消费产品或服务是为了满足生理、心理和社会归属感的需要。生理需要要求产品或服务提供功能上的利益，因此消费是一种功能性体验；心理需要要求产品或服务提供情感上的利益，因此消费是一种享乐性体验；社会归属感需要则要求产品或服务提供身份、象征上的利益，因此消费是一种社会体验。

信息加工模式是 20 世纪 80 年代以来消费者行为领域研究的重点（Gabbott and Hogg，1994），该模式基于顾客对产品的功能性消费，强调产品或服务的功能性利益，即产品或服务能履行某种有用的工具功能或实用功能（Mano and Oliver，1993），满足消费者的生理或心理上的需要，解决实际问题（Kerin，Ambuj and Howard，1992；Babin，Darden and Griffin，1994）。

在消费产品或服务时，顾客会追求娱乐、感观刺激、情感、乐趣和享受，强调产品或服务的美学或享乐功能，即能满足人们追求快乐的需要。体验消费就是一种享乐性消费（Holbrook and Hirschman，1982；Hirschman and Holbrook，1982）。从享乐性消费视角看，产品或服务不仅仅是客观物体，更具有主观的象征性意义。享乐性消费是一种动态的使用体验，受消费亚文化的影响，享乐性消费体验因人而异，不同的产品或服务会使顾客获得不同的享乐性消费体验。

体验要么是享乐性消费体验，要么是功能性消费体验，或者是二者的结合（Lofman，1991）。与工具性消费体验相比，享乐性消费体验包括情感、行为和评价，但是认知过程和感觉刺激较少。例如，以享乐为导向的就餐就比以功能为导向的就餐有更多的情感成分。

服务业的多样性使顾客在不同的服务企业追求不同的利益（Wakefield and Blodgett，1994，1996）。例如，在干洗店、咨询公司、律师事务所等服务企业中，顾客的消费主要由功能性动机驱动，而在主题公园、剧院、娱乐中心等服务企业中，顾客的消费行为主要由享乐性动机驱动。有的服务企业，既以功能性利益为导向，又以享乐性利益为导向。顾客会将产品或服务的功能性利益或享乐性利益与财务或非财务成本进行比较，最终产生对产品或服务的总体感知（Berry，Haeckel and Carbone，2002）。

产品或服务除了提供功能性利益和 / 或享乐性利益之外，还要为消费者提供社会心理利益。Frenzen and Davis（1990）指出，市场产生两种效用，即来源于产品属性的获取效用和来源于社会资本的社会效用。例如，购买礼品是为了获得社会效用，而购买面包则是为了获得获取效用。社会效用的大小取决于与其他人的关系强度和人际网络的范围大小，两个人可以通过互动产生友谊，进而增加社会效用，从而实现更高层次的信任和互助。

Cova（1997）提出"社区"的概念来研究服务消费中的关系，指出后现代消费者寻找的不仅是使用价值——功能性或象征性价值，更重要的是寻找一种联系价值。公司应转变短期利润最大化的观念，树立一种服务社区的理念，与消费者建立情感联系。

Schimitt（1999），Muniz、O'Guinn（2001），Mcalexander、Schouten 和

Koenig（2002）及 Aubert-Gamet 和 Cova（1999）均强调体验的社会属性，认为顾客消费是为了建立一种社会联系，表明自己的社会身份，得到供应商、同伴和社会的尊重与认同。在某种程度上，顾客体验是一种社会体验，与马斯洛需求理论中的高层次需要——归属、尊重和自我实现相对应。社会体验的观点认为消费者不仅仅是经济人，更是社会人，强调消费者与社会的联系和关系。

2.3.3.2 与体验表现形式相关的文献回顾

Lofman（1991）认为体验共有六个层面：场景、感觉、情感、思维、活动和评价。场景是体验输入，是指有形环境中的物体和人，以及其他描述时间和地点的无形部分。感觉即感观刺激，是指消费者对市场提供物的感受，包括视觉、听觉、味觉、嗅觉和触觉五种。情感是消费者消费时产生的情绪或心情。思维是指消费者对消费属性（具体属性和抽象属性）、利益（功能性利益和社会心理利益）和联想的思考。思维不仅包括认知部分，而且包括想象部分。活动是指消费者在消费过程中的相关行为，包括大脑活动和身体活动。评价即体验输出，是指消费者对消费体验的总体看法，消费者的评价反应与供应物使用、个人的欣赏水平有关。

Schmitt（1999）基于心理学研究，提出了战略体验模块（SEMs），该模块包括感观体验（Sense）、情感体验（Feel）、思考体验（Think）、行动体验（Act）、社会体验（Relate）。感观体验、情感体验和思考体验属于个体层面的体验，社会体验属于社会层面的体验，行动体验则兼具两个层面。

（1）感观体验

感观体验是体验信息输入的过程，是指通过视觉、听觉、触觉、味觉和嗅觉对外部事物进行心理感知。人对外部信息的搜集，约80%依靠视觉，约14%依靠听觉，约3%依靠嗅觉，约2%依靠触觉，约1%依靠味觉。

感观体验的刺激物被称为体验线索。体验线索按不同的标准可分为有形线索和无形线索（Bitner，1992），性能线索和结构线索（Carbone and Haeckel，1994），内部线索和外部线索（Alloza, et al.，2004）。感观体验受刺激强度、刺激时间和感觉相互作用的影响。

（2）情感体验

情感体验是指在消费体验中引发的情感、情绪或心情。情感体验是体验研究的核心，早期的消费体验研究多局限于情感研究（Havlena and Holbrook，1986）。在后现代化时代，消费者同样寻找与公司在情感上的联系（Rogers，2003）。体验是情感和情绪的基本特征，无论人对客观事物持什么态度，人自身都能直接体验，离开了体验就谈不上情感和情绪（叶奕乾等，1997）。情感、情绪和心情都是感情范畴，有着共同的生理机制，只是表现的强烈程度不同，情感通过情绪表现出来，因此情感体验也包括情绪体验[①]。

情感理论主要有两大学派：一个学派认为不同的情感是分离的，另一个学派认为情感是结构化的，不同情感之间有某种联系（Havlena and Holbrook，1986；Westbrook and Oliver，1991）。Plutchik（1980）的心理进化理论模型指出了八种基本情绪：狂喜、警惕、悲痛、惊奇、狂怒、恐惧、接受和憎恨。Izard（1977）的表情动作理论模型指出了十种基本情绪：愤怒、傲慢、憎恶、悲痛、喜悦、恐惧、罪恶、兴奋、羞耻和惊骇，其中有七种消极情绪，一种积极情绪，两种唤醒情绪（Richins，1997）。这两种模型更多地强调消极情绪，并且各种情绪之间是相分离的，不能表达情绪之间的相似性和差异性的实质（Wirtz and Bateson，1999），在唤醒方面，Plutchik 和 Izard 的情绪和情感模型就不太准确（Machleit and Eroglu，2000）。因此，这两种模型的实际应用并不广泛。

Russell（1980）的情绪环形结构模型认为情绪和情感有两个基本的维度：愉快——不愉快，唤醒——平静。这种划分方法可以将所有的情感或情绪以坐标的形式表示。例如，愉快为 0°，兴奋为 45°，唤醒为 90°，悲伤为 135°，不愉快为 180°，忧郁为 225°，迟钝为 270°，放松为 315°（Wirtz，Mattila and Tan，2000）。Russell 模型不存在区别效度的问题，很少的维度和量表项目使这个模型具有更大的使用价值，因此它在研究消费体验中得到广泛的应用（Havlena and Holbrook，1986；Wirtz and Bateson，1999）。

---

① 情感和情绪有共同的生理基础，都是大脑皮层对外界刺激的反应，情感是情绪的本质内容，情绪是情感的外在表现。

（3）思考体验

思考体验是消费者认知、评价和解决问题的过程，包括分析、综合、比较、概括和具体化等活动，其中分析和综合是思维的基本过程。与情感体验不同，人在进行思考体验时比较理性。

Schmitt（1999）认为，思考体验是指消费者在消费过程中的发散性思维和收敛性思维，这两种思维最终会激发消费者的创造性思维。消费者消费产品或服务是为了满足自己或他人的需要，消费的过程是解决问题的过程。消费者在消费前、消费中和消费后都有思维活动，如消费前的期望、消费中的比较和感受、消费后的评价等。思考体验和情感体验互相影响，满意或不满意评价被认为一半是认知，一半是情感（Mano and Oliver，1993）。

（4）行动体验

行动体验是指与其他人互动产生的体验，也是指消费者的行为方式。与他人的互动可以影响消费者的体验，Arnould 和 Price（1993）研究了野外河流漂流中消费者寻找刺激、互帮互助产生的行动体验。Hui 和 Bateson（1991）验证了拥挤对消费者情感和行为的影响，Eroglu 和 Machleit（1990）认为任务导向的消费者比非任务导向的消费者更易感受到拥挤和不满意。Clarke 和 Schmidt（1995）认为消费者之间的互动或员工与消费者之间的互动，会影响消费者在消费中的收益感知。

消费者的行为可以分为接近性行为或规避性行为。接近性行为包括购买、重复购买、推荐、花费更多的时间、花费更多的金钱；规避性行为包括抱怨、转向另一家公司、逃避、给出消极评价或减少与公司的交易（Zeithaml，Berry and Parasuraman，1996）。Donovan 和 Rossiter（1982）通过对消费者购物行为的研究，提出接近性行为或规避性行为可以分为四类：第一类，自然接近或规避，是指去商店购物的意愿；第二类，试探性接近或规避，是指在商店中搜寻商品；第三类，沟通性接近或规避，是指与销售人员或服务人员的互动；第四类，满意性接近或规避，是指重复购买。

（5）社会体验

社会体验是指消费者在消费中渴望自我提高，渴望从属于一个更大范围的社会系统（Harris，Harris and Baron，2000；Wallendorf and Arnould，1991）。

在消费过程中，消费者扮演多种角色，消费更多的是为了维持一种社会关系（Otnes，Lowery and Shrum，1997），消费是为了满足一种社会交换（Aubert-Gamet and Cova，1999）。社会体验的观点认为人具有社会属性，人的消费不仅是为满足自己生理和 / 或情感上的需要，更重要的是寻求社会归属感，寻找社会认同和承认，表明自己的人生观、消费观和价值观，定位自己的社会身份。

Giner（1995）通过十个深度访谈发现，消费者参加艺术表演是为了建立一种社会联系，维系一种"小社会"（Small World）的关系。在这个由消费形成的临时性的"小社会"里，所有成员努力维持这个"小社会"的平衡，并且希望不被外界打扰。许多消费者参加活动只是为了证明自己是集体成员之一。消费伙伴包括朋友、亲戚和熟人，有时候甚至是陌生人，消费的目的不仅是显示自我，更重要的是建立一种社会联系（Jones，1999）。

Muniz 和 O'Guinn（2001）提出了"品牌社区"这一概念，认为品牌社区是一种在消费情景中围绕某一品牌形成的商业化的社会联系。在品牌社区中，存在四种关系：顾客与品牌之间的关系、顾客与产品之间的关系、顾客与公司之间的关系、顾客与顾客之间的关系（McAlexander，Schouten and Koenig，2002）。品牌成为顾客联系的纽带，以顾客为中心的品牌社区依赖于顾客体验，顾客之间共享这种体验，能增强品牌社区成员之间的联系。

2.3.4　顾客体验的特征研究

服务就是一种体验（Bitner，1990；Grove and Fisk，1992；Dibb and Simkin，1993；Gabbott and Hogg，1994；Padgett and Allen，1997；Shostack，1987；Dawes and Rowley，1998；Wirtz and Bateson，1999；Tseng，Ma and Su，1999；Goulding，2000；Mackay，2001）。无形性是服务产品的最主要特征，无形性决定了服务产品只能是一种表演，而不是客观存在的实体，顾客只能体验服务（Zeithaml，Parasuraman and Berry，1985）。服务的本质是以人为本（Lengnick-Hall，Claycomb and Inks，2000），这也决定了服务只能依靠人的体验来体现。

在服务业，影响顾客体验的因素有许多。Mayer、Bowen 和 Moulton

（2003）将这些因素分为结构化因素和表现因素。结构化因素是一种固定因素，包括技术、可视性、员工的服装、有形展示、传递方法、互动数量、定制化和可获得性；表现因素是一种变化因素，包括员工的表现、员工的努力、持续时间、顾客参与、移情性、可靠性和保证性。Carbone 和 Haeckel（1994）将影响体验的因素定义为体验线索（Cues），他们认为体验线索要么以性能为基础，要么以情景结构为基础。性能线索是指产品或服务的功能，情景结构线索包括机械线索，即视觉、听觉、触觉、味觉和嗅觉，以及人性化线索——从员工或其他顾客身上得到的线索，人性化线索决定了购买体验中的人际关系。Wels-Lip、Ven 和 Pieters（1998）认为服务传递系统中有六个关键部分：接触到的员工、顾客、有形部分、服务环境、服务组织和外部影响。不同的部分会使顾客产生不同的体验，有些使顾客产生积极体验，有些使顾客产生消极体验。

顾客对产品的体验和对服务的体验有许多不同之处，在服务业，由于顾客亲自参与服务的生产和消费，因此服务环境、服务员工和顾客因素对顾客体验产生重要影响。

（1）服务环境

所有的社会活动都受环境的影响，服务提供商可以控制的就是服务环境和服务员工（Bitner，1990）。服务环境是指服务场景（Bitner，1992）或服务氛围（Kotler，1974），服务氛围是由服务场景引发的一种气氛，更多地基于顾客的心理感知。服务环境会对顾客体验产生影响。例如，一个吵闹的、有着令人不舒服的座位的餐厅与一个舒适的、令人放松的餐厅相比，同样的食物会给人不同的体验，食物与环境看似没什么联系，但它们都是顾客就餐体验中的一部分。

越来越多的人意识到，服务场所的内外部环境可以诱发顾客产生情感，影响顾客的停留时间和购买意愿（Kotler，1974；Wakefield and Blodgett，1994，1996），影响顾客对服务的反应（Clarke and Schmidt，1995）。在服务场所，服务氛围也是一种营销工具，随着竞争对手的增多，服务氛围将变得越来越重要。就像利用价格、广告、个人销售、公共关系等营销工具一样，营销管理者正有意识和有技巧地利用空间美学和服务环境去创建或提升公司形象（Wirtz, Mattila and Tan, 2000）。

每一位顾客都会与有形环境产生互动，要么得到帮助，要么受到影响（Bitner, 1992）。服务环境影响人的五种感观。例如，声音大让人感觉不舒服，温度高让人出汗，不好的气味让人难受，刺眼的灯光让人的眼睛感觉到疼痛等，所有的这些都影响人的情感、认知和行为。服务环境需要同时满足顾客和员工的需要，尤其是在宾馆、酒店、银行、零售店等服务企业。服务场景对顾客期望有很深的影响，特别是在第一次消费时，顾客会寻找一些外部线索来预测、判断企业服务质量和服务能力。

Aubert-Gamet 和 Cova（1999）指出，企业不应仅仅将服务场景视为经济交换的场所，还应将服务场景视为提供社会联系的地方。环境不仅仅是一种刺激因素，更是人际结构的一部分，环境不是空间性的，而是社会性的，顾客是环境的一个重要组成部分（Pullman and Gross, 2004）。服务氛围不仅促进顾客与员工之间的互动，还促进顾客与顾客之间的互动。有形环境不仅为服务提供支持，而且是人们进行人际交往的活动背景。服务场景在经济交换中的角色已经发生了变化，如表2-8所示。

表 2-8　服务场景和交换种类

交换种类	中心价值	营销类型	理想的服务场景
经济交换	使用价值	交易	自我服务
社会经济交换	与员工的联系价值	关系	咨询点
社会交换	社区性的联系价值	部落	集市

Donovan 和 Rossiter（1982）以及 Donovan、Rossiter、Marcoolyn 和 Nesdale（1994）用环境心理学方法验证了商店氛围对顾客情感和行为的影响。研究发现，商店的环境可以激发顾客的情感，情感又影响顾客的行为意向。服务环境可用新鲜度和复杂度来衡量。新鲜度是指出乎意料、令人吃惊、新的和不熟悉感，复杂度是指引起环境改变的因素的数量。在商店购物时，愉快的情感可以有效地促使顾客花费更多的时间和金钱，影响顾客的购物行为。情感和认知共同影响顾客的消费决策。

其他一些学者研究了服务环境中的一些具体因素对顾客体验的影响，这些因素会影响顾客的心情、情感、评价、行为和时间感知（Cameron et al.，2003），包括音乐（Milliman，1982；Yalch and Spangenberg，1990；Herrington and Capella，1996；Oakes，2000；Cameron et al.，2003）、颜色（Bellizzi，Crowley and Hasty，1983；Brengman and Geuens，2004）、气味（Spangenberg，Crowley and Henderson，1983）、拥挤程度（Hui and Bateson，1991）等。

（2）服务员工

员工在顾客服务体验中起相当大的作用（Dawes and Rowley，1996；Jerome and Kleiner，1995；Harris，Baron and Parker，2000）。一线员工的语调、传递速度、服务方式和使用的词语等都对顾客体验有直接的影响（Bettencourt and Gwinner，1996），有丰富知识的员工可以为顾客提供更多的信息，从而为顾客创造更好的体验（Jones，1999）。因此，服务组织应当视员工为内部顾客，充分利用员工的技能去服务外部顾客（Johnston，1989）。

在许多服务企业中，服务的生产和消费需要员工与顾客的互动来完成，这种互动经常成为顾客评价整个服务企业的焦点（Bitner，1990），也成为评价整个服务体验的焦点（Mohr and Bitner，1991）。顾客不仅评价服务的最终结果，而且评价整个服务传递的过程。在服务的传递过程中，员工对顾客的理解和额外的关注，员工的真诚性、服务能力和服务行为都会对顾客的情感和行为产生影响（Price，Arnould and Deibler，1995），并最终影响组织的绩效（Tseng，Ma and Su，1999）。顾客和员工之间的相互理解是决定顾客满意的重要因素，这种相互理解既依赖于双方角色扮演的准确性和认知上的一致性，又源自背景相似性、互动频率和目标相容性（Mohr and Bitner，1991）。

（3）顾客因素

顾客是一项重要资源，作为服务的协作生产者，顾客积极参与公司的活动，顾客的消费动机、消费能力、对自身角色的理解以及对服务的期望影响着他们自身的体验感知（Lengnick-Hall，Claycomb and Inks，2000；Johnston，1989；Wirtz，Mattila and Tan，2000）。顾客在体验中扮演两种角色，一种是顾客为了消费服务必须扮演的角色，另一种是与员工合作或者与其他顾客一起分享体验而扮演的角色，其他顾客也会对顾客体验产生影响（Keh and Teo，2001）。

Hui 和 Bateson（1991）以及 Eroglu 和 Machleit（1990）研究了拥挤和感知控制力对顾客的情绪与行为的影响，并指出控制力包括行为控制力、认知控制力和决策控制力。在不同的行业，人口密度和感知到的控制力会有所差异。例如，酒吧或餐馆中的高密度人群可能比银行或商店中的高密度人群带给人们的不愉快的感觉要少一些。顾客可能会喜欢一个有高密度人群的酒吧（但不是十分拥挤的酒吧），但不喜欢一个有高密度人群的银行，因为在银行感觉到拥挤是不愉快的。

Bitner、Faranda、Hubbert 和 Zeithaml（1997）提出，在不同的服务业，顾客参与服务的程度不相同，具体如表 2-9 所示。

表 2-9 不同服务业的顾客参与程度

参与程度	低	中	高
对顾客要求	在服务传递过程中要求顾客在场	在服务创新中，要求顾客输入	顾客是服务产品的协作生产者
产品	标准化，无论顾客是否购买服务	定制标准化服务，要求顾客购买服务	顾客积极参与定制化服务，离开顾客的参与，不会产生服务
输出结果	付款是顾客唯一的付出	服务公司提供服务，但要求顾客提供必需的输入（信息、原料）	顾客输入是必须的，并且顾客是结果的协作生产者
举例：终端顾客	航空公司、酒店、速食店	理发店、体检中心、全面服务式餐馆	婚姻咨询机构、个人培训机构、健身训练机构
举例：商业用户	维修服务，内部绿化	代理广告商	管理咨询机构，培训班

有些服务只要求顾客在现场，由服务提供商提供全部服务；有些服务要求顾客帮助服务提供商创造服务，顾客输入包括信息、个人努力或身体上的投入；而有些服务则要求顾客全面参与服务的创造，顾客对服务输出结果有决定性影响（Bitner et al.，1997）。

2.3.5 顾客体验的行业研究

许多学者对餐饮业、旅游业、网络和休闲娱乐业中的顾客体验进行了研究，这些行业均是顾客体验比较明显的服务业。

2.3.5.1 顾客体验的研究

Kivela、Inbakaran 和 Reece（1999a，1999b）研究了顾客的就餐体验。他们用实地调查的方法，在我国香港地区选择了15家主题餐馆，以中午或晚上就餐的顾客为抽样对象，用调研问卷的形式研究了顾客的就餐体验。研究发现餐馆有五个基本属性：食物、服务、环境、便利性和其他特性。这些属性在顾客体验中更容易被感知和被评价。他们根据调研结果，建立了一个顾客就餐体验模型，这个模型共有五个输入变量，即顾客特征、条件限制、就餐场合属性、外出就餐频率和餐馆属性；两个过程变量，即顾客就餐前的期望和属性感知；一个结果变量，即顾客对就餐是否得到满足的感知。

购物中的顾客体验显而易见。无论在零售商店（Yoo，Park and MacInnis，1998），还是在旗舰品牌商店（Kozinets et al.，2002），商店特征均会影响顾客的情感反应、对商店的态度和购物行为。商店特征包括产品种类、价格、商店环境、销售人员、设施和氛围（Jones，1999）。

Baker、Parasuraman、Grewal 和 Voss（2002）提出一个综合购物模型，这个模型包括三个组成部分，即外生结构——商店环境的三种线索，调节结构——各种商店选择标准，内生结构——惠顾意图。顾客选择商店的标准包括人际互动质量、购物体验的成本（时间／精力成本和精神成本）、商品价值和价格。外生结构的各因子对调节结构的各因子、调节结构的各因子对商品感知价值和惠顾意图的影响是不同的，具体如图2-8所示。

除了商店特征影响顾客体验之外，顾客因素也影响顾客体验。顾客因素包括社会、任务、时间、卷入和资金情况。让顾客描述快乐的购物体验时，顾客会更多地提及顾客因素而非商店特征（Jones，1999）。顾客去商店不仅是为了购物，还是为了追求一种快乐和放松的感觉，即达到一种内部满意、感知自由和卷入，并且与家人或朋友一起购物已经成为一种联系社会的手段。

Kerin、Ambuj 和 Howard（1992）的研究表明，购物体验影响顾客对商品价格和质量的感知，最终影响顾客对整个商店的价值感知，如图2-9所示。

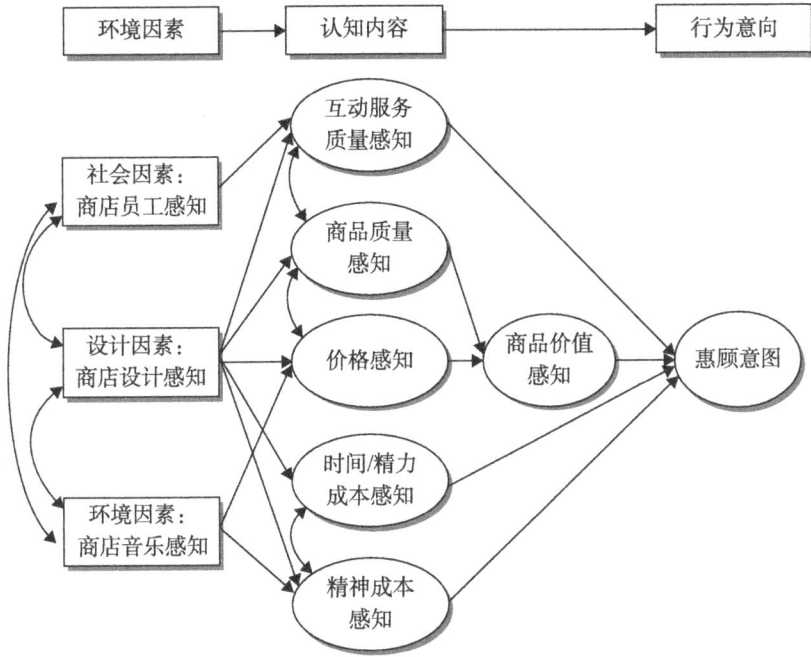

注：直线代表直接影响路径，曲线代表相关关系。

图 2-8　综合购物模型

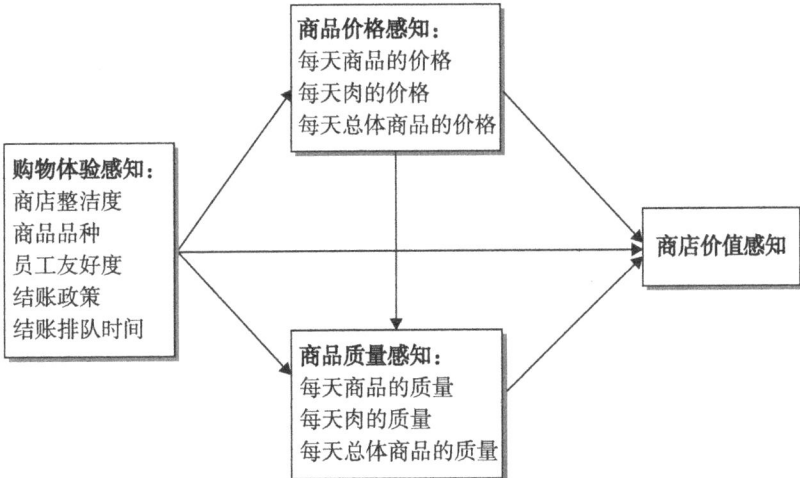

图 2-9　商店价值感知模型

Kerin、Ambuj 和 Howard（1992）指出，顾客与实体环境、服务员工、服务政策以及与其他顾客之间的互动影响顾客的购物决策、对商店的满意感和购买意向。影响顾客购物体验的因素有商店整洁程度、商品品种、员工友好度、结账政策和结账排队时间等。

在虚拟的网络世界里，顾客体验的作用相当明显。网上购物者容易产生一种浸入体验（Novak，Hoffman and Yung，2000），也就是 Csikszentmihalyi（1991）所说的"畅"（Flow）体验，这种体验是一种最佳体验，沉浸于"畅"体验中的顾客往往会忘却自我和时间。网上冲浪中的认知体验由四种因素决定：高水平的技能和控制力、高水平的挑战和唤醒、注意力集中程度，以及与其他人在网上的互动。网上购物已经成为一种新的购物方式，购物网站不仅为顾客提供信息，而且为顾客提供愉快的消费体验（Menon and Kahn，2002）。购物网站和产品特征显著影响顾客的唤醒和愉快水平，然后影响顾客随后的购物行为。在购物网站中，高水平的愉悦导致更高水平的唤醒。例如，更多地浏览、更乐于浏览新产品和对促销有更多的反应。积极的情感使顾客更乐于处理复杂的信息，对未来的行为充满乐观的态度，并且乐于尝试新产品。

Schreuer（2000）指出，营销人员必须通过制定营销宣传策略和提升顾客体验两种途径来增加顾客价值。体验通过影响公司的品牌形象而影响顾客的感知价值，最终影响顾客的购物行为，如图 2-10 所示。

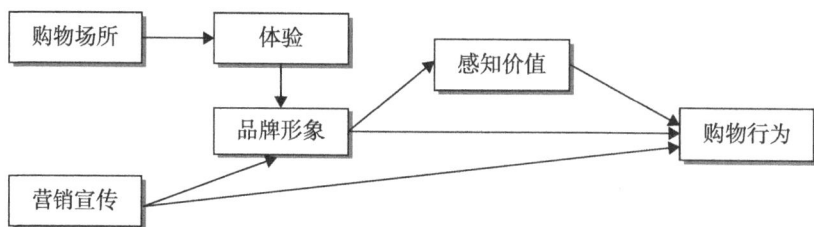

图 2-10　体验和宣传对公司品牌与顾客行为的影响模型

Schreuer（2000）研究发现，顾客体验比营销宣传更有利于树立品牌形象，尽管营销宣传对品牌形象的影响较小，但对购物行为有直接影响。顾客体验是品牌价值的核心部分，营销宣传应当与顾客体验相一致。

旅游体验是一种主观心理过程，包括高峰体验——来自对景点的参观，是顾客旅游的主要动机；支持性体验——来自吃、住和行，用于满足顾客旅游的基本需要（Otto and Ritchie，1996；Quan and Wang，2004）。旅游中主要涉及旅游景点、宾馆和航空公司等服务机构。在不同的服务机构，顾客体验的本质和内容不同，旅游景点提供的服务是"让我快乐"，而宾馆和航空公司则是"令我感到安全"。Arnould 和 Price（1993）描述了顾客在漂流时产生的超级体验。在这种超级体验中，顾客欣赏大自然的美景，在兴奋中激发热爱生命和自然的情感，感受团队精神，使自己得到成长和提高。

休闲体验包括顾客的思维、情感、行为、活动、评价和感观刺激，共有六个决定因素：内部满意、感知自由、卷入、唤醒、控制和自主性。其中，内部满意、感知自由和卷入不随情景变化而变化，唤醒、控制和自主性与具体的活动紧密相连（Unger and Kernan，1983；Beeho and Prentice，1997）。在休闲体验中，服务场景具有重要作用，高质量的服务氛围会使顾客产生更强烈的满意感（Wakefield and Blodgett，1994，1996）。在体育运动市场，顾客体验对体育品牌的创建具有实质性的影响（Gladden and Funk，2002；Gladden，Milne and Sutton，1998；Gladden，Irwin and Sutton，2001）。

Pullman 和 Gross（2004）对杂技团的调查显示，情景因素对顾客的情绪和忠诚行为产生影响（见图 2-11）。其中，情景因素包括饮料、食物、座位

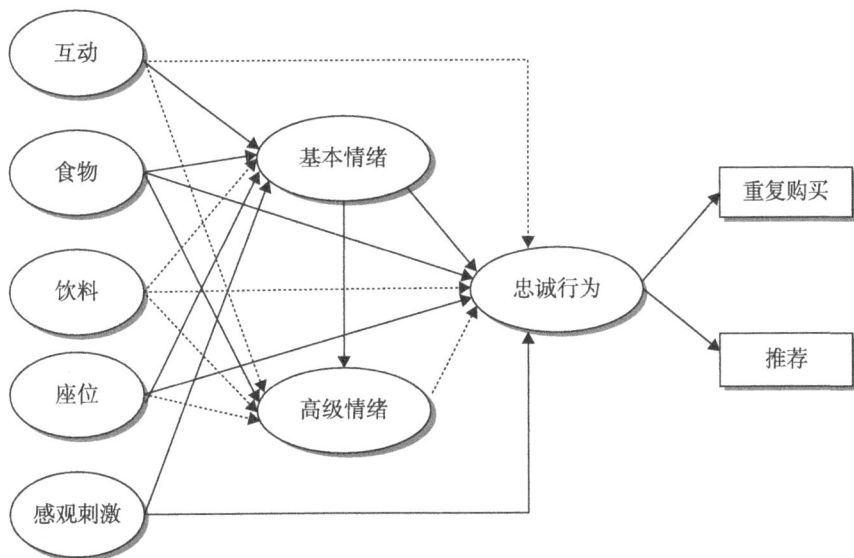

注：实线代表在 0.01 水平下为显著路径，虚线代表不显著路径。

图 2-11　顾客体验设计路径模型

和感观刺激。情绪分为两类：基本情绪和高级情绪。基本情绪即与满意相关的情绪，如舒服、放松、高兴、放纵、满意和兴奋等；高级情绪即与自尊相关的情绪，如高贵、声望、重要和好奇等。忠诚行为包括重复购买和推荐。不同的因素对顾客的情绪和行为有不同的影响。

在博物馆，社会因素、认知因素、心理因素和环境因素都会对顾客体验产生影响（Rowley，1999；Goulding，2000）。社会因素包括文化种类、故事和主题的统一性，以及社会互动等；认知因素包括思想上的创新、卷入和承诺、感知真诚等；环境因素包括座位、吵闹声、路牌、标志和人口密度等。顾客满意依赖于全面顾客体验（O'Malley，2004），不同的场景会使顾客产生不同的体验，并且群体对他人的体验也有一定的影响。

Grace 和 O'Cass（2004）研究了银行服务中的顾客体验，共获取 254 个有效样本。他们通过数据分析发现，核心服务、服务场景和员工服务对顾客体验具有显著影响，并且顾客体验影响情感、满意和品牌态度，具体如图 2-12 所示。

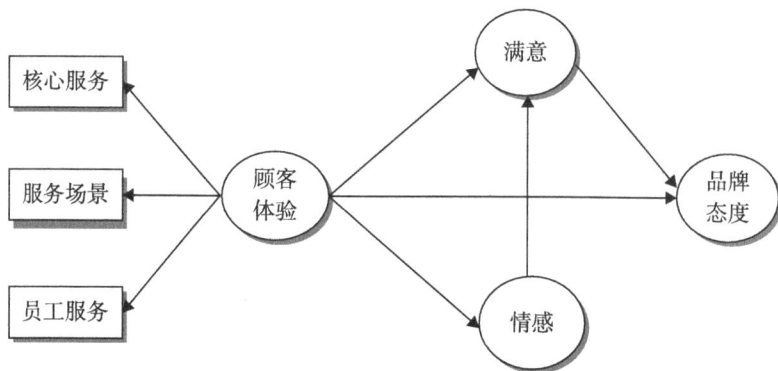

图 2-12　顾客体验对购后评价的影响模型

2.3.5.2　顾客体验其他研究

Grove 和 Fisk（1992）、Pine 和 Gilmore（1998）及 Harris、Harris 和 Baron（2003）用剧本理论来解释顾客体验，这些学者认为顾客体验就是剧场表演，由演员、观众、场景和表演内容组成。其中，演员是指服务提供商，观众是指顾客，场景是指服务环境，表演内容是指服务提供商提供的一系列服务，顾客体验的核心是表演内容。

Orsingher 和 Marzocchi（2003）用途径——结果理论来解释顾客体验，并指出满意的顾客体验是一种层级结构：第一层是具体的服务属性（满足顾客需要），第二层是利益层（员工友好，顾客受到很好的照顾），第三层是抽象的价值层（顾客感到高兴）。

等待体验是顾客体验的一部分，对顾客满意有一定的影响（Dawes and Rowley，1996，1998）。顾客在等待时，往往不会考虑其他事情，管理等待体验对服务提供商和顾客都有利。音乐对顾客的排队体验有一定的影响（Cameron et al.，2003）。在低成本的等待情景中，音乐影响顾客对排队的评价和心情，但是在高成本的等待情景中，音乐只是通过影响顾客的心情来影响其对整个体验的评价。等待成本包括财务成本、机会成本、社会成本和情感成本。

Price、Arnould 和 Tierney（1995）提出的 EAI 服务遭遇模型验证了服务持续时间、情感和空间距离对顾客体验的影响。

2.3.6　顾客体验相关文献评析

尽管不同的学者对体验有不同的定义，但是体验作为一种主观的内心活动（Lofman，1991），对顾客的情感、态度和行为的影响是明显存在的。服务的无形性、异质性、不可分离性、易逝性决定了顾客每次感受服务的经历都是一种体验（Rathmell，1966；Shostack，1977；Gronroos，1978；Zeithaml，Parasuraman and Berry，1985），顾客体验是服务消费的本质。

早期对体验的研究更多是从心理学角度分析顾客的个体反应，主要是指顾客的消费情感（Holbrook and Hirschman，1982；Havlena and Holbrook，1986），后期对体验的研究开始结合社会学观点，分析体验的社会层面，强调体验的社会属性（Frenzen and Davis，1990；Giner，1995；Cova，1997；Schmitt，1999），由此可以看出，体验的概念随着时代的发展日益丰富。在物质相当匮乏的年代，生理需求是顾客的主要需求，在现在，顾客在消费时除了满足物质需求以外，更多地考虑自我或社会需求等精神层面，这种消费需求的变化决定了顾客体验应当是一个多维的概念。

从体验的目的和顾客所追求的利益来看，体验包括功能性体验、享乐性体验和社会体验（Mano and Oliver，1993；Kerin，Ambuj and Howard，1992；Haeckel，Carbone and Berry，2003；Cova，1997；Muniz and O'Guinn，2001）；从体验的表现形式来看，体验包括感观体验、情感体验、思考体验、行动体验和社会体验（Lofman，1991；Arnould and Price，1993；Schmitt，1999）。无论用哪一种标准来划分，都是顾客体验的不同组成部分，只是侧重点略有不同。受顾客的个人能力和动机、消费情景、消费产品或服务种类、消费时间等因素的影响，顾客体验有不同的侧重点，并且顾客的每次体验、不同顾客的体验也不相同。

对顾客体验的研究，更多的是从环境心理学角度研究服务环境对顾客的情感和行为的影响（Oliver，1993），当然，对员工和顾客之间的互动、顾客与顾客之间的互动给服务体验带来的影响也有相关的研究（Bitner，1992）。而 Grace 和 O'Cass（2004）则从核心服务、服务场景和员工服务三个角度测量顾客体验，其中核心服务的内容在不同的服务业是不同的。

服务业包括高体验性服务业和低体验性服务业，高体验性服务业包括餐馆和医疗机构等，低体验性服务业包括银行和修理机构等。在对顾客体验的研究中，营销学者更多地从体验性很明显的行业搜集样本，如餐饮业、旅游业、网络和休闲娱乐业等。从服务的本质来看，顾客体验不存在有或无，只存在程度上的强和弱。

用剧本理论来解释顾客体验（Grove and Fisk，1992；Pine and Gilmore，1998；Harris，Harris and Baron，2003），只是从服务过程来说明顾客体验，没有涉及顾客在消费服务时心理方面的反应。事实上，这种研究不是从顾客视角出发的，并且用这种理论对顾客体验进行解释很难让人理解和适应。

独特的顾客体验对于服务组织具有重要作用（Harris，Harris and Baron，2003），在强调"顾客就是上帝、以顾客为中心或顾客驱动"的大市场环境中，服务组织的一切营销活动都要围绕顾客体验进行（Joy and Sherry，2003），顾客体验对于服务的作用使我们有必要对顾客体验展开更详尽的研究。

2.4　进一步研究的空间与思路

通过对品牌权益、服务品牌权益、顾客体验相关文献的回顾和评析可以看出，品牌权益是一个相对成熟的概念，而对服务品牌权益的研究还存在不少争议，原因就在于服务业的多样性和复杂性，而从顾客体验——这一服务的本质来对服务品牌权益进行研究的就更少了。因此，我们认为以下几个方面还有待深入研究和探讨。

2.4.1　进一步研究的空间

（1）顾客体验的构成

在早期，多数学者将体验等同于情感（Havlena and Holbrook，1986），而现在，学者开始关注顾客在消费体验中的社会需求（Giner，1995；Cova，1997）。顾客在消费时，不仅追求功能上的利益、情感上的利益，还追求社会上的利益。由此可见，顾客体验应当是一个多维的概念。在上述文献回顾中，我们了解到，体验从体验目的上可以分为功能性体验、享乐性体验和社会体验，从体验的表现形式上可以分为感观体验、情感体验、思考体验、行动体验和社会体验（Schmitt，1999）。事实上，功能性体验强调更多地认知、思考、评价和行动，是感观体验、思考体验和行动体验的综合反映；享乐性体验是一种情感体验。但是，这种细分只是理论上的推导，还没有实证支持，因此顾客体验的构成、顾客体验的各个维度之间的关系还有待进一步研究。

（2）服务品牌权益的构成和来源

Berry（2000）认为，服务品牌权益由品牌认知和品牌意义两个维度构成，这与 Keller（1993）的基于顾客知识的品牌权益模型一致，但是这两个模型均忽视了顾客的行为因素，没有包括品牌忠诚这一重要维度，并且这两个模型认为各维度之间是平行关系而非层级关系。

Yoo 和 Donthu（2001）认为，品牌认知和品牌联想不具有区别效度，而Washburn 和 Plank（2002）则认为品牌认知和品牌联想之所以不具有区别效度，是因为 Yoo 和 Donthu（2001）采用的量表测量项目造成的，实际上，品牌认知先于品牌联想，品牌认知通过影响品牌联想的形成和强弱来影响顾客的购买决策。品牌联想、品牌意义和品牌形象是十分相似的概念，在不同的模型中有不同的应用。Low 和 Lamb（2000）指出，Aaker（1991）和 Keller（1993）对品牌联想的定义缺乏实证支持，用品牌形象这一概念更准确。

多数学者已经证实，感知质量是品牌权益的一个重要维度，但是高感知质量不一定有高品牌权益，在 Yoo、Donthu 和 Lee（2000）的研究中，感知质量对品牌权益的直接影响只有 0.07（t=2.06），究其原因在于顾客在消费时，还要将质量与价格进行比较，这种比较就产生了顾客价值（Zeithmal，1988）。在以往的研究中，感知质量只是针对有形产品，而在服务业中，感知质量是指感知到的服务质量，而服务感知质量要比有形产品感知质量包含的内容更广。

服务质量与服务价值是两个不同的概念（Bolton and Drew，1991）。首先，不一致的顾客体验、顾客个体特征对服务价值的影响比对服务质量的影响要大。另外，顾客个体特征对价值的判断比对质量的判断显得重要。感知价值的概念更丰富，比服务质量更能综合地测评服务，并且 Low 和 Lamb（2000）及 Chen（2001）均强调感知质量实际上就是一种品牌联想。因此，在服务业，顾客价值比感知质量更能反映顾客对品牌的感知，并且感知价值更能说明顾客的"虚假忠诚"，顾客价值与品牌权益之间的关系还有待进一步检验。

虽然张彤宇（2005）证实了服务营销 7Ps 组合对服务品牌权益的影响，并且验证了品牌权益各个维度之间具有层级关系，品牌认知 / 联想和感知质量影响品牌关系（品牌忠诚），也就是说顾客的品牌感知影响品牌行为，但是调研数据仅仅来源于零售行业，因此需要在其他行业得到验证。服务营销 7Ps 组合是一组企业行为，基于顾客感知的品牌权益是一种顾客行为，二者之间一个关键的变量——顾客体验没有被考虑。尽管广告是创造品牌认知和品牌形象的一种重要手段（Keller，1993），但是对于有消费体验的顾客来说，他们更相信自己的真实感受，而广告所发挥的作用会越来越小（Berry，2000），对于那些经济实力有限的中小企业来说，顾客体验更是创建品牌的重要源泉。

（3）顾客体验与服务品牌权益的关系

服务的本质就是体验。在服务业中，顾客体验对于服务品牌权益的创建具有重要影响。然而，对于顾客体验与服务品牌权益之间的关系，学术界的研究却非常少。顾客体验对于理解服务品牌形象是一个非常有用的概念，因为它代表了顾客对服务的感知和服务消费过程的象征性意义，顾客体验内容对于形成品牌形象具有重要作用（Padgett and Allen，1997）。Berry（2000）在服务品牌权益模型中，第一次将顾客体验视为服务品牌权益的一个重要来源。Berry 认为，顾客体验只对品牌意义（品牌形象）产生影响，但是这个模型只是一个理论模型。Keller（2001，2003）在其提出的模型中，也强调顾客体验和社会关系对品牌创建的重要影响，这表明顾客体验对品牌的影响已经受到知名学者的认可和重视，但是顾客体验与服务品牌权益之间的关系还待实证支持。

2.4.2　进一步研究的思路

（1）顾客体验的维度界定

体验是一个多维的概念。本书后文用情感体验代替享乐性体验，并用定量数据来验证三维度顾客体验的合理性。

关于功能性体验影响顾客的情感的研究已有许多，但是关于功能性体验与社会体验、情感体验与社会体验之间的关系的研究还不充分，这也是本次研究的一个重要组成部分，研究体验内部之间的关系的最终目的在于探索顾客体验与服务品牌权益各维度之间的直接和/或间接关系。

（2）顾客体验对服务品牌权益的影响

本书主要研究顾客体验对服务品牌权益的影响，因此根据 Aaker（1991）、Berry（2000）、Schreuer（2000）、Yoo 和 Donthu（2001）、Washburn 和 Plank（2002）、Grace 和 O'Cass（2004）、张彤宇（2005）的观点或研究模型，笔者提出一个基于顾客体验的服务品牌权益概念模型，如图 2-13 所示。

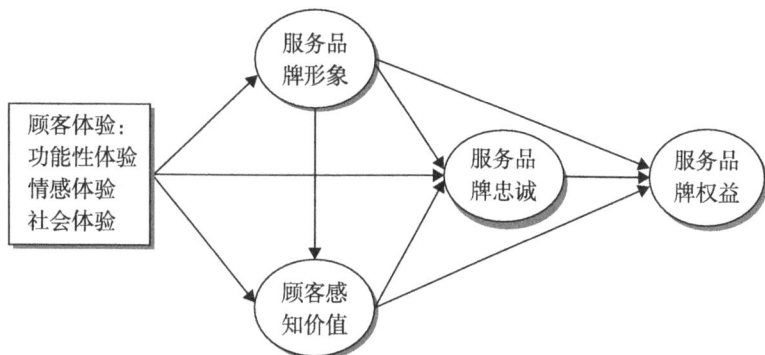

图 2-13　基于顾客体验的服务品牌权益概念模型

这个概念模型中不包含品牌认知这一概念，因为 Berry（2000）认为品牌认知的来源主要是企业品牌展示，而非顾客体验。感知质量和感知价值是一个交叉概念（罗海成，2005），感知质量只是感知价值的一个驱动因素，假定产品或服务具有很高的质量，但是顾客没有足够的消费能力或没有购买意愿，那么它的价值要比一个低质量但顾客购买得起或有购买意愿的产品要低，低质量、低成本的产品带给顾客的价值有时要比高质量、高成本的产品带给顾客的价值更多，用感知价值能更好地解释顾客的行为（Zeithaml，1988）。O'Cass 和 Grace（2003）将价格作为服务品牌的一个重要属性，而在2004 年的研究中，他们用感知价值替代价格作为服务品牌的属性，因为顾客的消费行为更多基于感知价值而非感知质量。因此，在本次研究中，我们用感知价值来代替感知质量。

（3）验证模型的普适性

尽管顾客体验是服务业的共同属性，但是在不同的服务业，顾客所追求的利益是不同的，这就导致顾客体验对于服务品牌权益的影响在不同的服务业也可能有所不同。本研究是一项探索性研究，因此选择顾客体验比较明显的餐饮业作为调研行业。事实上，不同种类的餐饮企业在服务形式上有明显的差异。例如，在快餐店和全面服务式餐馆中，顾客的参与程度和顾客的定制化程度就不一样（Bitner et al.，1997；Lovelock，1983），并且全面服务式餐馆里的高档餐馆和中档餐馆带给顾客的体验也不同（Auty，1992；Kivela，1997）。因此，本书拟对不同服务形式的餐饮企业进行调研，以检验服务品牌权益概念模型在具有不同经营定位的服务企业中是否具有普适性。同时，本书还将加入人口统计特征等变量，以研究不同人群之间可能存在的差异。

（4）研究方法的确定

从服务的本质来看，顾客体验是服务品牌权益的一个重要来源，但是功能性体验、情感体验和社会体验之间的关系，以及这三类体验与服务品牌权益之间的关系并没有得到充分的文献支持。因此，文献回顾无法作为唯一的立论依据，本研究还需要其他定性方法的支持，以获取足够的原始资料。

本书拟采用定性和定量相结合的方法对研究主题展开研究。在定性研究阶段，本书拟根据相关文献回顾和评析，结合深度访谈和内容分析两种定性研究工具，对欲研究的问题展开详尽的阐述，并构建理论模型和提出研究假设。在定量研究阶段，本书拟采用调研问卷的形式，用两次调研数据对欲研究内容做详尽的定量分析。

第 3 章

理论模型与研究假设

通过文献回顾可以看出，顾客体验是一个多维的概念，目前对顾客体验各个维度之间的关系、顾客体验各个维度与服务品牌权益之间的关系的研究仍不充分，还有待进一步取得实证支持。因此，本书有必要在进行定量实证研究之前，进行定性分析。本章首先界定概念模型中的核心概念，然后在深度访谈及内容分析的基础之上，提出一个理论模型与相关的研究假设。

3.1　核心概念的界定

3.1.1　顾客体验

根据《牛津英语大词典》《汉语大词典》，Holbrook 和 Hirschman（1982），Thompson、Locander 和 Pollio（1989），Huby（1997），Padgett 和 Allen（1997），Pine 和 Gilmore（1998），Joy 和 Sherry（2003）对体验的定义，本书将顾客体验定义为一种个体主观的内心活动，是顾客基于已有知识或经验，在亲身经历一次服务事件后所产生的感觉和评价，涉及情感、认知、思考、行为等一系列心理反应。根据顾客体验的目的的不同，顾客体验可分为功能性体验、情感体验和社会体验三种，这三种体验有不同的特征，如表 3-1 所示。这三种体验不是独立存在的，每次服务体验都是三种体验的结合。

表 3-1　三种体验的特征

体验	功能性体验	情感体验	社会体验
特征	• 更多的认知属性 • 有形产品表现更明显 • 功能性利益 • 强调结果、目的 • 解决问题 • 客观	• 更多的情感属性 • 服务业表现更明显 • 情感性利益 • 强调享乐 • 享受的投入 • 主观	• 更多的社会属性 • 有形产品和服务业 • 社会性利益 • 强调关系、自我形象 • 关系的亲密程度 • 主观或客观

（1）功能性体验

功能性体验是指顾客对服务组织基本功能的感知、思考和评价。服务组织的基本功能就是在某种场所或以某种形式通过服务人员或有形设施向市场输出服务产品，包括提供服务场所（服务设施）、输出服务产品和提供服务三大功能，而服务人员正是服务功能的实施者和表演者。顾客追求功能性体验时，更多地涉及认知、思考和评价成分，很少涉及情感卷入，强调服务的结果质量和实用性，即服务满足顾客最基本的生理需要或解决顾客的实际问题。

（2）情感体验

情感体验是指顾客在服务消费过程中产生的情感反应。我们可以将情感分为积极情感和消极情感，Oliver（1993）及 Otnes、Lowery 和 Shrum（1997）的研究均发现，积极情感和消极情感均属于情感范畴，但是两类情感的来源和作用完全不同，即使在相同的服务业，两类情感的表现也可能会不同。享乐就是一种典型的积极情感，是顾客追求的一种情感性利益。顾客的情感是微妙和复杂的，积极情感包括高兴、快乐、喜悦、满意、惊喜等，消极情感包括悲伤、痛苦、厌烦、不满意、愤怒等。顾客在消费服务时，总会伴随一定的情感或情绪，这种情感或情绪不仅影响顾客的消费行为，而且影响顾客的满意度。积极情感与消极情感的转化也是多变的，没有特定的规律，受消费情景和顾客特征等多方面的影响。

（3）社会体验

社会体验是指顾客在进行服务消费时寻求社会认同和社会归属感的感觉与评价。社会体验的观点认为顾客不仅是经济人，更是社会人，强调顾客与社会的关系，这与马斯洛需求理论中的高层次需要——归属感、尊重和自我实现相对应。顾客消费不仅是为了获取使用价值——功能性或象征性价值，更是为了获取一种联系价值，建立一种社会关系，寻求社会归属感和认同感，表明自己的人生观、消费观和价值观，定位自己的社会身份。服务组织在某种程度上只是顾客与社会联系的一个场所。

3.1.2　服务品牌权益

服务品牌权益是指由服务企业以往的营销努力所产生的顾客在心理和行为上对服务品牌的差别化反应（Keller，1993；范秀成，2000；张彤宇，2005）。服务品牌权益是一个多维的概念，已有的研究多集中于感知质量、品牌认知、品牌联想（品牌形象）和品牌忠诚四个维度。根据 Berry（2000）的研究，顾客体验不影响品牌认知，因此本书后面章节对服务品牌权益的研究，不包含品牌认知这一维度，而是从品牌形象、感知价值和品牌忠诚三个维度来检验顾客体验对服务品牌权益的影响。

（1）服务品牌形象

服务品牌形象是指由服务品牌名称引起的对品牌属性和联想的集合（Biel，1992；Keller，1993）。Dobnl 和 Zinkhan（1990）发现，在过去的 35 年里，品牌形象的定义有许多，并且对于如何操作这个概念也缺乏共识。通过对 28 篇有关品牌形象的论文的研究，他们发现可以将品牌形象的定义归纳为五类，不同的定义有不同的侧重点，即分别强调形象的概括性、象征性、意义和信息、人性化和认知及心理因素。在此基础之上，他们认为品牌形象是由顾客主观感知的一个概念，应由顾客的推论或情感来解释。

（2）顾客感知价值

顾客感知价值是指顾客对服务效用是否达到其预期的总的判断，是顾客感知到的各种收益和各种成本的比较净值（Zeithaml，1988；Woodruff，1997）。顾客感知收益包括产品利益、服务利益和各种保障利益，顾客感知成本包括货币成本、时间成本、精力成本、心理成本和各种风险。根据 Woodruff（1997）提出的顾客价值层级模型，顾客消费的最终目的是实现消费目标和达成意图，这种目的达成性成为顾客判断消费价值的一个重要参考指标。

（3）服务品牌忠诚

服务品牌忠诚是指顾客在主观上对服务品牌的态度和行为上的一种持续偏好（Jacoby，1971；Aaker，1991；Lassar，Mittal and Sharma，1995）。只有顾客在主观上乐意并且客观条件具备的情况下，某服务品牌才会成为顾客的第一选择。顾客的忠诚不仅表现为对服务品牌的认同、向别人积极推荐，而且表现为持续性的消费，即使其他服务品牌有较好的便利性或较高的价值，顾客也会忠于这种服务品牌。

3.2 深度访谈及内容分析法

本次访谈以餐饮业作为访谈行业，主要询问受访者的就餐体验。选择餐饮业的原因如下：（1）餐饮业是顾客体验比较明显的行业；（2）餐饮业是一个大众化的服务业；（3）餐馆是一个社会交流的场所，并且顾客在餐馆消费时，容易产生各种情感；（4）本次研究是一次探索性研究。本节首先介绍深度访谈的实施过程，其次根据访谈录音稿采用内容分析方法进行文字分析，最后根据分析结果和相关文献界定各个概念的操作性定义。

3.2.1 深度访谈

深度访谈是一种重要的定性调研方法，当研究者对研究内容或问题不太了解时，采用这种方法可以使研究者从受访者的观点中解开欲研究领域的困惑。深度访谈有许多优点：一是可以获得丰富的资料，并且可以观察到受访者的非语言反应；二是询问灵活，可以根据受访者的回答情况提出额外的问题；三是可以对某位受访者进行重复询问，并且访谈的时间一般比较长。

深度访谈包括开放式访谈和半结构化访谈两种方式。开放式访谈没有固定的访谈题目，并且对回答不做深究，但是通常情况下，也需要列出一个简单的访谈提纲，在深度访谈的前期主要采用这种方式。半结构化访谈有固定的访谈题目，题目遵循由易到难的原则设置，在访谈中，访谈者可以针对不太明白的地方追根究底，以充分获取信息。

受访者既可以是熟人也可以是陌生人，不同的选择各有利弊。在焦点访谈（Focus Group）受访者的构成研究中，Wells（1974）推荐用熟人，因为由熟人组成的群体比由陌生人组成的群体更有效率，熟人之间能够更融洽地交谈，从而产生更多的信息。而 Fern（1982）则得出了相反的结论，其研究表明，由陌生人组成的群体比由熟人组成的群体平均多产生 26.7 个相关主题（Ideas），但是这个结果没有通过显著性检验。Nelson 和 Frontcak（1988）的研究发现，在焦点访谈小组中，受访者为熟人还是陌生人并没有明显的区别，但是访问者的身份会对信息产生影响。

在本次研究中，由于不涉及个人隐私等敏感性话题，所以受访者主要由熟人或熟人推荐的人构成。我们认为，在本次研究中，选择熟人作为受访者，可以得到更多真实信息。

3.2.1.1　深度访谈的实施过程

2005 年 7 月 7 日至 2005 年 8 月 20 日，我们在天津和石家庄分别对 13 位受访者进行了深度访谈，其中包括两次开放式访谈和八次半结构化访谈。我们首先确定受访者，并对受访者的个人情况进行了基本了解，然后电话预约，确定访谈时间和访谈地点，访谈分别在博士生公寓、南开大学市场营销系会议室、办公室、家、咖啡厅进行。在访谈中，为防止外界干扰，所有的受访者均将与外界联系的通信设备关闭。经受访者同意，我们进行现场录音。由于受访者均为熟人，所以我们没有与受访者签订受访同意书。

两次开放式访谈中，其中一次为四人组群体式访谈。开放式访谈的受访者包括南开大学的一位社会学博士生和四位市场营销学博士生，五位博士生均有工作经历。八次半结构化访谈的受访者均为石家庄人，且所选择的受访者尽可能有不同特征，我们对受访者按访谈时间进行了编码，分别表示为 A ~ M，深度访谈情况如表 3-2 所示。

表 3-2　深度访谈情况

访谈类型	访谈时间	访谈地点	受访者个体特征					
			编号	姓名	职业／职务	性别	学历	年龄（岁）
开放式	2005-7-7（58分钟）	博士生公寓	A	胡××	学生	男	博士生	30

(续表)

访谈类型	访谈时间	访谈地点	受访者个体特征					
			编号	姓名	职业/职务	性别	学历	年龄（岁）
开放式	2005-7-9（116分钟）	南开大学市场营销系会议室	B	张××	教师	男	博士生	30
			C	李××	学生	女	博士生	31
			D	席××	职员	女	博士生	39
			E	杜××	教师	男	博士生	37
半结构化	2005-7-30（49分钟）	办公室	F	赵××	律师	男	本科	33
	2005-7-31（45分钟）	家	G	吕××	公务员	男	高中	52
	2005-8-10（50分钟）	咖啡厅	H	吴××	总经理	男	初中	36
	2005-8-10（30分钟）	咖啡厅	I	段××	总经理	女	初中	42
	2005-8-11（30分钟）	家	J	郭××	职员	男	本科	23
	2005-8-12（28分钟）	家	K	陈××	职员	女	本科	19
	2005-8-14（47分钟）	家	L	肖××	公务员	男	本科	36
	2005-8-20（40分钟）	咖啡厅	M	张××	部门经理	男	硕士研究生	33

在开放式访谈和相关文献回顾的基础之上，我们最后确定了以下七个半结构化访谈题目。

（1）请回忆一下，您上次去了哪家餐馆吃饭？为什么去这家餐馆？

（2）您选择一家餐馆吃饭时，主要考虑哪些因素？

（3）在吃饭的过程中，您主要考虑哪些因素？

（4）您经常去哪家餐馆吃饭？为什么选择这家餐馆？

（5）一提起这家餐馆，您能想到什么？您对它有什么样的印象？

（6）在一家餐馆吃饭的时候，您往往会产生什么样的心情或情绪？

（7）您如何判断这顿饭吃得是值还是不值？

第 1 个问题起抛砖引玉的作用，以消除受访者的紧张感，主要是了解受访者去餐馆就餐的原因；第 2 个、第 3 个问题是为了了解受访者在餐馆的体验；第 4 个问题是为了了解受访者的品牌忠诚；第 5 个问题是为了了解受访者对餐馆品牌形象的感知；第 6 个问题是为了了解受访者在餐馆的情感反应；第 7 个问题是为了了解受访者对餐馆的感知价值。

3.2.1.2　深度访谈的结果

当某个受访者提供的信息与前面受访者提供的信息基本一致时，表明整个深度访谈可以结束。在本次研究中，最后一位受访者 M 提供的信息与前面几位受访者提供的信息大致相同，并且在访谈过程总有一些干扰，所以该访谈者提供的信息没有被采用。根据 9 次访谈录音，我们最后整理出 49 351 字的文本，平均每次访谈为 5 483 字，最大值为 12 171 字，最小值为 2 264 字，标准差为 3 112 字。受访者年龄最大为 52 岁，最小为 19 岁，平均年龄为 33.83 岁，标准差为 8.87 岁。受访者的学历包括初中、高中、本科、硕士研究生、博士生 5 个层次。我们将整理后的访谈文本交给每位受访者核对，以确保访谈文本准确记录了受访者的陈述。接下来，我们将用内容分析方法进行定性分析。

3.2.2　内容分析法

内容分析法的运用始于 18 世纪的瑞典，用于分析锡安歌集（Songs of Zion），而运用内容分析法做研究则起源于美国。1893 年，Speed 针对 1881—1893 年纽约地区的报纸做的研究被认为是报纸定量分析的起源，而 Berelson 撰写的《传播研究的内容分析》为内容分析法奠定了学术基础（王石番，1991）。现在，内容分析法已经作为对研究假设进行深度挖掘的定性工具，在心理学、人类学、社会学、教育学、语言学和历史学等学科中得到广泛应用。

3.2.2.1　内容分析法简介

内容分析法是一种系统、客观和量化的分析方法。系统是指分类必须遵循持续一致的规则，以避免研究者假设的结果出现偏差。客观是指两个或两个以上的研究者能根据同组数据获得相同的结果。量化是指对用于分析的类别可以进行统计学层面的总结和解释。

进行内容分析的程序一般如下。

第一步，确定基础单位。单位（Unit）是进行内容分析时所参照的标准，根据 Holsti（1969）的理论，常用的分析单位有六种：单字或符号、主题、角色、句子或段落、件数或项目、时空。单字或符号是进行内容分析最小的单位，在可证实性研究、心理治疗上使用颇广。主题是对某一概念的一种主张，可作为价值、态度、信念等研究的单位，但不容易界定。角色是以人物为分析单位，通常用于对小说、戏剧和电影的研究。句子或段落因不够客观与不易归类，较少作为分析单位。件数或项目是对样本整体内容做分析时用的单位，如整篇文章或整本书等，是最常用的分析单位。时间和空间是人物、报道、时间和空间的分析单位，常用于主题分析。

第二步，建立分析类目。类目（Categories）是内容分析的基本单位，是将内容单位归类的标准。建立分析类目是内容分析最重要的程序，也是内容分析成败的关键。Berelson（1969）指出，类目可分为内容本身，即"说什么"，包括主题类目、定向类目、标准类目、主角类目、权威类目、来源类目、价值类目、方法类目、特征类目和目标类目等；以及内容形式，即"如何说"，包括传播类型、陈述类型、表述强度和策略类目等。

建立分析类目有两种途径，一种是依据理论或过去的相关研究结果，另一种是根据某些特殊主题自行建立。依据理论或过去的相关研究结果建立分析类目是比较理想的做法。因为用此方式得到的类目已经过验证，往往比自己开发的类目更加精确和可靠。若在建立分析类目时，没有理论或过去的相关研究结果作为依据，则应根据常识、经验、研究目的或习惯、特定的标准等谨慎地分类。任何类目都应该反映出欲研究的问题或假设，与欲研究的问题或假设无关的类目应该删除。

第三步，建立量化系统，即确定构建类目原则。Holsti（1969）提出构建类目要遵循五个原则：反映研究目的、完整性、互斥性、独立性和单一分类原则。王石番（1991）认为内容分析的成败取决于类目，构建类目需要遵循九个原则：符合研究目的、反映研究问题、穷尽、互斥、独立、单一分类、功能性、可操作性、合乎信度和效度。

第四步，进行内容编码。分析基础单位的信息内容，依据建立的类目，由不同研究人员或编码人员按照编码原则，对信息内容进行类目量化处理。编码的单元不同，结果就会有一定的区别。常用的内容编码方法有三种：人工计算编码、以单个词为计量单位的计算机系统编码、用人工智能计算的计算机系统编码。Morris（1994）研究发现，人工编码和计算机编码的结果同样有效。在心理学中，有一定的编码规则，但是在管理学中，则更多地需要研究人员自己制定编码表。

第五步，信度和效度分析。信度检验反映类目及分析单位是否能够将内容归入相同的类目中，并且所得结果一致。信度的重要性在于确保内容编码过程不会受编码人员的影响。内容分析的信度有三个特征：稳定性（Stability）、重复性（Reproducibility）和正确性（Accuracy）。稳定性是指分类的结果在时间上恒久不变。重复性是指不同的编码人员对相同的文件进行编码时，会产生相同的内容分类。正确性是指文件分类符合某一标准或规范，它是信度三个特征中最重要的一个。效度就是正确性，是指编码人员能恰当地量化分析内容的特质或功能，在内容分析中，常用的效度判断指标包括表面效度和内容效度。

内容分析法的局限性有：（1）根据语意学所形成的编码单位，其意义可能有很多种，并且字里行间的含义难以捉摸，形成编码上的困难；（2）结果受限于使用的分类和定义架构，不同研究人员可能会使用不同的分类和定义来检测同一概念；（3）资料的特性无法由研究人员控制，提升信度的方法只限于提高编码人员的个人素质和类目的质量，受编码人员的影响较大；（4）对于尚未出现的课题或特性，缺乏研究相关的资料，所以难以超越现有资料的内涵。

3.2.2.2　本次研究的内容分析过程

根据整理后的访谈文本，本书作者与另外两位市场营销学博士生进行编码，这两位市场营销学博士生是群体开放式访谈的参与者。编码过程如下：首先，确定以主题（Themes）作为分析单位，三人一起根据本次研究的内容和目的建立类目，经过讨论和反复核对，共确认三级类目，其中，一级类目和部分二级类目来源于现有的文献回顾，三级类目和部分二级类目来源于对两次开放式访谈文本的分析，所有的类目符合 Holsti（1969）和王石番（1991）提出的编码原则；其次，根据类目建立内容分析编码表，如表 3-3 所示；再次，三人分别对七个半结构化访谈文本独立编码，在编码过程中，三人均没有联系，以确保分析的客观性；最后，根据三人的编码结果，计算内容分析的信度。

表 3-3　内容分析编码情况

一级类目	二级类目	三级类目	访谈对象							小计	合计	总计
			F	G	H	I	J	K	L			
顾客体验	功能性体验	服务环境质量										
		服务员工质量										
		服务过程质量										
		服务产品质量										
	情感体验	积极情感										
		消极情感										
	社会体验	人际交往										
顾客感知价值	成本	价格										
		其他成本										
	收益	质量										
		数量										
		目的达成										
服务品牌形象	档次	高档										
		中档										
		低档										
	特色	产品特色										
		环境特色										
		服务特色										
	声誉	好										
		坏										
服务品牌忠诚	推荐	推荐										
		反对										

（续表）

一级类目	二级类目	三级类目	访谈对象							小计	合计	总计
			F	G	H	I	J	K	L			
服务品牌忠诚	重新惠顾	是										
		否										
就餐动机	生理需要	解决饥饿										
		换换口味										
	心理需要	调节心情										
	交际需要	社会交往										
		庆祝										

注：在二级类目的功能性体验部分，从服务质量的角度考虑环境、服务员工、服务过程和产品；而在品牌形象部分，从特色的角度考虑产品、环境和服务。

本次研究采用相互同意度系数进行信度检验。检验过程如下：首先计算每两位编码人员的相互同意，其次计算平均相互同意度，最后根据公式（3.1）和公式（3.2）计算信度系数。当信度系数达到85%以上时，研究人员就比较满意，当信度系数低于80%时就会让人怀疑，而当信度系数达到90%时则比较理想（Kassarjian，1977）。

$$相互同意度 = \frac{2M}{N_1+N_2} \qquad (3.1)$$

$$信度 = \frac{N\times（平均相互同意度）}{1+[(N-1)\times 平均相互同意度]} \qquad (3.2)$$

其中，M代表完全同意的数目，N_1代表第一位编码人员应有的同意数目，N_2代表第二位编码人员应有的同意数目，N代表参与编码人员的数目。

本次编码共有三人，两两完全同意数目分别为188、184、190，应有的同意数目为203，平均相互同意度为0.922 8，从而计算得出信度系数约为0.97，表明内容分析具有很高的信度。由于三位编码人员均为市场营销学博士生，对本研究均有不同程度的了解，编码表中的类目也包含本次研究的主要变量，因此内容分析具有较高的表面效度和内容效度。

3.2.3　操作性定义

袁方（1997）提出，对变量进行测量，需要将抽象定义转换为操作性定义。操作性定义就是建立一些具体的程序或指标来说明如何测量一个概念（变量）。操作性定义的作用：（1）澄清概念在研究中所选用的意义；（2）说明测量变量的操作方式；（3）使一些陈述变量间关系的假说获得验证的机会；（4）使今后同样的研究有所根据，以便比较彼此的结果。

Kivela、Inbakaran 和 Reece（1999a，1999b）的研究确认了餐馆有五个基本属性：食物、服务、环境、便利性和其他特性。借鉴他们的研究，我们将服务组织的基本功能分为四个部分：服务产品、服务环境、服务员工和服务过程。在以往的研究中，因为更多学者将体验界定为情感反应，而将这四类服务功能视为情感产生的影响因素。在本次研究中，根据体验的定义，我们认为将这四类服务功能看作顾客的功能性体验的四个维度更合适。

洛夫洛克（2001）指出服务产品由一个核心产品和附着于其上的一系列不同的附加服务组成，核心产品被用于满足顾客的基本利益需要，是顾客产生消费需求的主要诱因，附加服务是一些可以帮助使用核心产品和提高核心产品价值的要素。在这里，我们界定服务产品为服务组织提供的核心产品，而将附加服务界定为服务员工和服务过程两部分。

根据相关文献和内容分析时确定的类目，我们尝试将几个核心概念转化为操作性定义，具体如表 3-4 所示。

表 3-4　概念操作性定义

概念	概念解释	来源
顾客体验	顾客亲身经历某种事件或事物后，在情感、认知、思考、行为上的一系列心理反应	Carbone 和 Haeckel（1994）；Schmitt（1999）；Huby（1997）
功能性体验	对服务产品、服务环境、服务员工和服务过程的认知与评价	Haeckel、Carbone 和 Berry（2003）；Mano 和 Oliver（1993）；Schmit（1999）
情感体验	在服务消费过程中产生的某种情感或情绪	Holbrook 和 Hirschman（1982）；Mano 和 Oliver（1993）；Schmitt（1999）
社会体验	对社会交往的判断和评价	Aubert-Gamet 和 Cova（1999）；Schimitt（1999）；访谈

（续表）

概念	概念解释	来源
顾客感知价值	基于消费目的的各种收益和各种成本的比较净值	Zeithaml（1988）；Woodruff（1997）；访谈
服务品牌形象	一种总体印象	Herzog（1963）；Oxenfeldt（1974）
服务品牌忠诚	重复消费和向别人推荐	Jacoby 和 Kyner（1973）；Aaker（1991）；Keller（1993）
服务品牌权益	对于服务品牌名称的差异化反应	Keller（1993）；Yoo、Donthu 和 Lee（2000）；Yoo 和 Donthu（2001）

3.3　理论模型与研究假设

本节在相关文献回顾与深度访谈的基础之上，结合其他学者以往的研究成果，提出一个基于顾客体验的理论模型，并根据模型中各个变量之间的关系提出相应的研究假设。

3.3.1　理论模型

体验是一个多维的概念，包括功能性体验、情感体验和社会体验，这三种体验是具有层级关系的，功能性体验诱发情感体验的产生，并对社会体验产生影响。服务组织的基本功能就是在某个场所（或通过某种渠道）向市场提供顾客需要的服务产品，功能体验包括服务产品体验、服务环境体验、服务员工体验和服务过程体验，在不同的服务业和不同的消费情景中，这四种功能性体验对顾客的情感影响是不同的。根据情感两极化的特性，情感可以分为积极情感和消极情感。

服务品牌权益也是一个多维的概念。根据 Aaker（1991）、Keller（1993）、Berry（2001）、Yoo 和 Donthu（2001）、Washburn 和 Plank（2002）、张彤宇（2005）的研究模型，服务品牌权益包括品牌认知、品牌形象、品牌忠诚和感知质量，并且这几个维度之间具有层级关系。品牌认知、品牌形象和感知质量除对服务品牌权益有直接影响之外，还通过品牌忠诚间接影响服务品牌权益。Berry（2001）认为品牌认知主要来自服务企业的品牌展示，因此在本次研究中，没有包含品牌认知这一维度。感知质量只是感知价值的一个驱动因素（Zeithaml，1988），顾客的消费行为更多是基于感知价值而非感知质量，因此用感知价值代替感知质量可能更有意义。

Schreuer（2000）、Berry（2001）的研究发现，顾客体验影响品牌形象，Prahalad 和 Ramaswamy（2004）强调共同创造体验是未来价值创新的基础，价值的意义和价值创新的流程从以产品和公司为中心转向以顾客体验为中心。但是这些研究均将体验视为单维概念（变量），并没有研究不同类型的体验对品牌形象和顾客价值有什么样的影响，我们认为不同类型的体验与品牌权益各个维度之间的关系是有差异的，但是这需要用实证来检验。

在不同的服务业，顾客追求不同的利益，这就导致顾客体验受消费动机的影响，并且不同人口统计特征的顾客对体验的感知也可能存在差异。因此，我们将顾客特征、企业特征和消费动机作为控制变量进行分析。

根据前述文献回顾和进一步研究的思路，结合深度访谈的内容分析结果，我们提出一个基于顾客体验的服务品牌权益理论模型，如图 3-1 所示。

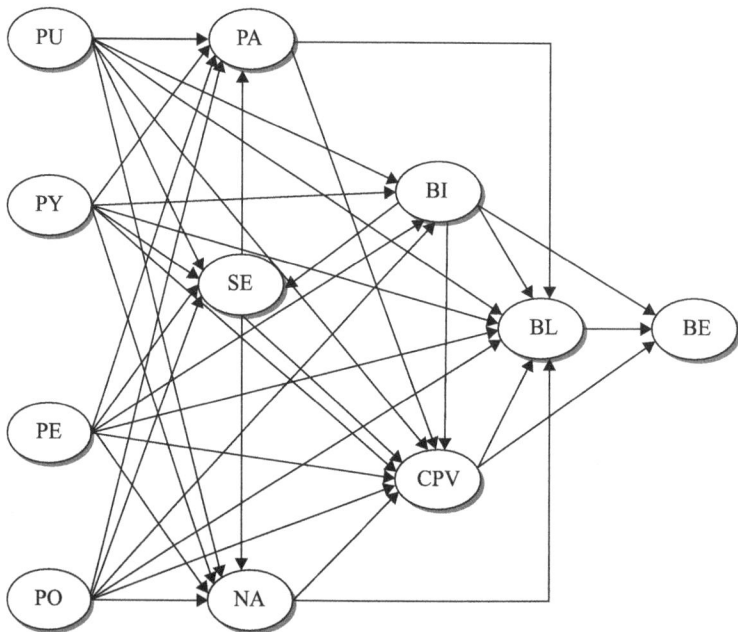

图 3-1　基于顾客体验的服务品牌权益理论模型

在图 3-1 中，PU 代表服务产品体验，PY 代表服务环境体验，PE 代表服务员工体验，PO 代表服务过程体验，NA 代表消极情感，PA 代表积极情感，SE 代表社会性体验，CPV 代表顾客感知价值，BI 代表服务品牌形象，BL 代表服务品牌忠诚，BE 代表服务品牌权益。

3.3.2　研究假设

图 3-1 所示的理论模型主要包含三层关系：不同类型顾客体验之间的关系、不同类型顾客体验与服务品牌权益各维度之间的关系、服务品牌权益各维度之间的关系及其与服务品牌权益之间的关系。根据他人以往的研究结果和本次深度访谈的内容分析结果，我们对这三层关系提出相应的研究假设。

3.3.2.1　不同类型顾客体验之间的关系

根据文献回顾，我们将顾客体验分为功能性体验、情感体验（积极情感和消极情感）和社会体验三类。根据深度访谈分析和各概念的操作性定义，我们将功能性体验分为服务产品体验、服务环境体验、服务员工体验和服务过程体验。

（1）功能性体验与情感体验之间的关系

在餐饮业，餐馆的设施设计，服务员工的态度、身体语言、语调、反应、服装、服务速度，食品的外观和口味，环境的吵闹程度，气味，桌布的整洁程度和桌子的形状等都可以导致顾客产生积极或消极的情感（Haeckel，Carbone and Berry，2003；Mohr and Bitner，1991）。此外，顾客的时间、压力、心情、预算、与其他顾客的互动等也对顾客的情感产生影响（Machleit and Mantel，2001；Otnes，Lowery and Shrum，1997）。Grace 和 O'Cass（2004）也证实了核心服务、服务场景和服务员工对唤醒情感有显著影响。在 Pullman 和 Gross（2004）的研究中，马戏团的座位、感观和互动只对基本情感产生影响，而食物对基本情感和高级情感产生影响，饮料则对情感没有任何影响。

在访谈中，受访者有如下表示。[①]

我去一家餐馆，如果它有免费的茶水，而且还不是茶叶泡出来的，然后

---

① 我们发现，受访者受自身思维逻辑和语言表达能力的影响，不同受访者有不同的表述习惯。括号里的字母为受访者的代码。在涉及餐馆名字时，我们用"××"代替。

上一点儿瓜子、小吃，我就会觉得有一些惊喜。（C）

我今天吃了一个特色菜，倍儿好吃，吃得很高兴，生理方面满足了，心理方面也就满足了。（A）

××像一个花园似的，所有就餐的地方都有花草陪衬，虽然那儿的价格比较高，但是人们都愿意去，在这种环境中吃饭比较舒服。（G）

我们以前常在一家东北餐馆吃饭，他们的员工服装有东北特色，如小夹袄，上面还有红色的边。他们的装修也有特色，有木桌，还有火炕，还挂着玉米。他们从服务到装修都体现着一种文化氛围，这种文化氛围本身就给人一种新鲜感，能让人回味，在那里吃饭心情会很好。（B）

在餐馆吃饭时，服务员的服务态度可能会影响你的心情。例如，某餐馆的服务员总是很热情，顾客入座后，会给顾客一张湿巾让他们擦擦手，这让人感觉很贴心。（C）

在餐馆吃饭时，让人心情愉悦的因素还有给人高雅的感觉。例如，某个餐馆的走廊里摆放着一些艺术品，然后你在这个餐馆吃饭时就能感受到一种文化气息，那种感觉非常令人愉悦。（F）

有一次，和朋友一起吃饭时，我一不小心把可乐给弄翻了，洒了一裤子，服务员马上过来擦，当时我特别感动，那是我23年以来第一次有这种感受。难以想象在一个不属于家的环境里，有人这么热情地帮助我，并且是在第一时间赶到的，我特别喜欢这种感觉。（J）

在服务上能让人格外高兴的餐馆确实很少，它们能够让人不生气就已经很不错了，往往你去餐馆吃饭时，你的情绪总会受一些影响，因为它们确实在服务上没有真正地为顾客考虑。（H）

除非是吃饭的时候，你吃出来了脏东西，影响了你的情绪，你才不继续吃了。（I）

如果吃到不干净的东西，心情肯定不好。（K）

恰好这种负面的情绪可能是消费过程引发的，如服务态度、饭菜质量，从而让你不满意，进而产生一些不良情绪，如愤怒、抱怨。（A）

我觉得还是环境问题引发了负面情绪，如太吵、大厅里人太多等。（I）

一个问题是，餐馆不能提供一个自然的环境，也就是说餐馆不能让我们在吃饭时自在地交流。另一个问题是餐馆的人文环境不总是合适的，如果我们在大厅吃饭，我请的客人有一定的文化素养，而在我旁边吃饭的人都光着膀子，那么这种人文环境是不合适的。即使在包间吃饭，这边在平静地说话，那边却在猜拳行令，这也会让我觉得不舒服。（F）

让我不太愉快的往往是服务人员的态度，有些事他们是能够做到的，但是他们因为怕麻烦或者比较忙，就会找理由来搪塞我，我就会感觉不舒服。（H）

等了半天没有上菜，我就会着急。往往会出现这种问题，先上凉菜，我们吃上了，后续上菜很慢，这肯定让人着急。（L）

有时候服务员上菜或倒酒慢了，我也会发火。我遇到过几个比较机灵的服务员，素质确实很高，他们的态度就让我感到舒服。（L）

由此可见，顾客对服务产品（菜肴）、服务环境、服务员工和服务过程的感知会影响自身的情感。为此，我们假设如下。

$H1_{1a}$：服务产品体验对消极情感有直接的负向影响。

$H1_{1b}$：服务产品体验对积极情感有直接的正向影响。

$H1_{2a}$：服务环境体验对消极情感有直接的负向影响。

$H1_{2b}$：服务环境体验对积极情感有直接的正向影响。

$H1_{3a}$：服务员工体验对消极情感有直接的负向影响。

$H1_{3b}$：服务员工体验对积极情感有直接的正向影响。

$H1_{4a}$：服务过程体验对消极情感有直接的负向影响。

$H1_{4b}$：服务过程体验对积极情感有直接的正向影响。

（2）功能性体验与社会体验之间的关系

服务场景影响顾客之间的互动（Bitner，1992），顾客更多地以品牌或产品/服务为载体，通过消费活动谋求与外界建立社会关系（Harris，Harris and Baron，2000；Aubert-Gamet and Cova，1999）。顾客就餐体验是一种群体行为，更多地依赖顾客之间的社会互动，而服务员工的表现是影响互动感知的一个重要因素（Johns and Kivela，2001）。Wallendorf 和 Arnould（1991）通过对感恩节的消费行为的研究，发现顾客会通过共同消费一件产品（如火鸡）来增进彼此之间的友谊或亲情。

在访谈中，受访者有如下表示。

我不喜欢餐馆里大吵大闹的环境。一般我去吃饭，不仅为了填饱肚子，还要有精神享受。多人一起吃饭，需要在饭桌上交流，如果太吵闹，就会影响交流。（A）

在××，两个人坐在那儿就几乎不会再走动了，不注意别人就听不到别人说话，两个人在那里就能认真地进行交流，若去别的地方，那就会感觉特别吵。（K）

去餐馆吃饭是一种交际方式，采用这种交际方式时，我考虑的因素比较多，如就餐环境。（F）

环境不会使我的心情受太大影响，除非服务太差，比如请客的时候，什么服务都跟不上，我就会觉得特别没面子。（I）

在请重要的客人吃饭时，没去过的餐馆我一般不会选择，因为我不知道那儿的饭菜、服务怎么样。（I）

请的客人非常重要的话，我不会选择新开业的餐馆，因为我担心它处于新开业的磨合期，有许多不可控因素，会影响我请的客人或是我自己的心情。（C）

人们和家人或朋友去餐馆，不单纯是为了吃饭，还要交流，这就涉及餐馆的环境问题、服务问题。（H）

这边西装革履，那边光着膀子，这样很不协调，会让我请的客人觉得在这儿吃饭不太舒服。可是反过来的话，如果我和好朋友在一起光着膀子，人家那边西装革履，轻声慢语，同样对人家也是一种影响。（F）

由此可见，服务产品（菜肴）、服务环境、服务员工和服务过程影响顾客的社会交往感知。为此，我们假设如下。

H2$_1$：服务产品体验对社会体验有直接的正向影响。

H2$_2$：服务环境体验对社会体验有直接的正向影响。

H2$_3$：服务员工体验对社会体验有直接的正向影响。

H2$_4$：服务过程体验对社会体验有直接的正向影响。

（3）社会体验之间与情感体验的关系

消费服务是为了建立一种社会关系，这种社会关系是情感的来源之一，有时可用于治疗生理和心理疾病（Adelman and Ahuvia，1995），并且顾客的人际关系导向对其消费时产生的情感也有一定的影响（Brove and Johnson，2000）。Cova（1997）提出，顾客通过与社区中其他成员建立关系来增强与社会的情感联系。顾客在进行服务消费时，与其他顾客的互动或与服务员工的互动，均会影响情感的产生（Bitner，1992；Machleit and Mante，2001）。

在访谈中，受访者有如下表示。

一般都是通过交流产生一种好的心情，仅是吃饭很少能产生好心情。大家坦诚相见，谈得比较投机，就会产生一种比较好的心情。如果大家都坐在那儿闷声吃饭，那就没什么意思。（L）

在吃饭过程中，还有人与人之间的交流。如果大家说话比较投机，心情就比较好，反之则心情就不会太好。（G）

前两天请人吃饭，刚坐下没几分钟，我的同事就拿出"官方批文"来，对方就表示既然有"官方批文"，就去办公室谈，何必来饭馆，这会让我产生紧张感和负担感，我会想如何让气氛变得轻松起来。（F）

我吃得高兴的时候往往是一堆人聚会的时候，但我不是因为吃才高兴，而是因为聚会高兴。（K）

我在请客吃饭的时候，心情是比较复杂的。一开始我可能有种惴惴不安的心情，因为我不能确保菜肴、服务能让客人满意。饭局进展到一定程度时，我的心情可能会有一定的变化。如果客人吃得高兴，我的心情就会很好。如果客人吃得不满意，我就不敢吱声，并有一种失落感。（B）

吃饭的气氛取决于吃饭的人。大家谈到某件高兴的事或某个共同的话题时，就会形成一种轻松愉快的氛围。（E）

我觉得和别人一起吃饭很累，特别是和不熟悉、性格不合的人一起吃饭。有的人你一看就知道他架子特别大，和他一起吃饭就会比较累，因为你可能既要调节气氛，又要想方设法让他高兴。（L）

由此可见，顾客对社会交往的感知是顾客做出相应情感反应的重要诱因。因此，结合访谈分析和 Oliver（1993）及 Otnes、Lowery 和 Shrum（1997）的观点，我们假设如下。

$H3_a$：社会体验对消极情感有直接的负向影响。

H3$_b$：社会体验对积极情感有直接的正向影响。

3.3.2.2　不同类型顾客体验与服务品牌权益各维度之间的关系

尽管有不少学者提出了顾客体验对服务品牌形象、服务品牌忠诚、服务感知价值具有重要影响，但是均没有经过实证检验，并且都是将顾客体验视为一个单维的概念。我们在内容分析的基础之上，借鉴其他学者的相应观点，对不同类型顾客体验和服务品牌权益各维度之间的关系提出相应的假设。

（1）功能性体验与顾客感知价值之间的关系

从 Zeithaml（1988）对顾客感知价值的定义中可以看出，产品或服务质量均影响顾客的价值感知。在体验服务的过程中，服务场景、企业的核心服务和员工服务影响顾客的价值感知（Bitner，1991；Grace and O'Cass，2004；Reynolds and Beatty，1999）。Brove 和 Johnson（2000）证实，顾客感知利益受服务员工与顾客的关系时间、服务接触密度、感知风险、顾客人际关系导向和顾客感知的员工人际关系导向等变量的影响。

在访谈中，受访者有如下表示。

如果大家吃了一些从来没有吃过的东西，觉得不错，或者说去了从来没有去过的场所，同样觉得不错，这种东西或场所就是有价值的。（F）

如果某家餐馆的饭菜价格很高，但是服务确实很好，服务因素对你而言又是最主要的影响因素，那么去这儿吃饭是值得的。（H）

餐馆的服务不行，你会觉得消费得不值。不像一些餐馆，你一站起来或者你一看什么，服务员马上就能意识到你要做什么。（I）

他们都说 ×× 的饭菜特别好吃，每次去都有很多人排队，但你一吃觉得也就那样，所以觉得不值，你不是觉得花的钱不值，而是觉得等了这么长时间，或产生了这么大的期待不值。（I）

由此可见，服务产品（菜肴）、服务环境、服务员工和服务过程影响顾客对服务价值的感知。为此，我们假设如下。

H4$_1$：服务产品体验对顾客感知价值有直接的正向影响。

H4$_2$：服务环境体验对顾客感知价值有直接的正向影响。

H4₃：服务员工体验对顾客感知价值有直接的正向影响。

H4₄：服务过程体验对顾客感知价值有直接的正向影响。

（2）功能性体验与服务品牌形象之间的关系

服务环境不仅在消费前影响顾客，在服务消费过程中也影响顾客，服务环境常常是服务品牌联想的一个重要来源，服务营销者可以利用有形的服务场景创造积极的形象和情感，以便顾客产生积极的品牌反应（Grace and O'Cass，2004）。在 Berry（2000）的模型中，品牌意义（形象）主要来自顾客体验，而顾客体验的对象主要是服务产品、服务环境和服务员工。O'Cass 和 Grace（2003，2004）研究发现，服务员工、服务设施、服务场景、核心服务均对顾客的品牌联想和品牌态度产生影响。

在访谈中，受访者有如下表示。

从服务员的形象气质上，你可以推测一家餐馆的档次，这不仅指饭菜的质量、餐馆的环境，还指餐馆的文化品位。（A）

餐馆的整体装修，有没有空调，窗户是不是明亮的，以及服务员是否会给我介绍菜肴，服务员的谈吐、服装、仪态都能反映餐馆的档次。（E）

我个人去得比较多的是星级酒店的自助餐厅。我觉得自助餐厅的饭菜的品种比较多，凉菜、热菜、甜点、水果等都有。自助餐厅的菜品质量不错，环境也比较好。（H）

真正在服务上做到位的餐馆确实比较少。我感觉星级酒店里的餐厅在员工的招聘、培训方面做得比较好，他们的服务也比较到位。（H）

因为星级酒店餐厅的软硬件环境都很好，去的客人身份高，所以它的菜品价格肯定比较高。要不怎么平衡装修、人力方面的成本。（F）

那种特色小吃店，比如说卖火烧、罩饼的店，就根本谈不上服务，更别说环境，它们走的就是物美价廉的路线，顾客也不要求有什么服务，只要东西好吃就行。（H）

顾客一进大厅，看到餐馆的环境优美，就觉得这家餐馆有档次。另外，服务态度、饭菜质量也能体现餐馆档次。（L）

由此可见，服务产品（菜肴）、服务环境、服务员工和服务过程是服务品牌形象的重要来源。为此，我们假设如下。

H5₁：服务产品体验对服务品牌形象有直接的正向影响。

H5₂：服务环境体验对服务品牌形象有直接的正向影响。

H5₃：服务员工体验对服务品牌形象有直接的正向影响。

H5₄：服务过程体验对服务品牌形象有直接的正向影响。

（3）功能性体验与服务品牌忠诚之间的关系

实体环境影响顾客对情景结构的评价，员工服务和服务过程同时影响顾客对服务品牌的反应（Danaher and Mattsson，1998）。在餐馆，顾客等待时间、员工态度、环境、座位和食品质量都对顾客重复购买产生显著影响（Law，Hui and Zhao，2004）。Grace 和 O'Cass（2004）通过对 254 个银行顾客的调研发现，核心服务、员工服务和服务场景对服务消费体验具有显著影响，并且服务消费体验影响顾客的情感、满意度和品牌态度，他们还从顾客行为和消费意愿两个方面测量了品牌态度。Pullman 和 Gross（2004）证实食品、座位和感观刺激对顾客的品牌忠诚有显著影响。

在访谈中，受访者有如下表示。

如果你坐在大厅里，人又多又吵，一顿饭吃下来，你就会感觉非常难受，本来饭菜是可口的，但是这顿饭吃得很不舒服。这样的餐馆我是能不去就尽量不去的。（H）

我们上次去吃大闸蟹的时候，要的是公的，上的全是母的，然后服务员一直推诿，甚至把责任推到我们身上，我们以后肯定不会再去了。（B）

许多人去那儿吃饭，但是那儿的饭菜本就一般，我也去过几次，发现饭菜不对我的口味，也就不再去了。（I）

××最后还是倒闭了，我感觉它倒闭不是因为饭菜质量不好，也不是因为装修差，而是因为它的管理和服务出了问题，把来吃饭的客人几乎都给得罪了。（H）

不管一家餐馆做得多么好，价格多么低，饭菜多么有吸引力，如果服务员的态度恶劣，你肯定不会再去那儿吃饭。（A）

你现在让我去那儿吃饭，我是不会去的，因为那儿的服务太差。（I）

由此可见，服务产品（菜肴）、服务环境、服务员工和服务过程影响顾客重新惠顾的意愿和行为。为此，我们假设如下。

H6$_1$：服务产品体验对服务品牌忠诚有直接的正向影响。

H6$_2$：服务环境体验对服务品牌忠诚有直接的正向影响。

H6$_3$：服务员工体验对服务品牌忠诚有直接的正向影响。

H6$_4$：服务过程体验对服务品牌忠诚有直接的正向影响。

（4）情感体验与顾客感知价值之间的关系

愉快、高兴和满意等积极情感能为顾客带来更多的情感性利益，而生气和愤怒等消极情感则会增加顾客的心理成本，对产品或服务价值产生负面影响。Babin 和 Babin（2001）通过对女性装饰店的顾客的调查发现，购物价值包括享乐价值和实用价值，兴奋和浪漫两种情感直接对享乐价值产生正向影响，并且对实用价值产生间接影响。在 Sweeney 和 Soutar（2001）开发的顾客价值测量量表中，情感也是顾客价值的一个重要维度，但是他们只考虑了积极情感，并不全面。

在访谈中，受访者有如下表示。

花钱特别少，但是吃得特别饱，饭菜还挺好吃，我就觉得值。没吃出什么不干净的东西，自己也没生气，我也觉得值。同学聚会上大家都吃得特别高兴，我也觉得值。（K）

虽然点的东西是比较实惠的，但如果心情不好，再实惠的东西也不会让我感觉实惠。（J）

我觉得一顿饭值不值主要看吃的人高不高兴。花的钱多或少，我考虑得比较少，一顿饭让大家都吃得挺高兴、挺满意，我就觉得值。（L）

由此可见，情感是顾客感知价值的重要影响因素，顾客产生积极情感时，往往感觉到物有所值，顾客产生消极情感时，则觉得不值。为此，我们假设如下。

H7$_a$：消极情感对顾客感知价值有直接的负向影响。

H7$_b$：积极情感对顾客感知价值有直接的正向影响。

（5）情感体验与服务品牌忠诚之间的关系

积极的情感能增加顾客的接近性行为，而消极情感则让顾客产生规避性行为（Donovan and Rossiter，1982）。对服务员工有积极情感反应的顾客，倾向于与服务组织建立更持久和更稳固的关系（Wong，2004）。Babin 和 Babin

（2001）证实兴奋与浪漫对购买意图具有正向影响，而羞涩则对购买意图具有负向影响。Pullman 和 Gross（2004）则证实基本情感对顾客的品牌忠诚有显著影响。

在访谈中，受访者有如下表示。

许多人一想到去那儿吃饭，总是有种不舒服的感觉。一旦它的顾客都有这种感觉，而它的开支又较大，它就会慢慢垮掉了。（H）

一家餐馆的环境和食品让我比较喜欢，让我心情好，我就会常去。（K）

餐馆一旦出现服务失误，或者服务补救不及时，或者服务补救失败，就会增加你气愤的程度，也会影响你再次消费的意愿。（L）

让人特心烦的地方我是能不去就不去的。（H）

由此可见，顾客的情感反应决定了顾客今后的消费意愿和消费行为。为此，我们假设如下。

H8$_a$：消极情感对服务品牌忠诚有直接的负向影响。

H8$_b$：积极情感对服务品牌忠诚有直接的正向影响。

（6）社会性体验与顾客感知价值之间的关系

顾客进行服务消费是为了建立一种社会关系，这种关系有强弱之分。其中，强关系是指人际联系紧密，包括和家人、和朋友等的关系，弱关系往往是偶然形成的关系，包括和偶然认识的人、和商业伙伴等的关系（Adelman and Ahuvia，1995）。顾客通过社会互动可以为自身带来许多利益——降低不确定性、增加控制、提升自我接受能力和社会整合。社会交往影响顾客对消费价值的感知，当消费目的主要是建立一种社会关系时，顾客感知到的消费价值则主要来源于这种社会关系的建立程度（Frenzen and Davis，1990）。Sweeney 和 Soutar（2001）开发的顾客感知价值量表中也体现了顾客消费的社会属性。

在访谈中，受访者有如下表示。

如果餐馆的自然环境、人文环境比较好，我会把饭桌小环境协调得比较好，在这种情况下，因为我创造了一个比较好的人际环境，我的社会资源能得到有效的积累，那么即使饭菜价格较高，我也会觉得物有所值。（F）

出于应酬方面的考虑，你乐意去吃一些价格比较高的东西，只要价格不

太离谱，你还是乐意去的，因为你要满足你这种高消费的需要，这是有它存在的合理性的。（H）

在同学聚会上，只要大家吃得特别高兴，我就感觉挺值。（K）

有些人吃饭是为了填饱肚子，有些人吃饭是为了陪客户，每个人吃饭都是有目的的，看吃饭的目的有没有达到，我们才能决定一顿饭值不值。（L）

由此可见，良好的人际沟通能增加顾客感知价值。为此，我们假设如下。

H9：社会体验对顾客感知价值有直接的正向影响。

（7）服务品牌形象与社会体验之间的关系

Muniz 和 O'Guinn（2001）指出，任何一个品牌都可以形成品牌社区，形象好、有丰富和悠久的历史、竞争激烈的品牌更有利于品牌社区的形成，并且公共性商品比私人性商品更易形成品牌社区。当顾客通过品牌建立社会关系时，品牌形象是影响顾客关系程度的重要因素。Algesheimer、Dholakia 和 Herrmann（2005）通过对 100 多个汽车俱乐部的调查发现，社区成员的身份意识影响其自身的交际行为和交际意愿，而这种身份意识主要来源于汽车品牌形象，也就是说品牌形象通过身份意识间接影响社区成员的社会行为。

在访谈中，受访者有如下表示。

很多人喜欢去 ××，因为那儿是个比较有特色的地方，环境也比较好，他们在那儿吃饭有一种新奇感。（G）

对于我们接待方来说，餐馆要符合客人的口味，就餐环境要好，并适合聊天。（L）

在请客，特别是请重要的客人的情况下，我们可能需要更多地考虑餐馆的品牌问题，以及它在整个餐饮业中的整体形象，确保它和我们要请的客人的身份、地位相匹配。（B）

由此可见，服务企业的声誉和形象对顾客的社会交往会产生一定的影响。为此，我们假设如下。

H10：服务品牌形象对社会体验有直接的正向影响。

3.3.2.3　服务品牌权益各维度之间的关系及其与服务品牌权益之间的关系

在 Aaker（1991）的品牌权益模型中，品牌权益的各个维度是平行的，而 Yoo 和 Donthu（2001）、Washburn 和 Plank（2002）、于春玲（2004）、张彤宇（2005）的研究则证实，品牌权益的各个维度之间具有层级关系。

（1）服务品牌形象与顾客感知价值之间的关系

公司形象是价值创造中的决定性因素（Frederick and Salter，1995），公司形象或品牌形象支持顾客感知价值，有时成为顾客感知价值的基础。Andreassen 和 Lindestad（1998）证实了公司形象通过顾客感知质量对顾客感知价值产生间接影响，并且公司形象对顾客忠诚的影响要比顾客满意对顾客忠诚的影响要强。因此，他们提出，公司应当树立一个吸引人的、与众不同的形象。令人喜爱的品牌和商店信息对顾客感知质量与顾客感知价值有正向影响（Dodds，Monroe and Grewal，1991），广告、品牌形象影响顾客的期望价值，而实际体验则影响顾客获得的实际价值（Woodruff，1997）。Schreuer（2000）则认为顾客体验通过品牌形象影响顾客感知价值。

范秀成（2000）指出，良好的品牌形象有助于降低顾客的购买风险，增强顾客的购买信心，个性鲜明的品牌可以使顾客获得超出产品功能之外的社会和心理利益。白长虹（2001）强调，对于服务业来说，企业品牌形象远比包装产品的品牌形象更有影响力，强势品牌可以帮助顾客对无形的服务产品做出有形化理解，增加顾客对购买无形的服务产品的信任感，削减顾客对购买前的金钱、社会和安全风险的感知。由此可以看出，服务品牌形象可以通过降低顾客的购买风险（心理成本、精力成本）来影响顾客感知价值。

为此，我们提出的假设如下。

H11：服务品牌形象对顾客感知价值有直接的正向影响。

（2）服务品牌形象与服务品牌忠诚之间的关系

品牌认知、品牌联想和感知质量是顾客的感知因素，品牌忠诚是顾客的行为因素（Aaker，1991；Cobb-Walgren，Ruble and Donthu，1995），感知因素通过影响顾客满意而影响品牌忠诚（Chen，2001）。Yoo、Donthu 和 Lee（2000）认为，品牌认知结合强的品牌联想形成特定的品牌形象，感知质量、品牌认知/联想影响品牌忠诚。O'Cass 和 Grace（2003）认为，服务属性的重要性影响品牌联想，品牌联想又影响品牌态度，而品牌态度将影响顾客使用品牌化服务的意愿。

于春玲（2004）研究发现，品牌认知和品牌联想通过品牌信任与品牌喜爱对品牌关系产生间接影响。张彤宇（2005）则指出，服务品牌关系是一个高阶的、整体的概念，而服务品牌认知 / 联想和感知服务质量则是两个低阶概念。服务品牌认知 / 联想对服务品牌关系存在显著影响（β=0.157，t=3.968），研究显示，当服务品牌认知度提高、品牌联想得到积极和正面的强化时，服务品牌关系也随之加强。

为此，我们提出的假设如下。

H12：服务品牌形象对服务品牌忠诚有直接的正向影响。

（3）服务品牌形象与服务品牌权益之间的关系

在 Keller（1993）的基于顾客的品牌权益模型中，品牌形象是品牌权益的一个重要维度，是指一系列的品牌联想。Berry（2000）指出，在服务业，品牌意义（品牌形象）比品牌认知更重要，对于有消费经历和消费体验的顾客来说，品牌形象对品牌权益的贡献更大。Chen（2001）则认为，在 Aaker（1991）的模型中，相对于其他维度，品牌联想应是品牌权益的核心，品牌联想影响品牌忠诚。

张彤宇（2005）研究发现，服务品牌认知 / 联想对服务品牌权益存在显著影响（β=0.140，t=3.440），如果提高顾客的品牌认知度，创造积极、强烈的服务品牌联想，那么服务品牌权益会相应地得到提高，这与 Yoo 和 Donthu（2001），Washburn 和 Plank（2002）及 Yoo、Donthu 和 Lee（2000）的研究一致。

为此，我们提出的假设如下。

H13：服务品牌形象对服务品牌权益有直接的正向影响。

（4）顾客感知价值与服务品牌忠诚之间的关系

感知质量是品牌价值的一部分，是品牌判断的重要因素，高感知质量对品牌忠诚和品牌关系具有重要影响（Zeithaml，1988；Chen，2001；Keller，2001）。感知服务价值是顾客对服务收益和服务成本的权衡比较，顾客感知价值影响顾客的购买意图和行为（Bolton and Drew，1991）。Dodds、Monroe

和 Grewal（1991）研究发现，在计算机行业，顾客感知价值对顾客的购买意愿有积极影响，相关系数为 r=0.76，方差 F=31.50（$p<0.001$）。

在某些时候，消费者的品牌忠诚可能来源于习惯性购买（Aaker，1992；Chen，2001）。事实上，这种习惯性购买来源于顾客的感知价值，因为习惯性购买可以降低消费者的购买风险，并且在处于垄断地位的行业中，由于顾客没有替代品可以选择，决定品牌忠诚的是感知价值，而非感知质量。Blackwell、Szeinhbach、Bames、Garner 和 Bush（1999）提出的价值－忠诚模型也表明，感知价值对顾客的购买意愿起决定性作用，而且购买情景因素在直接影响顾客忠诚度的同时，还通过作用于感知价值的构成，即感知利得、感知利失和个人偏好而间接影响顾客忠诚。

在深度访谈中，受访者有如下表示。

虽然你今天花了 100 元，比平时花得多，但是你有心理准备，你计划好今天去××吃饭，所以花得多并不会让你感到不适，最多就是以后少去。（A）

我去过那儿一次，菜的分量很小，所以后来我再也不去了。（G）

我在那儿点了一份鱼香肉丝，菜上来后，我发现量挺大，味道比较好，花钱不多，吃得挺好。我后面可能还会去那儿吃。（G）

××我就去过一次，虽然另一家的分量比较大，但相对来说价格也较高，所以我还是喜欢去××。××服务更好，出餐特别快，另一家人多的时候，不仅服务态度不好，出餐速度也特别慢。（J）

由此可见，顾客感知价值会对顾客今后的消费行为产生一定影响。为此，我们假设如下。

H14：顾客感知价值对服务品牌忠诚有直接的正向影响。

（5）顾客感知价值与服务品牌权益之间的关系

在 Aaker（1991）的品牌权益模型中，感知质量是品牌权益的一个重要维度，Yoo 和 Donthu（2001），Yoo、Donthu 和 Lee（2000），Washburn 和 Plank（2002）及张彤宇（2005）的研究发现，感知质量对品牌权益有直接影响。

感知质量只是感知价值的一个驱动因素，顾客在进行品牌选择的时候，需要将感知收益和感知成本进行比较，比较的结果即形成感知价值，可用于调节顾客的购买行为和购买意愿（Zeithaml，1988）。Bolton 和 Drew（1991）

也强调顾客对服务价值的判断比服务质量更重要。

为此，我们提出的假设如下。

H15：顾客感知价值对服务品牌权益有直接的正向影响。

（6）服务品牌忠诚与服务品牌权益之间的关系

Aaker（1991）强调，品牌忠诚是品牌权益的核心，因为只有品牌忠诚才能转化为购买行为。Yoo 和 Donthu（2001），Yoo、Donthu 和 Lee（2000）及 Washburn 和 Plank（2002）认为，品牌认知、品牌联想和感知质量通过品牌忠诚影响品牌权益，而品牌忠诚对品牌权益有直接影响。张彤宇（2005）通过研究发现，服务品牌关系对服务品牌权益存在显著影响（β=0.520，t=9.134），从关系的效应强度来看，服务品牌关系（服务品牌忠诚）对服务品牌权益的影响最强，顾客感知质量次之，服务品牌认知 / 品牌联想的影响最弱。

为此，我们提出的假设如下。

H16：服务品牌忠诚对服务品牌权益有直接的正向影响。

第 4 章

问卷设计与预调研实施

本章主要介绍本次研究中定量研究的设计，首先简要概述结构方程模型，其次进行调查问卷中的相关量表设计，最后根据预调查数据的分析结果确定正式调查问卷和正式研究模型。

4.1　结构方程模型简介

结构方程模型（Structural Equation Modeling，SEM）是一种基于变量的协方差矩阵来分析变量之间关系的统计方法，在心理学、社会学、经济学、行为科学等领域得到广泛应用。本书采用 SEM 作为定量研究的主要方法。本节首先对 SEM 进行概述，然后介绍本次研究使用的 LISREL[①] 软件的应用特点。

4.1.1　SEM 概述

SEM 是一种验证性非探索性统计方法，从模型的设定、检验到修正，每一个步骤都要以清晰的理论逻辑为依据。

在 SEM 中，主要有两类变量。一类是可观测变量（测量变量、显变量），分为外生可观测变量和内生可观测变量，用于反映相对应的各潜变量，在问卷中，表示为量表中的各个问项。另一类是潜变量，分为外生潜变量和内生

---

① LISREL 有两种含义，一是代表分析软件，二是代表线性结构方程模型。

潜变量，往往是不能直接观察的比较抽象的概念，外生潜变量作用于内生潜变量。潜变量是理论模型中欲研究的变量，或称为因子。

SEM 可以分为测量模型（外部模型）和结构模型（内部模型）两部分。测量模型用于检验可观测变量和相应潜变量之间的关系，常用于验证性因子分析，做量表的信度和效度检验。结构模型用于检验外生潜变量和内生潜变量之间的关系，也是对理论模型的检验。两个模型用方程式表示如下。

测量模型方程式：

$$y=Ay+\varepsilon \tag{4.1}$$

$$x=Ax+\delta \tag{4.2}$$

公式（4.1）和（4.2）中，y 代表内生可观测变量组成的向量，x 代表外生可观测变量组成的向量；Ay 代表内生可观测变量到内生潜变量之间的因子载荷矩阵，Ax 代表外生观测变量到外生潜变量之间的因子载荷矩阵；ε 代表内生可观测变量的测量误差，δ 代表外生可观测变量的测量误差。

结构模型方程式：

$$\eta=B\eta+\Gamma\xi+\zeta \tag{4.3}$$

公式（4.3）中，η 代表内生潜变量构成的向量；ξ 代表外生潜变量构成的向量；B 代表内生潜变量之间的路径系数矩阵；Γ 代表外生潜变量到内生潜变量的路径系数矩阵；ζ 代表结构方程的误差项构成的向量，反映了 η 在方程中未能被解释的部分。

由于可以同时处理多个因变量、允许自变量和因变量有测量误差、能够估计整个模型的拟合程度等许多特性，SEM 在国内的市场营销学研究领域受到广大学者的青睐。

4.1.2　LISREL 软件的应用特点

用于结构方程分析的软件主要有 LISREL、EQS、AMS、Mplus 和 PLS，其中 LISREL 是一个问世较早并且非常流行的软件。本研究采用 LISREL 8.52 版进行数据分析，以下要点需要注意。

第一，样本量。在结构方程分析中，究竟应用多少个样本尚无定论，并且这种争议还将一直持续下去[①]。一般认为，当样本量大于200时，测量基本是可信的。

第二，数据正态化。运用 LISREL 软件进行数据分析时，经常使用最大似然法（ML）对数据进行估计，ML 要求数据呈多元正态分布，但是这种要求很难得到满足。侯杰泰等（2004）指出，当数据不呈多元正态分布时，用 ML 仍是合适的，也就是说 ML 是稳健的（Robust）。当数据不呈多元正态分布时，常用两种方式处理：一是用题目小组（Parcels）代替原有的可观测变量，即将几个高度相关或内容相似的可观测变量合并成新的指标（Indictors），以减少题目数量，但这种方式还存在不少争议；二是对数据做正态化处理，即用 LISREL 中的 PRELIS 统计软件包对数据进行处理，在 LISREL 8.51 以后的版本中，新增加了正态化数据处理的简便功能。

第三，参数矩阵。在 LISREL 中，需要估计八个基础参数矩阵：Λ_y、Λ_x、Γ、B、Φ、Ψ、Θ_ε 和 Θ_δ。Λ_y 和 Λ_x 矩阵是因子载荷矩阵，Γ 和 B 矩阵是结构路径系数矩阵，Φ 是外生潜变量 ξ 的方差协方差矩阵，Ψ 是结构方程误差矩阵，Θ_ε 和 Θ_δ 是测量误差 ε 和 δ 的方差协方差矩阵。

第四，拟合指数。LISREL 会输出一系列拟合指数作为对整个模型优劣的判断。常用的检验指数包括绝对拟合指数——X^2、RMSEA、SRMR、X^2/df，相对拟合指数——CFI、NFI、NNFI、IFI，简约拟合指数——PGFI 和 PNFI。其中，RMSEA $\leqslant$ 0.1，CFI、NFI、NNFI 和 IFI 都大于等于 0.9 表示模型拟合较好；X^2 越小越好，并且应当不显著；X^2/df 为 2 ~ 5 时，表示模型可以接受，小于 2 时，表示模型拟合较好；SRMR $\leqslant$ 0.08，PGFI 和 PNFI 都大于 0.5 时，表示模型可以接受，当 SRMR $\leqslant$ 0.05 时，表示模型拟合较好（Steiger，1990；侯杰泰、温忠麟、成子娟，2004；黄芳铭，2005）。研究人员在分析报告时，经常用多个指标来检验模型的拟合程度。

[①] 侯杰泰、温忠麟和成子娟（2004）对不同学者的观点进行了概括性总结，并指出，多数模型需要至少 100 ~ 200 个样本，若需要分组分析时，样本量应更大，当样本量不够大时，应当尝试以更多的题目（可观测变量）测量每个因子。

4.2 问卷设计

量表（Scales）是社会科学领域广泛应用的一种测量工具，其特点是能精确地度量一个比较抽象的或综合性较强的概念（袁方，1997）。各概念的量表加上人口特征统计问项组成本次研究的调查问卷（Questionnaire）。本节主要介绍量表设计思路、相关概念量表设计、控制变量设计和量表内容效度检验。

4.2.1 量表设计思路

量表的设计决定了研究质量，我们根据 Churchill（1979）提出的营销架构测量模式来设计本次研究的调查量表。

（1）概念的界定

首先，界定概念（Concepts）的抽象性定义。抽象性定义是对何种范围、何种含义上使用这一概念做出精确的说明，根据抽象性定义，经过严格界定的概念称为变量（Variables）。其次，将抽象性定义转化为操作性定义（袁方，1997）。操作性定义是对如何测量一个概念（变量）的具体说明。最后，根据各变量的操作性定义设计测量项目。

概念的来源主要是相关文献回顾，在相关文献回顾中，可能会产生令人困惑的定义、可疑的因果关系和冲突性的调查结果，这就需要研究者根据自己的研究目的进行相应的判断和取舍。在本次研究中，我们首先根据相关文献界定了七个核心概念，然后根据深度访谈的结果和相关文献回顾，对各个概念的抽象性定义进行操作化处理，将功能性体验分为服务产品、服务环境、服务员工和服务过程四类，将情感体验分为积极情感和消极情感两类，同时将社会体验界定为社会交往感知。

（2）测量项目的来源

测量项目（Items）的获取方法主要包括文献研究法、关键事件法、经验调查法、焦点小组法、实验法和深度访谈法（Churchill，1979）。项目群（Items Pool）产生以后，需要先经过专家的验证，以保证研究首先具备专家效度（Expert Validity），专家包括有实际工作经验者、有此相关研究的经验者和有学术背景的学者等，然后研究者应根据专家的建设性建议和研究的内

容对测量项目进行相应调整。本次研究的所有测量项目均以相关文献和深度
访谈为依据。

（3）测量项目数量和表达方式

因为概念（变量）往往是抽象性的，因此需要用多个问项来测量一个
概念（Nunnally and Bernstien，1994）。目前，项目量表更多地采用利克特
（Likert）量表，这种量表实际上是一种定序量表（离散性变量），但在实际应
用中，尤其是测量一些不可观测量变量或测量重要性等级时，常常假设它为
一种定距量表（连续性变量），并且 7 分制量表要比 5 分制量表有更高的信度
（Washburn and Plank，2002）。因此，在本次研究中，我们用多问项利克特 7
分制量表来测量相关的概念，其中，1 代表非常不同意，4 代表中立，7 代表
非常同意。

（4）量表质量的检验

检验量表的指标包括信度和效度，信度用于衡量项目的可靠性和稳定
性，效度用于衡量项目的有效性和准确性，至少需要两组数据才能确定量表
的质量（Churchill，1979）。在本次研究中，我们首先用预调查数据检验量表
的信度和效度，然后用正式调查数据做进一步的检验，并且用正式调查数据
做模型和研究假设的验证。

4.2.2　相关概念量表设计

根据相关文献和深度访谈的结果，针对各个变量的操作性定义，我们为
每个变量设计了多个测量项目，并根据汉语的表达习惯对所有项目进行了相
应调整。与深度访谈一样，预调查和正式调查均选择餐饮业作为调研行业。
Kivela（1997）及 Kivela、Inbakaran 和 Reece（1999a，1999b）在研究中将
餐馆分为豪华餐馆、主题 / 环境餐馆、家庭 / 大众餐馆、便利店 / 快餐店四大
类；Lewis（1992）在研究中，将餐馆分为家庭 / 大众餐馆、环境餐馆、豪华
餐馆三类。在本次研究中，我们确认了三类餐馆：豪华餐馆、大众餐馆和快
餐店，并用同一张问卷在三类餐馆中做调查。

（1）服务产品体验（Service Product，PU）量表

Kivela、Inbakaran 和 Reece（1999a，1999b）研究发现，在餐馆，食品

的外观、种类、营养、口味、质量、新鲜度和温度是顾客对食品的主要要求。Auty（1992）、Lewis（1992）、Clark 和 Wood（1998）及 Ineson 和 Martin（1999）对餐馆的研究也证实，食品（菜肴）的质量、种类、口味是顾客最为关注的对象。我们在深度访谈研究中发现，受访者多用"质量、口味、品种、可靠、好吃"等词语来表述自己对餐馆菜肴的要求，基于此，我们设计了以下五个问项。

PU1：这家餐馆的菜肴质量高。

PU2：这家餐馆的菜肴美味可口。

PU3：这家餐馆有许多菜肴可以选择。

PU4：这家餐馆的菜肴质量是可靠的。

PU5：这家餐馆的菜肴质量低。

其中，PU1、PU2 和 PU3 在 Tse、Sin 和 Yim（2002）的研究中用到，Kim 和 Kim（2005）及 Ineson 和 Martin（1999）的研究中也采用了 PU1 这一问项，PU1、PU4 和 PU5 在 Yoo、Donthu 和 Lee（2000）的研究中用到。PU5 用反向提问法表述，用于鉴别无效问卷。

（2）服务环境体验（Service Environment，PY）量表

服务环境有三个维度：环境条件、空间展示和功能、符号和象征性装饰（Bitner，1992）。环境条件主要是指服务场景中的空气质量、声音、颜色等客观环境，空间展示主要指整体布局、设施和家具等，符号和象征性装饰主要指各种人工标志、装饰风格等。Kivela、Inbakaran 和 Reece（1999a，1999b）通过研究发现，在餐馆，顾客对环境的要求主要体现在环境的舒适度、气味、视觉感受、整洁度、隐私性、温度和装饰等方面。Wakefield 和 Blodgett（1996）根据 Bitner（1992）的模型，从布局的便利性、设施的整洁程度、设施的美学效果、电子设备和座位的舒服程度五个维度测量了休闲服务业（足球场、篮球馆和娱乐城）中服务环境感知质量对顾客满意度的影响。在深度访谈中，我们发现受访者更多地用"卫生干净、良好的吃饭环境、格调、吵闹、安静、温馨、空调、窗户、桌椅、布局"等词语来形容对服务环境的感知，因此我们设计了以下五个问项。

PY1：这家餐馆干净卫生。

PY2：这家餐馆的装饰有格调。

PY3：这家餐馆的就餐气氛良好。

PY4：这家餐馆的桌椅舒服。

PY5：这家餐馆的布局合理。

其中，PY1 用于测量餐馆的整体环境，PY2 用于测量餐馆的装修和装饰风格，PY3 用于测量吃饭时的氛围，是消费者感受到的软环境，PY4 用于测量服务设施，PY5 用于测量餐馆的整体布局。这五个问项在 Wakefield 和 Blodgett（1996），Kim 和 Kim（2005）及 Stevens、Knutson 和 Patton（1995）的研究中用到。考虑到多数餐馆的餐具看起来是相当干净的，因此我们没有针对餐具设计具体的问项。

（3）服务员工体验（Service Employee，PE）量表

服务产品的生产和输出依靠员工与顾客之间的互动来完成，服务员工是服务组织功能的实施者和体现者，也是顾客体验的重要内容。服务员工是服务组织为顾客提供优质、高效服务的根本保证，服务员工的个人素质、服务意愿、着装是否得体和是否有礼貌等均影响服务效果（Auty，1992）。Jones（1999）也强调，有丰富知识和友善的服务员工可以为顾客提供更多的信息，从而为顾客创造更好的体验环境。在深度访谈中，受访者更多地用"服务态度、有礼貌、受过良好培训、有专业知识、着装得体、素质高"等词语来形容对服务员工的要求。服务员工包括服务员、迎宾员、保安、收银员等，因此我们设计了以下四个问项。

PE1：这家餐馆的员工有礼貌。

PE2：这家餐馆的员工服务态度好。

PE3：这家餐馆的员工素质高。

PE4：这家餐馆的员工热情。

Stevens、Knutson 和 Patton（1995）用"员工能够并且也乐意为你介绍菜肴的成分和烹制方法，有的员工受过良好的培训，员工有能力和经验"等问项来测量顾客对服务员工的感知。在 Kim 和 Kim（2005）的研究中，针对服务员工的问项包括"员工总是乐意帮助顾客，员工具有知识和自信，员工能有效地处理顾客的抱怨"。我们采用受访者经常使用的词语来描述对服务

员工的测量。由于多数餐馆为服务员工配备统一的服装，因此我们没有设计着装方面的问项。

（4）服务过程体验（Service Process，PO）量表

顾客不仅评价最终结果，也评价服务传递的过程。服务传递的过程必须顺畅和完美，服务的及时性和准确性影响顾客的体验。对服务员工的测量主要针对服务员工个人，而对服务过程的测量主要针对顾客就餐时感知到的整体服务水平。影响服务表现的因素包括一线服务员工、厨师、设施和服务流程等。例如，包间里是否有衣架、厨师做菜的速度、上凉菜和热菜的顺序、账单的清晰程度等。Stevens、Knutson 和 Patton（1995）用"提供准确的账单，准确地为你提供你点的菜肴，提供迅速、快捷的服务，预料到你的个性需要，对你的特殊要求给予额外的关注，总是把顾客放在心上"等问项进行有关服务过程的测量。在深度访谈中，受访者常用到的词语包括"周到、及时、准确、全面、为顾客着想"等，因此我们设计了以下四个问项。

PO1：这家餐馆服务到位。

PO2：这家餐馆服务及时。

PO3：这家餐馆服务准确。

PO4：这家餐馆能为顾客着想。

（5）情感体验（Affective Experience，AE）量表

根据情感的两极化特性，情感可分为积极情感（Positive Affect，PA）和消极情感（Negative Affect，NA）。表述情感的词语是相当丰富的。Plutchik（1980）指出了人类共有的八种基本情绪，Izard（1977）则认为人类共有十种基本情绪，Mehrabian 和 Russell（1974）认为"愉悦、唤醒、控制"三个维度构成情感。Richins（1997）通过深度访谈发现了 175 个情感词语，然后又通过定量调研，用聚类分析方法，确认了可用 47 个词语表达 16 种消费情感，并共同组成一个消费情感集（Consumption Emotion Set）。Pullman 和 Gross（2004）在研究中将情绪分为两类：基本情绪，即与满意相关的情绪，包括舒服、放松、高兴、放纵、满意、娱乐和兴奋等；高级情绪，即与自尊相关的情绪，包括高贵、声望、重要、讽刺和好奇等。Chaudhuri（1997）在对消费者的情感研究中，用 23 个词语描述五种情感：悲伤、生气、恐惧、高

兴和喜爱。在本次研究中，我们用深度访谈中受访者经常提到的情感词语来描述顾客的情感反应。因此，根据情感表露的强度（情感唤醒的程度），我们对积极情感和消极情感分别设计了四个问项。

PA1：在这家餐馆就餐让我感到放松。

PA2：在这家餐馆就餐让我感到愉悦。

PA3：在这家餐馆就餐让我感到高兴。

PA4：在这家餐馆就餐让我感到满意。

NA1：在这家餐馆就餐让我感到不舒服。

NA2：在这家餐馆就餐让我感到郁闷。

NA3：在这家餐馆就餐让我感到厌烦。

NA4：在这家餐馆就餐让我感到生气。

（6）社会体验（Social Experience，SE）量表

在服务过程中，顾客之间的沟通有利于产生积极的服务体验（Clarke and Schmidt，1995；Harris，Baron and Parker，2000）。顾客之间的互动有三种：第一种是寻求一个独立的空间，即不愿意被他人打扰；第二种是主动与他人交流；第三种是被动地与他人交流。

社会体验的观点认为顾客不仅是经济人，更是社会人，强调顾客与社会的关系，顾客消费不仅是为了获取使用价值——功能性或象征性价值，更重要的是为了获取联系价值。Jones（1999）证实，顾客将与家人、朋友一起购物作为一种建立社会联系的手段。餐馆除了向顾客提供饮食服务外，更重要的是向顾客提供一个精神交流的场所。事实上，更多的就餐消费是一个社会交往的过程，餐馆只是顾客与同伴建立社会联系的载体和平台。

在深度访谈中，受访者多用"交流、办事、请客、交际、增进感情、面子、虚荣心、社会身份"等词语来形容就餐时的社会利益感知。根据操作性定义，我们主要从社会交往这个角度来测量顾客的社会体验，因此我们设计了以下四个问项。

SE1：我觉得在这家餐馆就餐促进了我与一起吃饭的人的关系。

SE2：我觉得在这家餐馆就餐加深了我与一起吃饭的人的感情。

SE3：我觉得在这家餐馆就餐增进了我与一起吃饭的人的友谊。

SE4：我觉得在这家餐馆就餐时，我与一起吃饭的人交流得很好。

（7）顾客感知价值（Customer Perceived Value，CPV）量表

20世纪90年代，顾客感知价值作为一个重要概念受到学者的关注。Zeithaml（1988）通过研究发现，顾客认为价值有四种表现，一是质量，二是价格，三是质量和价格的比较，四是获取和付出的比较。在此基础之上，Zeithaml指出，顾客感知价值是顾客对感知利得和感知利失在主观上进行权衡与比较后的净值，这一概念得到多数学者的认可。感知利得包括感知保障利益（购买便利性、排队时间、零部件和供应商、售后服务）和感知产品利益（功能、社会、情感、认识、美学、享乐、情景和全面），感知利失包括货币成本、时间成本、风险和精力成本（Lai，1995）。由此可以看出，顾客感知价值不仅仅是质量和价格的比较，Bolton和Drew（1991）也强调将顾客感知价值视为质量和价格的比较过于简单。

Dodds、Monroe和Grewal（1991）用"产品物有所值，产品是经济实惠的，产品值得购买，产品是挺划算的"四个问项来测量顾客感知价值。Woodruff（1997）提出的顾客感知价值层级模型表明，顾客用一种途径 – 结果模式来感知期望价值，该模型的最底层是一组具体的属性和属性性能，中间层是期望的结果，最高层是顾客的消费目标和消费意愿。也就是说，顾客的每次消费都是有目标的，当达到消费目标时，顾客才会感觉到有价值，这就体现了顾客感知价值包含目标达成性。因此，我们设计了以下四个问项。

CPV1：总体上讲，在这家餐馆就餐让我感到物有所值。

CPV2：与我付出的成本相比，在这家餐馆就餐是值得的。

CPV3：与相同档次的餐馆相比，选择这家餐馆是值得的。

CPV4：选择这家餐馆能达到我到此处就餐的目的。

其中，CPV1是对顾客感知价值的直接测量，CPV2是用成本和收益的比较来测量顾客感知价值，CPV4用于测量消费的目标达成性。在访谈中，受访者F表示，花费不仅要与餐馆菜肴的成本比较，还要与相同档次的餐馆的菜肴进行比较，这种比较的结果才会让人感觉值或不值，因此我们用CPV3来测量竞争比较之间的价值感知。

（8）服务品牌形象（Brand Image，BI）量表

品牌形象是由顾客主观感知的一个概念，由顾客的推论或情感来解释（Biel，1992）。Keller（1993）认为，品牌形象是顾客对品牌所联想到的一切事物，这种联想基于顾客对品牌的记忆网络。Low 和 Lamb（2000）则认为品牌联想有三个维度：品牌形象、品牌态度和感知质量。品牌形象是指顾客对品牌功能和象征意义上的感知，品牌态度是指顾客对品牌的总体评价，感知质量是指顾客对品牌总体优势的判断。品牌联想在不同的品牌和不同的产品之间是不同的，因此对不同的产品应当用不同的项目来测量品牌联想。Dobnl 和 Zinkhan（1990）指出，学术界对品牌形象的定义有五类，但是对于品牌形象的操作化仍缺乏共识。

在本次研究中，我们采用其中的一种观点，认为品牌形象是顾客对品牌的一种总体印象（Lindquist，1974），而非组成部分的简单累积（Oxenfeldt，1974）。在深度访谈时，许多受访者用"是个消费的好地方、整体形象好、服务水平很高、很有档次、有特色、好的声誉、吃饭很方便"来形容对餐馆品牌的印象。因此，我们设计了以下五个问项。

BI1：这家餐馆有一定的档次。

BI2：这家餐馆有一定的名气。

BI3：这家餐馆有特色。

BI4：这家餐馆的声誉良好。

BI5：这家餐馆是个就餐的好地方。

在深度访谈中，我们发现受访者喜欢用"档次、名气、特色"来形容对一家餐馆的整体印象，因此我们根据受访者的表述习惯设计了 BI1、BI2 和 BI3 问项。Tse、Sin 和 Yim（2001）用 BI2 和 BI4 测量餐馆品牌形象，BI4 在 Choi 和 Chu（2001）对宾馆品牌形象的研究中也被用到，Lindquist（1974）用 BI5 来测量商店品牌形象。

（9）服务品牌忠诚（Brand Loyalty，BL）量表

Aaker（1991）强调，品牌忠诚是品牌权益的核心，因为只有品牌忠诚才能转化为品牌行为，品牌权益的意义才能体现。Keller（2001）将品牌忠诚的概念进一步提升，用品牌关系来代替品牌忠诚，这与 Oliver（1999）将忠

诚划分为认知忠诚、情感忠诚、意动忠诚和行为忠诚四个维度是一致的。在本次深度访谈中，受访者更多地用"还会来、向别人推荐、不会来、劝说别人不要来、多去几次"等表示对一家餐馆的忠诚。顾客选择一家餐馆更多地受与一起吃饭的人的影响，Yoo 和 Donthu（2001）在研究中使用的"X 品牌是我的第一选择"在餐饮行业是不实用的，因此我们从态度和行为两个角度设计了以下四个问项。

BL1：我觉得我会是这家餐馆的忠实顾客。

BL2：我打算继续光顾这家餐馆。

BL3：如果别人征求我的意见，我会向他推荐这家餐馆。

BL4：如果别人征求我的意见，我会劝他不要去这家餐馆。

其中，BL2 和 BL3 在 Kim 和 Kim（2005）对快餐店品牌的研究中得到应用，BL1 和 BL2 在 Yoo 和 Donthu（2001）及张彤宇（2005）的研究中被使用，BL4 是根据深度访谈设计的一个反向计分题。

（10）服务品牌权益（Brand Equity，BE）量表

服务品牌权益代表顾客由于服务品牌的名称引起的差异化反应，这种差异化反应带来的购买意图和选择偏好就代表了量化了的服务品牌权益（张彤宇，2005）。在文献回顾中，我们看到对品牌权益的测量主要有两种方式，一种是基于品牌的市场表现，可以直接用股票价格或由品牌带来的现金流的增加值来表示；另一种是基于顾客的感知和行为，用品牌权益的各个维度间接测量顾客感知到的品牌权益。Yoo、Donthu 和 Lee（2000）开发了一个综合品牌权益（Overall Brand Equity，OBE）量表，Yoo 和 Donthu（2001）及 Washburn 和 Plank（2002）在随后的研究中，证实了这是一个稳定可靠的测量量表。张彤宇（2005）指出，综合品牌权益测量量表突出了"由于品牌不同"这一含义。同时张彤宇根据这一量表做了相应调整，因此我们根据张彤宇（2005）的量表设计了以下四个问项。

BE1：即使另一家餐馆与这家餐馆没有差别（地点、菜肴、环境等），但由于餐馆品牌不同，我仍觉得选择这家餐馆更明智。

BE2：即使另一家餐馆与这家餐馆整体水平一样，但由于我喜欢这家餐馆品牌，我倾向于选择这家餐馆。

BE3：因为餐馆品牌不同，所以即使其他餐馆与这家餐馆的总体质量不分上下，我仍倾向于选择这家餐馆。

BE4：即使其他餐馆与这家餐馆在各方面都相同，我仍然觉得选择这家餐馆是有道理的。

整个测量量表的问项来源情况如表 4-1 所示。

表 4-1　问项来源

变量名称	变量标志	问项	问项来源
服务产品体验	PU	PU1 ~ PU5	PU1 ~ PU3：Tse、Sin 和 Yim（2001），访谈 PU4：Yoo、Donthu 和 Lee（2000），访谈 PU5：Yoo、Donthu 和 Lee（2000），访谈
服务环境体验	PY	PY1 ~ PY5	PY1 ~ PY5：Stevens、Knutson 和 Patton（1995），Wakefield 和 Blodgett（1996），Kim 和 Kim（2005），访谈
服务员工体验	PE	PE1 ~ PE4	PE1 ~ PE4：Stevens、Knutson 和 Patton（1995），Kim 和 Kim（2005），访谈
服务过程体验	PO	PO1 ~ PO4	PO1 ~ PO4：Stevens、Knutson 和 Patton（1995），访谈
积极情感	PA	PA1 ~ PA4	PA1 ~ PA4：访谈
消极情感	NA	NA1 ~ NA4	NA1 ~ NA4：访谈
社会体验	SE	SE1 ~ SE4	SE1 ~ SE4：访谈
顾客感知价值	CPV	CPV1 ~ CPV4	CPV1 ~ CPV2：Sweeney 和 Soutar（2001），Dodds、Monroe 和 Grewal（1991），访谈 CPV3 ~ CPV4：访谈
服务品牌形象	BI	BI1 ~ BI5	BI1、BI3：访谈 BI2：Tse、Sin 和 Yim（2001），访谈 BI4：Choi 和 Chu（2001），Tse、Sin 和 Yim（2001） BI5：Lindquist（1974），访谈
服务品牌忠诚	BL	BL1 ~ BL4	BL1：Yoo 和 Donthu（2001），张彤宇（2005） BL2 ~ BL3：Kim 和 Kim（2005），张彤宇（2005） BL4：访谈
服务品牌权益	BE	BE1 ~ BE4	BE1 ~ BE4：Yoo、Donthu 和 Lee（2000），Yoo 和 Donthu（2001），张彤宇（2005），Washburn 和 Plank（2002）

4.2.3 控制变量设计

Auty（1992）及 Clark 和 Wood（1997）通过研究发现，顾客就餐的目的不同，对餐馆属性的重视程度也会不同。Kivela（1997）则证实，在不同类型的餐馆就餐，顾客对餐馆属性的要求是不同的。在深度访谈分析中，我们也发现了这种情况。为了分析这种差异，我们用顾客就餐目的和人口统计特征作为控制变量，检验不同类型餐馆中各控制变量对研究模型的影响。

第一类，就餐目的。黄文波和赖剑飞（1999）指出，顾客外出就餐动机包括饥饿、调节日常生活、社交需要、习惯等。Auty（1992）认为，外出就餐主要是为了庆祝（生日、纪念日）、社会交往、商业用餐和快速就餐。Kivela（1997）则指出，顾客就餐是为了会见某人、解决饥饿、寻找乐趣、快点就餐、满足社交需要、满足商业需要、家庭外出和庆典。我们根据深度访谈的结果设计了五类就餐目的：解决饥饿、满足社交需要、换换口味、庆祝、调节心情（如摆脱烦恼、寻找心理平衡）。综上，我们在分析时将就餐目的归结为三类：满足生理需要（解决饥饿和换换口味）、满足心理需要（调节心情）和满足社会需要（社交需要、庆祝）。

第二类，人口统计特征。我们确定了性别、年龄、受教育程度（学历）、家庭月收入四个变量。在分析时，我们将年龄、受教育程度（学历）和家庭月收入各分成高低两组。

4.2.4 量表内容效度检验

内容效度是指问项包含欲测量内容的程度，经常由该领域的专家用逻辑推理的方式来检验，在筛选测量项目的最初阶段进行。

在本次量表开发中，我们首先根据变量的操作性定义，选择相应文献中的相关问项，然后对这些问项进行翻译，并与访谈记录中的词语进行核对，以确保量表的各个问项通俗易懂，既符合我们的语言逻辑，又能准确表达变量的含义。积极情感、消极情感和社会体验量表则是由三位市场营销学博士生根据访谈中提及频率最高的几个词语来确定的。

初始问卷形成后，先由十几位市场营销学、社会学、历史学、化学博士生对问卷进行试填，然后我们根据他们提出的建议，对个别问项的表述做了修改。我们利用南开大学保先教育的机会，将修改后的问卷让 30 多位管理学博士生试填，根据结果和反馈，再次对个别问项的措辞进行修改，并将积极情感和消极情感的顺序做了调整。随后又做了实地调研，在这一阶段，我们先对个别问项的措辞进行了调整，然后将问卷递交导师审阅，最后根据导师的意见和建议，将问卷中代表程度的副词（很或非常）删除，并对个别问项的表述进行修改，最终形成本次研究的预调查问卷。

在预调查问卷中，我们首先让填答者写出就餐的餐馆名字，问卷共含 53 个问项，其中，47 个用于测量核心变量，5 个用于测量控制变量，1 个用于测量餐馆的类别。

4.3　预调查研究

预调查的主要目的在于通过调查数据分析，检验测量量表的信度和效度，以确定正式研究模型和正式测量量表。本节主要介绍预调查的实施，并通过预调查分析，对量表的信度和效度进行检验，在此基础之上，确认本次研究的正式调查问卷和正式研究模型。

4.3.1　预调查的实施

我们将各个概念的问项和控制变量的问项综合成预调查问卷，于 2005 年 10 月在河北省石家庄市用便利抽样的方式，到不同的单位发放问卷，包括政府机关、事业单位、会计师事务所、研究设计院、医院、工厂和贸易公司等。之所以选择石家庄市，是因为在访谈阶段，许多受访者表示，尽管南方的餐饮服务从总体上要优于北方，但是顾客就餐的目的没有差异；石家庄市是一座省会城市；本书作者对石家庄市比较熟悉。预调查共发放问卷 250 份，回收有效问卷 192 份，有效回收率为 76.8%。

4.3.2　预调查分析

在数据分析之前，本书作者首先对填写的餐馆名字和选择的餐馆种类进行核对，对于界定不清的，则向两位有多年餐饮经营经验的朋友和两位经常在外边就餐的朋友咨询，以确保将各个餐馆正确地填到相应类别，对于没有填写餐馆品牌名字的问卷，则将其作为无效问卷处理。

4.3.2.1 样本概况

经过仔细核对后，确认 192 份有效问卷，样本总体情况如表 4-2 所示。

表 4-2 预调查样本概况

样本	人数	百分比（%）	样本	人数	百分比（%）
餐馆种类：			**性别：**		
豪华餐馆	51	26.6	男	72	37.5
大众餐馆	121	63	女	118	61.5
快餐店	14	7.3	缺失值	2	1.0
其他	6	3.1			
缺失值	0	0			
就餐目的：			**受教育程度：**		
解决饥饿	28	14.6	初中及以下	0	0
满足社交需要	57	29.7	高中或中专	30	15.6
换换口味	44	22.9	大专	64	33.3
庆祝	54	28.1	本科	85	44.3
调节心情	8	4.2	硕士研究生及以上	8	4.2
缺失值	1	0.5	缺失值	5	2.6
年龄：			**全家月收入：**		
20 岁以下	2	1.0	1 500 元以下	39	20.3
20 ～ 29 岁	105	54.7	1 501 ～ 3 000 元	88	45.8
30 ～ 39 岁	51	26.6	3 001 ～ 4 500 元	34	17.7
40 ～ 49 岁	23	12.0	4 501 ～ 6 000 元	16	8.3
50 ～ 59 岁	8	4.2	6 001 ～ 7 500 元	3	1.6
60 岁及以上	0	0	7 501 元及以上	8	4.2
缺失值	3	1.6	缺失值	4	2.1

4.3.2.2 基于 SPSS 软件的信度和效度检验

我们用 SPSS 13.0 统计软件对预调查数据做信度和效度检验，信度采用克龙巴赫 α 系数检验，效度主要依据探索性因子分析进行检验。

（1）克龙巴赫 α 系数分析

克龙巴赫 α 系数基于项目的协方差方法，能够在单次测量中测评项目之间的一致性，由于在 SPSS 统计软件中能轻易得到这一数值，因此在信度分析中得到广泛应用。在一般研究中，α 值达到 0.7 以上即可，对于一些重要决策，则要求最低值为 0.9，而 0.95 是一个理想值，在基础研究的初期阶段，0.5 ～ 0.6 也可以接受（Smith，1999）。

我们首先对反向计分题进行分值转化，然后用最大期望法（ME）处理缺失值，接下来计算出每个量表的克龙巴赫 α 系数，结果分别见表 4-3 至表 4-13 所示。

表 4-3　服务产品体验（PU）量表克龙巴赫 α 系数

问项	删除问项后量表均值	删除问项后量表方差	纠正后总体相关系数	删除问项后 α 系数
PU1	21.71	14.694	0.6910	0.786
PU2	21.69	14.703	0.650	0.795
PU3	21.56	14.081	0.497	0.848
PU4	21.55	13.731	0.688	0.782
PU5	20.98	14.427	0.689	0.785
注：个案总数 =192，问项总数 =5，α =0.833				

表 4-4　服务环境体验（PY）量表克龙巴赫 α 系数

问项	删除问项后量表均值	删除问项后量表方差	纠正后总体相关系数	删除问项后 α 系数
PY1	20.23	15.442	0.622	0.805
PY2	20.70	14.185	0.632	0.803
PY3	20.73	13.820	0.692	0.784
PY4	20.94	14.570	0.638	0.800
PY5	21.08	15.598	0.595	0.812
注：个案总数 =192，问项总数 =5，α =0.834				

表 4-5　服务员工体验（PE）量表克龙巴赫 α 系数

问项	删除问项后量表均值	删除问项后量表方差	纠正后总体相关系数	删除问项后 α 系数
PE1	15.43	11.736	0.825	0.899
PE2	15.48	11.653	0.863	0.886
PE3	15.91	12.076	0.803	0.906
PE4	15.63	11.482	0.799	0.909
注：个案总数 =192，问项总数 =4，α =0.923				

表 4-6 服务过程体验（PO）量表克龙巴赫 α 系数

问项	删除问项后量表均值	删除问项后量表方差	纠正后总体相关系数	删除问项后 α 系数
PO1	14.52	11.309	0.748	0.866
PO2	14.65	10.668	0.799	0.847
PO3	14.63	10.853	0.766	0.860
PO4	14.80	11.175	0.736	0.870
注：个案总数 =192，问项总数 =4，α=0.892				

表 4-7 积极情感（PA）量表克龙巴赫 α 系数

问项	删除问项后量表均值	删除问项后量表方差	纠正后总体相关系数	删除问项后 α 系数
PA1	15.97	9.388	0.775	0.928
PA2	15.98	8.619	0.897	0.888
PA3	15.98	8.268	0.893	0.889
PA4	15.88	8.958	0.783	0.926
注：个案总数 =192，问项总数 =4，α=0.930				

表 4-8 消极情感（NA）量表克龙巴赫 α 系数

问项	删除问项后量表均值	删除问项后量表方差	纠正后总体相关系数	删除问项后 α 系数
NA1	5.80	9.479	0.873	0.941
NA2	5.91	9.871	0.895	0.932
NA3	6.03	10.183	0.920	0.926
NA4	6.06	10.366	0.848	0.946
注：个案总数 =192，问项总数 =4，α=0.951				

表 4-9 社会体验（SE）量表克龙巴赫 α 系数

问项	删除问项后量表均值	删除问项后量表方差	纠正后总体相关系数	删除问项后 α 系数
SE1	15.64	11.540	0.865	0.933
SE2	15.67	11.260	0.914	0.918
SE3	15.57	11.399	0.892	0.925

(续表)

问项	删除问项后量表均值	删除问项后量表方差	纠正后总体相关系数	删除问项后 α 系数
SE4	15.56	11.514	0.821	0.943
注：个案总数 =192，问项总数 =4，α =0.947				

表 4-10　服务品牌形象（BI）量表克龙巴赫 α 系数

问项	删除问项后量表均值	删除问项后量表方差	纠正后总体相关系数	删除问项后 α 系数
BI1	20.97	14.709	0.727	0.842
BI2	20.87	14.808	0.723	0.843
BI3	20.86	15.446	0.641	0.863
BI4	20.82	15.043	0.793	0.829
BI5	20.97	15.259	0.645	0.863
注：个案总数 =192，问项总数 =5，α =0.875				

表 4-11　顾客感知价值（CPV）量表克龙巴赫 α 系数

问项	删除问项后量表均值	删除问项后量表方差	纠正后总体相关系数	删除问项后 α 系数
CPV1	15.08	10.626	0.825	0.882
CPV2	15.05	10.718	0.842	0.876
CPV3	14.90	11.173	0.813	0.886
CPV4	14.83	11.305	0.740	0.911
注：个案总数 =192，问项总数 =4，α =0.914				

表 4-12　服务品牌忠诚（BL）量表克龙巴赫 α 系数

问项	删除问项后量表均值	删除问项后量表方差	纠正后总体相关系数	删除问项后 α 系数
BL1	15.29	11.727	0.812	0.889
BL2	15.11	12.325	0.814	0.889
BL3	14.94	11.543	0.843	0.878
BL4	14.68	11.548	0.767	0.906
注：个案总数 =192，问项总数 =4，α =0.916				

表 4-13　服务品牌权益（BE）量表克龙巴赫 α 系数

问项	删除问项后量表均值	删除问项后量表方差	纠正后总体相关系数	删除问项后 α 系数
BE1	13.87	12.946	0.870	0.928
BE2	13.92	13.243	0.877	0.927
BE3	14.00	13.079	0.862	0.931
BE4	13.94	13.125	0.868	0.929
注：个案总数 =192，问项总数 =4，α =0.946				

克龙巴赫 α 系数分析显示，在服务产品体验量表中，删除 PU3（这家餐馆有许多菜肴可以选择）之后可以使克龙巴赫 α 系数从 0.833 提升到 0.848。我们检查原始数据后发现，所有选择快餐店的样本在这一问项中所得的分值均很低，这与快餐店的现实情况一致。因此，我们删除这一问项，然后对服务产品体验量表重新计算克龙巴赫 α 系数，结果如表 4-14 所示。

表 4-14　删除 PU3 后服务产品量表克龙巴赫 α 系数

问项	删除问项后量表均值	删除问项后量表方差	纠正后总体相关系数	删除问项后 α 系数
PU1	16.39	8.533	0.706	0.801
PU2	16.37	8.560	0.657	0.820
PU4	16.23	7.862	0.686	0.810
PU5	15.67	8.326	0.703	0.801
注：个案总数 =192，问项总数 =4，α =0.848				

结果显示，删除 PU3 之后，服务产品体验量表的克龙巴赫 α 系数达到了检验标准，因此我们用剩下的 46 个问项进行下一步的探索性因子分析。

（2）探索性因子分析

我们运用主成分分析法，以特征根值 1 为标准来截取数据，并采用方差最大化正交旋转（Varimax），得出 KMO=0.922，Bartlett's 球形检验显著（$p < 0$），显示数据适合进行探索性因子分析，分析结果如表 4-15 所示。

表 4-15　可观测变量探索性因子分析

潜变量	问项	因子										共同度
		1	2	3	4	5	6	7	8	9	10	
PU	PU1										0.760	0.781
	PU2										0.664	0.728
	PU4										0.689	0.714
	PU5		0.418								0.677	0.783
PY	PY1							0.560				0.661
	PY2							0.654				0.642
	PY3							0.665				0.678
	PY4							0.687				0.692
	PY5							0.757				0.714
PE	PE1	0.801										0.770
	PE2	0.819										0.822
	PE3	0.815										0.768
	PE4	0.796										0.775
PO	PO1	0.717										0.755
	PO2	0.639										0.673
	PO3	0.599										0.654
	PO4	0.577										0.680
PA	PA1							0.665				0.749
	PA2							0.762				0.877
	PA3							0.739				0.866
	PA4							0.686				0.767
NA	NA1		0.795									0.860
	NA2		0.860									0.893
	NA3		0.863									0.907
	NA4		0.800									0.822
SE	SE1			0.834								0.859
	SE2			0.859								0.911
	SE3			0.855								0.885
	SE4			0.798								0.807

(续表)

| 潜变量 | 问项 | 因子 | | | | | | | | | | 共同度 |
		1	2	3	4	5	6	7	8	9	10	
CPV	CPV1					0.798						0.821
	CPV2					0.821						0.845
	CPV3					0.749						0.823
	CPV4					0.668						0.698
BI	BI1									0.726		0.804
	BI2									0.836		0.808
	BI3									0.621		0.651
	BI4									0.690		0.767
	BI5									0.431		0.693
BL	BL1						0.724					0.820
	BL2						0.779					0.825
	BL3						0.788					0.831
	BL4						0.750					0.776
BE	BE1				0.763							0.869
	BE2				0.807							0.872
	BE3				0.805							0.841
	BE4				0.796							0.859

注：各个问项在每个因子上均有不同程度的载荷，表中没有列出低于0.4的载荷。

表4-15中的分析结果显示，共析出十个因子，各问项的共同度均大于或等于0.642，累计解释方差为78.467%。九个因子与研究模型中的结构变量（潜变量）分别对应，服务过程和服务员工合聚为同一因子。在餐饮业，服务过程往往通过一线服务员工的表现来体现，因此这两个潜变量聚在一起也是合理的。我们将这两个潜变量合并为一个新的潜变量"员工服务"，用SS表示。

在所有问项的因子载荷中，除BI5（这家餐馆是个就餐的好地方）的因子载荷较低外（0.431），其余问项的因子载荷均在0.577以上，尽管BI5的因子载荷也在0.4以上，但是为了正式调查时，量表能够更稳定，故删除BI5。

PU5 在 NA 上的因子载荷为 0.418，明显小于在 PU 上的因子载荷（0.677），因此保留 PU5 作为 PU 的一个问项。删除 BI5 后，再次进行探测性因子分析，得出 KMO=0.920，Bartlett's 球形检验显著（$p < 0$），累计方差为 78.762%，各因子载荷非常理想。

由于删除 BI5 以后，服务品牌形象量表的信度有可能发生变化，因此需要对服务品牌形象量表的信度进行重新检验，同时对服务过程体验和服务员工体验合并后新的潜变量——员工服务体验的信度进行检验，结果显示，两个量表均达到信度检验标准，具体如表 4-16 和表 4-17 所示。

表 4-16　删除 BI5 后的服务品牌形象量表克龙巴赫 α 系数

问项	删除问项后量表均值	删除问项后量表方差	纠正后总体相关系数	删除问项后 α 系数
BI1	15.82	8.652	0.736	0.814
BI2	15.72	8.587	0.759	0.804
BI3	15.71	9.347	0.623	0.860
BI4	15.67	9.319	0.730	0.819
注：个案总数 =192，问项总数 =4，α =0.863				

表 4-17　服务过程体验和服务员工体验合并后的员工服务体验量表克龙巴赫 α 系数

问项	删除问项后量表均值	删除问项后量表方差	纠正后总体相关系数	删除问项后 α 系数
PE1	34.96	53.665	0.765	0.929
PE2	35.01	53.139	0.818	0.925
PE3	35.44	53.446	0.803	0.926
PE4	35.16	52.164	0.805	0.926
PO1	35.33	52.300	0.815	0.925
PO2	35.46	53.522	0.760	0.929
PO3	35.44	53.983	0.729	0.931
PO4	35.62	53.525	0.711	0.932
注：个案总数 =192，问项总数 =8，α =0.936				

根据表 4-3 至表 4-14、表 4-16、表 4-17 中所得克龙巴赫 α 系数，确认最终十个因子（潜变量）的克龙巴赫 α 系数，如表 4-18 所示。

表 4-18 各量表克龙巴赫 α 系数

变量标志	问项数	克龙巴赫 α 系数
PU	4	0.848
PY	5	0.834
SS	8	0.936
PA	4	0.930
NA	4	0.951
SE	4	0.947
CPV	4	0.914
BI	4	0.863
BL	4	0.916
BE	4	0.946

在探索性因子分析中，强制性要求数据符合特定假设：所有的公因子均相关或均不相关，所有的可观测变量（问项）直接受全部公因子的影响，唯一性因子相互独立，每一个可观测变量只受一个唯一性因子的影响；所有公因子和唯一性因子相互独立。但这些假设在多数情况下并不符合实际情况（金瑜，2001）。因此，探索性因子分析适用于效度检验的前期，除此之外，我们还需要通过验证性因子分析做进一步的检验。

4.3.2.3 基于 LISREL 软件的信度和效度检验

在探索性因子分析的基础之上，对于调整后的问项和各因子，我们用 LISREL 8.52 版软件做验证性因子分析。在结构方程模型中，验证性因子分析只涉及外部（测量）模型，不涉及内部（结构）模型。验证性因子分析允许可观测变量与多个因子相关，并且可观测变量可以存在测量误差，因此用验证性因子分析做信度和效度检验更科学、更准确。

在进行数据分析之前，首先要进行正态分布检验，结果显示，数据违反正态分布，因此需要对数据做正态化处理[①]。

---

① 当数据不呈正态化分布时，可以用题目小组替代原有的可观测变量，或者直接将数据正态化，只要样本量足够大，用 ML（最大似然法）进行数据估计基本上是可靠的（侯杰泰、温忠麟、成子娟，2004）。在本次研究中，我们用 LISREL 8.52 版软件中的相应子模块对数据进行正态化处理。

（1）整体拟合指数检验

首先检验测量模型的整体拟合情况，如表 4-19 所示。

表 4-19　整体拟合指数检验

卡方值（X^2）	1 667.54
自由度（df）	900
X^2/df	1.85
RMSEA	0.063
SRMR	0.058
CFI	0.98
IFI	0.98
NFI	0.95
NNFI	0.97
PNFI	0.86
PGFI	0.64

注：如果用 LISREL 8.2 版软件统计，CFI=0.90，IFI=0.90，NFI=0.81，NNFI=0.89，PNFI=0.73，其余指标值与用 LISREL 8.52 版软件统计的结果相同；如果用 LISREL 8.7 版软件统计，各指标值与 LISREL 8.52 版软件相同。

由表 4-19 可知，PNFI 和 PGFI 大于 0.5 的接受标准，RMSEA 和 SRMR 均小于 0.08，CFI、IFI、NNFI 等均大于 0.9，表明验证性因子分析结果是可靠的。

（2）综合信度 ρ_c 系数分析

在验证性检验阶段，通常用综合信度系数 ρ_c 作为信度检验指数，ρ_c 的判断标准和克龙巴赫 α 系数的判断标准相同，ρ_c 的计算公式如下。

$$\rho_c = \frac{(\sum_{i=1}^{n} \lambda_i)^2}{(\sum_{i=1}^{n} \lambda_i)^2 + \sum_{i}^{n} \delta_i} \qquad (4.4)$$

公式（4.4）中，λ_i 是第 i 个问项的因子载荷，δ_i 是第 i 个问项的测量误差，n 代表各因子中的问项数。

根据相关的参数，计算十个因子的综合信度 ρ_c 系数。结果显示，所有量表的综合信度系数 ρ_c 为 0.828 ~ 0.946，都超过了 0.7 的可接受水平，这表明各量表都具有良好的内部一致性信度。

（3）收敛效度分析

收敛效度可以通过考察各可观测变量（问项）在相应概念（因子）上的标准化载荷系数和平均析出方差（Average Variance Extracted，AVE）两方面来评估。标准化载荷系数应大于 0.707，对于新开发的量表来说，0.5 或 0.6 也是可以接受的（Chin，1998b）。AVE 的临界值为 0.5，AVE 的计算公式如下。

$$\text{AVE} = \frac{\sum_{i=1}^{n} \lambda_i^2}{\sum_{i=1}^{n} \lambda_i^2 + \sum_{i}^{n} \delta_i} \tag{4.5}$$

公式（4.5）中，λ_i 是第 i 个问项的因子载荷，δ_i 是第 i 个问项的测量误差，n 代表各因子中的问项数。

我们从问项的标准化载荷系数大小及每个潜变量 AVE 值的大小两方面对收敛效度进行分析，具体如表 4-20 所示。

表 4-20　问项标准化载荷系数

潜变量	问项数	问项	估计值	标准差	T 值	综合信度 ρ_c	AVE
PU	4	PU1	0.747 6			0.828	0.547
		PU2	0.719 6	0.108 9	9.401 9		
		PU4	0.756 5	0.117 6	9.873 1		
		PU5	0.734 0	0.106 6	9.588 3		
PY	5	PY1	0.728 3			0.834	0.504
		PY2	0.709 5	0.125 4	9.134 0		
		PY3	0.772 5	0.124 2	9.902 6		
		PY4	0.709 5	0.118 5	9.133 5		
		PY5	0.620 3	0.107 2	8.000 9		
PE	4	PE1	0.821 5			0.937	0.650
		PE2	0.863 7	0.070 1	14.679 3		

潜变量	问项数	问项	估计值	标准差	T 值	综合信度 ρ_c	AVE
PE	4	PE3	0.839 9	0.070 9	14.054 3		
		PE4	0.849 1	0.076 3	14.292 9		
PO	4	PO1	0.841 4	0.070 7	14.092 2		
		PO2	0.780 4	0.076 5	12.598 8		
		PO3	0.754 7	0.077 9	12.014 7		
		PO4	0.731 9	0.077 5	11.515 1		
NA	4	NA1	0.864 9			0.931	0.772
		NA2	0.924 6	0.052 9	18.759 2		
		NA3	0.953 7	0.047 8	19.998 4		
		NA4	0.864 5	0.054 7	16.336 2		
PA	4	PA1	0.830 1			0.946	0.815
		PA2	0.933 1	0.067 8	17.091 3		
		PA3	0.931 5	0.072 2	17.044 2		
		PA4	0.813 9	0.076 9	13.646 9		
SE	4	SE1	0.891 1			0.946	0.817
		SE2	0.960 5	0.047 9	22.448 0		
		SE3	0.922 7	0.050 8	20.316 6		
		SE4	0.836 5	0.060 2	16.224 0		
CPV	4	CPV1	0.885 7			0.917	0.735
		CPV2	0.899 9	0.055 6	17.794 3		
		CPV3	0.863 8	0.055 6	16.449 4		
		CPV4	0.773 2	0.063 7	13.446 3		
BI	4	BI1	0.832 4			0.869	0.626
		BI2	0.827 5	0.076 2	12.920 8		
		BI3	0.697 5	0.080 1	10.351 4		
		BI4	0.799 4	0.069 8	12.364 5		
BL	4	BL1	0.869 4			0.904	0.703
		BL2	0.854 6	0.059 6	15.218 1		
		BL3	0.855 2	0.064 4	15.236 5		
		BL4	0.770 5	0.073 3	12.851 7		
BE	4	BE1	0.906 5			0.945	0.810
		BE2	0.903 0	0.048 6	19.721 3		

潜变量	问项数	问项	估计值	标准差	T 值	综合信度 ρ_c	AVE
BE	4	BE3	0.889 8	0.051 2	19.011 8		
		BE4	0.899 8	0.049 9	19.544 2		

注：采用固定负荷法进行分析，将每个潜变量中的第一个问项设定为 1，因此没有估计标准差和 T 值。

由表 4-20 可知，所有问项均通过 T 值检验。除了问项 PY5、BI3 的载荷系数略小于 0.707 之外，其余问项的载荷系数为 0.709～0.961，所有潜变量的 AVE 值均在 0.504 及以上。BI3 的载荷系数（0.6975）非常接近 0.707，PY5 的载荷系数（0.6203）在初始量表的形成阶段也是可以接受的（Chin，1998b），因此保留这两个问项。从总体上来说，本研究的量表问项具有良好的收敛效度。

（4）区别效度分析

常见的区别效度的判断方法有三种：一是两个因子之间的相关系数加减标准误的两倍不包含 1（Anderson and Gerbing，1988）；二是一个因子的各个问项之间的相关系数大于该因子的问项与其他因子任一个问项的相关系数（Campbell and Fiske，1959）；三是一个因子的 AVE 值大于该因子与其他因子的相关系数的平方（Fornell and Larcker，1981）。

本研究用潜变量的 AVE 值的平方根与该潜变量和其他潜变量之间相关系数的绝对值比较（见表 4-21）进行区别效度检验，其结果与使用上述第三种方法得到的结果是等价的。

表 4-21　潜变量 AVE 值的平方根与相关系数的绝对值比较

潜变量	PU	PY	SS	NA	PA	SE	CPV	BI	BL	BE
PU	**0.740**									
PY	0.616	**0.710**								
SS	0.529	0.679	**0.806**							
NA	−0.530	−0.464	−0.517	**0.878**						
PA	0.647	0.631	0.624	−0.510	**0.903**					
SS	0.492	0.497	0.561	−0.341	0.602	**0.904**				
CPV	0.520	0.356	0.471	−0.451	0.490	0.471	**0.857**			

（续表）

潜变量	PU	PY	SS	NA	PA	SE	CPV	BI	BL	BE
BI	0.593	0.568	0.518	−0.403	0.599	0.458	0.441	**0.791**		
BL	0.522	0.402	0.426	−0.464	0.525	0.388	0.632	0.495	**0.838**	
BE	0.602	0.406	0.490	−0.401	0.561	0.419	0.572	0.609	0.607	**0.900**

注：对角线上的数字是 AVE 值的平方根的绝对值，对角线左下角的数字是相关系数。

由表 4-21 可知，潜变量 AVE 值的平方根为 0.710 ~ 0.904，均大于对应的同一行和同一列的相关系数，同时潜变量的 AVE 值均在 0.5 以上，说明量表中各潜变量之间具有区别效度。

4.3.3　正式调查问卷和正式研究模型

在上述对预调查数据的信度和效度分析中，我们将 PU3 和 BI5 两个问项删除，同时将服务员工体验和服务过程体验两个潜变量合并为一个新的潜变量——员工服务体验，调整后的量表具有良好的信度和效度。在此基础之上，我们确定了正式调查问卷，共包括 50 个问项，其中，45 个问项用于测量相应的潜变量，1 个用于测量就餐目的，4 个用于描述人口统计特征。

同时，我们将与服务员工体验和服务过程体验相关的研究假设进行合并。$H1_{3a}$ 与 $H1_{4a}$ 合并为 $H1_{5a}$，表述为"员工服务体验对消极情感有直接的负向影响"；$H1_{3b}$ 与 $H1_{4b}$ 合并为 $H1_{5b}$，表述为"员工服务体验对积极情感有直接的正向影响"；$H2_3$ 与 $H2_4$ 合并为 $H2_5$，表述为"员工服务体验对社会体验有直接的正向影响"；$H4_3$ 与 $H4_4$ 合并为 $H4_5$，表述为"员工服务体验对顾客感知价值有直接的正向影响"；$H5_3$ 与 $H5_4$ 合并为 $H5_5$，表述为"员工服务体验对服务品牌形象有直接的正向影响"；$H6_3$ 与 $H6_4$ 合并为 $H6_5$，表述为"员工服务体验对服务品牌忠诚有直接的正向影响"，共有 32 个研究假设需要验证。

根据预调查数据的分析，我们对相应的问项和潜变量进行了调整，然后对研究理论模型进行调整，从而得到以下正式研究的结构方程模型[①]，如图 4-1 所示。

---

① 由于页面所限，图 4-1 中没有标出社会体验的四个问项（SE1-Y_{31}、SE2-Y_{32}、SE3-Y_{33}、SE4-Y_{34}）和服务品牌忠诚的四个问项（BL1-Y_{61}、BL2-Y_{62}、BL3-Y_{63}、BL4-Y_{64}）。

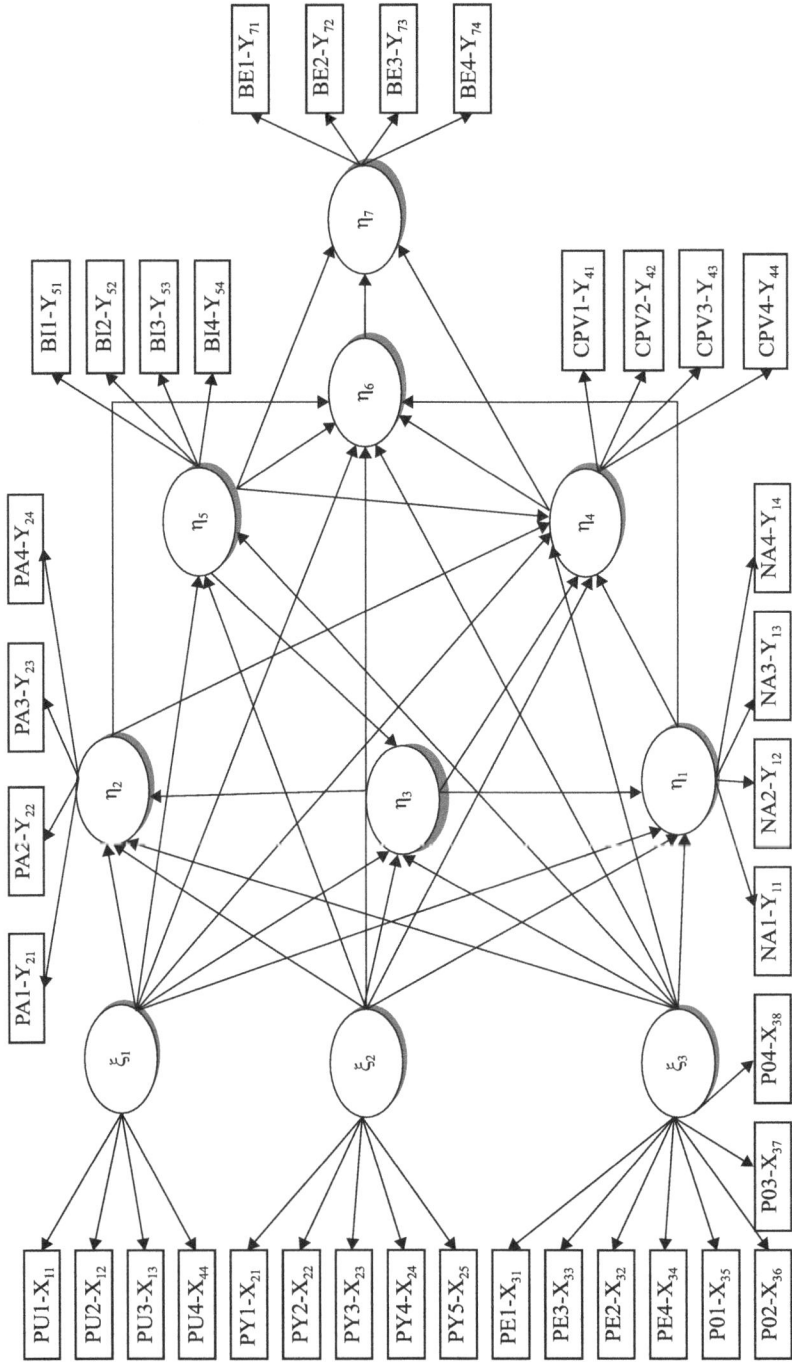

图 4-1　基于顾客体验的服务品牌权益研究模型

在图4-1中，ξ_1代表服务产品体验（PU），ξ_2代表服务环境体验（PY），ξ_3代表员工服务体验（SS），η_1代表消极情感（NA），η_2代表积极情感（PA），η_3代表社会体验（SE），η_4代表顾客感知价值（CPV），η_5代表服务品牌形象（BI），η_6代表服务品牌忠诚（BL），η_7代表服务品牌权益（BE）。其中，$\xi_1 \sim \xi_3$是外生潜变量，$\eta_1 \sim \eta_7$是内生潜变量。

用联立方程对外部测量模型表述为：

$$x_{1i}=\lambda_{x1i}, {}_1\xi_1+\delta_{x1i}; \quad i=1, 2, 3, 4 \tag{4.6}$$

$$x_{2i}=\lambda_{x2i}, {}_2\xi_2+\delta_{x2i}; \quad i=1, 2, 3, 4, 5 \tag{4.7}$$

$$x_{3i}=\lambda_{x3i}, {}_3\xi_3+\delta_{x3i}; \quad i=1, 2, 3, 4, 5, 6, 7, 8 \tag{4.8}$$

$$y_{1i}=\lambda_{y1i}, {}_1\eta_1+\varepsilon_{y1i}; \quad i=1, 2, 3, 4 \tag{4.9}$$

$$y_{2i}=\lambda_{y2i}, {}_2\eta_2+\varepsilon_{y2i}; \quad i=1, 2, 3, 4 \tag{4.10}$$

$$y_{3i}=\lambda_{y3i}, {}_3\eta_3+\varepsilon_{y3i}; \quad i=1, 2, 3, 4 \tag{4.11}$$

$$y_{4i}=\lambda_{y4i}, {}_4\eta_4+\varepsilon_{y4i}; \quad i=1, 2, 3, 4 \tag{4.12}$$

$$y_{5i}=\lambda_{y5i}, {}_5\eta_5+\varepsilon_{y5i}; \quad i=1, 2, 3, 4 \tag{4.13}$$

$$y_{6i}=\lambda_{y6i}, {}_6\eta_6+\varepsilon_{y6i}; \quad i=1, 2, 3, 4 \tag{4.14}$$

$$y_{7i}=\lambda_{y7i}, {}_7\eta_7+\varepsilon_{y7i}; \quad i=1, 2, 3, 4 \tag{4.15}$$

用联立方程对内部结构模型表述为：

$$\eta_1=\beta_{13}\eta_3+\gamma_{11}\xi_1+\gamma_{12}\xi_2+\gamma_{13}\xi_3+\zeta_1 \tag{4.16}$$

$$\eta_2=\beta_{23}\eta_3+\gamma_{21}\xi_1+\gamma_{22}\xi_2+\gamma_{23}\xi_3+\zeta_2 \tag{4.17}$$

$$\eta_3=\beta_{35}\eta_5+\gamma_{31}\xi_1+\gamma_{32}\xi_2+\gamma_{33}\xi_3+\zeta_3 \tag{4.18}$$

$$\eta_4=\beta_{41}\eta_1+\beta_4{}_2\eta_2+\beta_{43}\eta_3+\beta_{45}\eta_5+\gamma_{31}\xi_1+\gamma_{32}\xi_2+\gamma_{33}\xi_3+\zeta_4 \tag{4.19}$$

$$\eta_5=\gamma_{51}\xi_1+\gamma_{52}\xi_2+\gamma_{53}\xi_3+\zeta_5 \tag{4.20}$$

$$\eta_6=\beta_{61}\eta_1+\beta_{62}\eta_2+\beta_{64}\eta_4+\beta_{65}\eta_5+\gamma_{61}\xi_1+\gamma_{62}\xi_2+\gamma_{63}\xi_3+\zeta_6 \tag{4.21}$$

$$\eta_7=\beta_{74}\eta_4+\beta_{75}\eta_5+\beta_{76}\eta_6+\zeta_7 \tag{4.22}$$

以上公式中，x代表外生潜变量的可观测变量，y代表内生潜变量的可观测变量，ζ代表外生潜变量，η代表内生潜变量，λ代表可观测变量到潜变量的载荷系数，γ代表外生潜变量到内生潜变量的路径系数，β代表各内生潜变量之间的路径系数，δ代表外生可观测变量的测量误差，ε代表内生可观测变量的测量误差，ζ代表结构方程残差。

第 5 章

正式调查数据分析与
结果讨论

本章在阐述正式调查实施原则和过程的基础上，根据所获得的三类餐馆（豪华餐馆、大众餐馆和快餐店）的调查数据，对研究模型和相应假设进行检验，并根据检验结果对研究模型进行修正，最后对研究结果进行讨论。

5.1　调查实施与描述性分析

本节主要介绍调查实施的原则和过程，并对正式调查数据做描述性分析。

5.1.1　调查的实施

从预调查的结果可以看出，如果采用预留自填式问卷，很难保证三类餐馆的样本量，因此正式调查采用实地调研的方式。

5.1.1.1　调查实施原则

正式调查抽样遵循分层抽样、等距抽样与随机抽样相结合的原则，于2005 年 11 月 22 日至 2005 年 12 月 23 日在河北省石家庄市实施。当时的石家庄市共包含六个行政区：桥西区、新华区、长安区、桥东区、裕华区和开发区。考虑到行政区在地理上并不是均匀分布的，桥东区偏小（现已合并入长安区），并集中在市中心，因此我们以中山路（东西走向）和建设大街（南北走向）为轴，将石家庄市划分为面积大体相等的四个区，并在这四个区进行抽样。

（1）餐馆样本的选取

参照石家庄市地图，以等距抽样的方式在四个区抽取四家大众餐馆，包括两家北方风味餐馆和两家川味餐馆，大众餐馆的座位数为 200 ～ 350 个（正常摆放的座位数）。在石家庄市，中华大街以东，体育大街以西，沿中山路为石家庄市商业区，快餐店也多集中于此，因此我们以中山路为线，以等距抽样方式选取三家快餐店[①]，三家快餐店正常的座位数为 80 个、92 个和 120 个。同时以建设大街为界，以等距抽样的方式选取两家豪华餐馆，其中一家为四星级酒店的餐厅（正常座位数为 500 个），另一家为专门经营餐饮的餐馆（正常座位数为 1 500 个）。这两家餐馆在石家庄市的豪华餐馆中均有相当强的代表性（在深度访谈时，所有的受访对象均将这两家餐馆列为豪华餐馆）。

（2）顾客样本的选取

采用 Kivela、Reece 和 Inbakaran（1 999a）的抽样方法，在午餐和晚餐时间，以餐馆内的就餐顾客为抽样对象。从每天营业时间开始，以 5 位为一间距，选取第 5 位、第 10 位、第 15 位等为抽样个体。如果选中的顾客 N 不配合或是一个人就餐，则向下顺延一位（$N+1$），如果顺延的顾客还不配合或还是一个人就餐，则从第 5+（$N+1$）位顾客重新开始抽样，以此类推。

5.1.1.2　调查实施过程

首先向餐馆的经理说明调查的过程和意图，然后对具体实施者（服务员或学生）进行简短培训，以确保实施者能回答顾客提出的一些问题。如果确定的顾客是第一次来这家餐馆就餐，则在其结账之前发放问卷；如果以前来过，则在其就餐前或结账时发放问卷。在调查期间，本书作者及其一位朋友对调查现场进行实时监控或电话回访，以保证及时地解决相应问题。对于每位问卷填答者，赠送精美礼品一份。

---

① 在选择快餐店时，最初欲调查两家国外知名的快餐企业，但是在这类快餐店入店调查需要层层审批，并且很难获得同意，因此我们最终选择了一家国内知名的中式快餐企业。这家快餐企业在石家庄共有五家分店，我们用等距抽样的方式选取了三家。在本研究中，快餐是指中式快餐。

5.1.2　描述性分析

首先报告三类餐馆的样本概况，然后对每一类餐馆的各个问项进行描述性统计。

5.1.2.1　样本概况

我们在豪华餐馆发放问卷 450 份，其中一家为 300 份，另一家为 150 份；在大众餐馆发放问卷 300 份，其中两家各为 80 份，另两家各为 70 份；在快餐店发放问卷 300 份，三家快餐店各为 100 份。问卷有效回收率分别为 76.0%、72.0% 和 77.7%，全部问卷的有效回收率为 75.3%。正式问卷的发放和回收概况如表 5-1 所示。

表 5-1　正式问卷发放和回收概况

问卷发放和回收	豪华餐馆	大众餐馆	快餐店	合计
发放问卷总数（份）	450	300	300	1 050
回收有效总数（份）	342	216	233	791
有效回收率	76.0%	72.0%	77.7%	75.3%

在豪华餐馆和大众餐馆，受访者的就餐目的以满足社交需要为主的人数分别为 67.2% 和 62.9%；在快餐店，受访者的就餐目的以满足生理需要为主的人数为 83.2%。三类餐馆中受访者的就餐目的如表 5-2 所示。

表 5-2　受访者就餐目的统计情况

就餐目的	豪华餐馆		大众餐馆		快餐店	
	人数	百分比	人数	百分比	人数	百分比
解决饥饿	17	5.0%	27	12.5%	142	60.9%
换换口味	46	13.5%	35	16.2%	52	22.3%
满足社交	126	36.8%	77	35.6%	11	4.7%
庆祝	104	30.4%	59	27.3%	10	4.3%
调节心情	40	11.7%	15	6.9%	16	6.9%
缺失值	9	2.6%	3	1.4%	2	0.9%
合计	342	100%	216	100%	233	100%

我们从性别、年龄、受教育程度和全家月收入四个方面对受访者的个体

特征进行统计，如表 5-3 所示。从表 5-3 中可以看出，在三类餐馆中，受访者在四个方面的分布情况大体相当。

表 5-3　正式调查样本概况表

情况		豪华餐馆		大众餐馆		快餐店	
		人数	百分比	人数	百分比	人数	百分比
性别	男	166	48.5%	104	48.1%	117	50.2%
	女	167	48.8%	110	50.9%	114	49.4%
缺失值		9	2.6%	2	0.9%	2	0.9%
年龄	20 岁以下	28	8.2%	5	2.3%	21	9.0%
	20～29 岁	92	26.9%	112	51.9%	123	52.8%
	30～39 岁	125	36.5%	63	29.2%	49	21.0%
	40～49 岁	73	21.3%	29	13.4%	31	13.3%
	50～59 岁	16	4.7%	5	2.3%	7	3.0%
	60 岁及以上	0	0	0	0	1	0.4%
缺失值		8	2.3%	2	0.9%	1	0.4%
受教育程度	初中及以下	18	5.3%	6	2.8%	11	4.7%
	高中或中专	74	21.6%	40	18.5%	35	15.0%
	大专	93	27.2%	63	29.2%	67	28.8%
	本科	123	36.0%	91	42.1%	102	43.8%
	硕士及以上	22	6.4%	13	6.0%	11	4.7%
全家月收入	1 500 元及以下	58	17.0%	68	31.5%	53	22.7%
	1 501～3 000 元	103	30.1%	79	36.6%	80	34.3%
	3 001～4 500 元	90	26.3%	40	18.5%	45	19.3%
	4 501～6 000 元	29	8.5%	13	6.0%	19	8.2%
	6 001～7 500 元	26	7.6%	4	1.9%	7	3.0%
	7 501 元及以上	23	6.7%	8	3.7%	16	6.9%
缺失值		13	3.8%	4	1.9%	13	5.6%

5.1.2.2　可观测变量的描述性统计分析

问项是结构方程模型中的可观测变量，我们从样本、均值、标准差三个方面对各可观测变量进行描述性统计分析，如表 5-4 所示。

表 5-4　可观测变量的描述性统计分析

可观测变量	豪华餐馆（N=342）			大众餐馆（N=216）			快餐店（N=233）		
	样本	均值	标准差	样本	均值	标准差	样本	均值	标准差
PU1	342	5.80	1.18	216	4.91	1.20	233	5.14	1.11
PU2	341	5.97	1.14	215	4.98	1.23	233	5.00	1.13
PU3	341	6.11	1.09	213	4.97	1.28	233	5.40	1.27
PU4	340	1.78	1.16	214	2.57	1.33	233	2.26	1.22
PY1	341	6.26	0.90	215	5.25	1.26	233	5.27	1.26
PY2	341	6.24	0.97	214	4.92	1.37	233	4.46	1.36
PY3	339	6.13	0.94	215	4.87	1.26	233	4.76	1.36
PY4	340	5.88	1.08	212	4.76	1.22	233	4.33	1.39
PY5	338	5.90	1.05	214	4.73	1.17	233	4.64	1.31
PE1	341	6.30	0.97	216	5.01	1.39	232	5.00	1.39
PE2	342	6.38	0.94	216	5.06	1.34	233	5.09	1.36
PE3	340	6.17	1.04	216	4.64	1.33	233	4.68	1.35
PE4	342	6.30	0.94	215	4.80	1.44	233	5.01	1.41
PO1	341	6.23	1.01	216	4.80	1.34	233	5.01	1.33
PO2	341	6.15	1.05	216	4.62	1.32	233	4.90	1.47
PO3	340	6.16	0.98	216	4.65	1.30	233	5.15	1.44
PO4	342	6.20	1.04	215	4.44	1.31	233	4.80	1.42
NA1	342	1.41	0.76	216	2.35	1.40	232	2.23	1.28
NA2	342	1.46	0.79	216	2.29	1.37	233	2.03	1.21
NA3	342	1.35	0.70	215	2.23	1.35	233	1.93	1.26
NA4	342	1.32	0.65	215	2.22	1.44	232	1.82	1.22
PA1	342	5.98	1.01	216	5.23	1.31	232	5.00	1.16
PA2	342	6.06	0.98	216	5.20	1.25	233	4.96	1.16
PA3	342	6.01	0.99	216	5.28	1.34	233	4.92	1.19
PA4	342	6.12	0.96	216	5.30	1.28	233	5.10	1.27
SE1	339	5.96	1.04	212	5.10	1.12	233	4.58	1.50
SE2	342	6.02	1.01	215	5.05	1.06	233	4.58	1.46
SE3	342	6.10	0.97	215	5.15	1.09	233	4.66	1.50
SE4	342	6.12	0.97	215	5.23	1.09	233	4.66	1.43

可观测变量	豪华餐馆（N=342）			大众餐馆（N=216）			快餐店（N=233）		
	样本	均值	标准差	样本	均值	标准差	样本	均值	标准差
CPV1	342	5.86	1.12	216	5.04	1.16	233	4.83	1.24
CPV2	341	5.84	1.10	215	5.04	1.14	233	4.88	1.29
CPV3	342	5.93	1.10	216	5.04	1.21	233	4.95	1.29
CPV4	342	5.95	1.05	216	4.99	1.17	233	5.22	1.27
BI1	342	6.18	0.89	216	4.64	1.34	233	4.59	1.33
BI2	342	6.35	0.83	216	4.82	1.32	233	5.17	1.31
BI3	342	6.30	0.90	216	4.96	1.26	233	4.93	1.43
BI4	341	6.36	0.81	216	4.93	1.19	233	5.41	1.12
BL1	342	6.08	1.00	215	4.64	1.43	233	4.85	1.39
BL2	342	6.07	1.01	216	4.68	1.38	233	5.06	1.37
BL3	342	6.15	0.91	215	4.77	1.37	233	5.11	1.38
BL4	342	1.69	0.99	216	3.13	1.41	233	2.18	1.54
BE1	342	5.69	1.26	216	4.66	1.40	233	4.75	1.28
BE2	342	5.67	1.23	216	4.63	1.40	233	4.65	1.38
BE3	342	5.68	1.26	215	4.43	1.48	233	4.58	1.44
BE4	340	5.74	1.23	216	4.69	1.43	233	4.74	1.40

5.2 信度和效度分析

本节主要分析正式调查数据的信度和效度，以确保所研究的概念得到可靠和正确的测量。信度分析包括克龙巴赫 α 系数分析和综合信度 ρ_c 系数分析，效度分析包括收敛效度分析和区别效度分析。在分析之前，我们首先将反向计分题转化，然后用最大期望法（ME）对缺失值进行处理。

5.2.1 信度分析

信度分析用于分析每个概念（潜变量）的所有问项的一致性程度，主要包括克龙巴赫 α 系数分析和综合信度 ρ_c 系数分析。

5.2.1.1　克龙巴赫 α 系数分析

在豪华餐馆样本中，各个概念的克龙巴赫 α 系数为 0.850~0.943；在大众餐馆样本中，各个概念的克龙巴赫 α 系数为 0.841~0.952；在快餐店样本中，各个概念的克龙巴赫 α 系数为 0.799~0.960，如表 5-5 所示。所有概念的克龙巴赫 α 系数均超过了 0.70 的可接受水平，因此所有的问项都应予以保留。

表 5-5　量表克龙巴赫 α 系数分析

概念	问项数	豪华餐馆	大众餐馆	快餐店
PU	4	0.888	0.865	0.799
PY	5	0.850	0.841	0.832
SS	8	0.938	0.942	0.930
NA	4	0.928	0.951	0.942
PA	4	0.932	0.952	0.934
SE	4	0.914	0.928	0.960
CPV	4	0.941	0.909	0.891
BI	4	0.879	0.889	0.829
BL	4	0.934	0.935	0.907
BE	4	0.943	0.931	0.876

5.2.1.2　综合信度 ρ_c 系数分析

首先用验证性因子分析的方式[①]，分别计算三类餐馆样本的总体拟合情况，结果表明，三类餐馆的总体拟合情况比较理想，如表 5-6 所示。

表 5-6　外部模型整体拟合指数检验

检验指标	豪华餐馆	大众餐馆	快餐店
卡方值（X^2）	1 991.30	1 422.22	1 709.87
自由度（df）	900	900	900
X^2/df	2.21	1.58	1.89

---

① 在数据分析之前，先做正态化检验，发现三个样本均违反正态分布，所以采用预调查数据分析的方法，直接对研究数据做正态化处理。

(续表)

检验指标	豪华餐馆	大众餐馆	快餐店
RMSEA	0.059	0.052	0.061
SRMR	0.045	0.051	0.055
CFI	0.98	0.98	0.97
IFI	0.98	0.98	0.98
NFI	0.97	0.96	0.95
NNFI	0.98	0.98	0.97
PNFI	0.88	0.87	0.86
PGFI	0.69	0.67	0.66

根据相应的参数按照公式（4.4）计算各潜变量的综合信度 ρ_c 系数。在豪华餐馆样本中，各个概念的综合信度 ρ_c 系数为 0.851~0.943；在大众餐馆样本中，各个概念的综合信度 ρ_c 系数为 0.845~0.942；在快餐店样本中，各个概念的综合信度 ρ_c 系数为 0.803~0.958。所有概念的综合信度 ρ_c 系数均超过了 0.70 的可接受水平，如表 5-7 所示。

表 5-7　量表综合信度 ρ_c 系数分析

概念	问项数	豪华餐馆	大众餐馆	快餐店
PU	4	0.874	0.861	0.803
PY	5	0.851	0.845	0.843
SS	8	0.940	0.942	0.932
NA	4	0.927	0.918	0.941
PA	4	0.936	0.938	0.945
SE	4	0.924	0.926	0.958
CPV	4	0.938	0.908	0.899
BI	4	0.879	0.888	0.833
BL	4	0.926	0.927	0.907
BE	4	0.943	0.939	0.883

从克龙巴赫 α 系数和综合信度 ρ_c 系数可以看出，三类样本各个概念的分量表均具有很高的信度，表明整个量表是可靠的。

5.2.2　效度分析

效度分析主要是指结构效度分析，包括收敛效度分析和区别效度分析。我们用 SPSS 软件分别对三类样本做探索性因子分析，结果显示提取的因子均与研究的十个因子相对应，并且 Bartlett's 球形检验均显著（$p < 0.000$）。在豪华餐馆样本中，KMO=0.940，累计方差为 78.588%；在大众餐馆样本中，KMO=0.939，累计方差为 79.091%；在快餐店样本中，KMO=0.923，累计方差为 75.824%。为了节省篇幅，在这里只报告用 LISREL 8.52 版软件所做的验证性因子分析结果。

5.2.2.1　收敛效度分析

进行收敛效度分析有两种方法，一种是计算各因子的标准化因子载荷，即各问项的标准化载荷系数，另一种是计算各潜变量的 AVE 值。

（1）问项标准化载荷系数分析

由表 5-8 可知，在豪华餐馆样本中，各问项的标准化载荷系数为 0.690~0.933；在大众餐馆样本中，各问项的标准化载荷系数为 0.665~0.933；在快餐店样本中，各问项的标准化载荷系数为 0.590~0.952，并且均通过 T 值检验。

表 5-8　量表问项的标准化载荷系数

潜变量	问项	参数	豪华餐馆		大众餐馆		快餐店	
			估计值	T 值	估计值	T 值	估计值	T 值
PU	PU1	$\lambda_{x11,1}$	0.864 4		0.820 2		0.781 0	
	PU2	$\lambda_{x12,1}$	0.823 0	18.231 6	0.848 9	13.838 3	0.714 1	10.500 0
	PU3	$\lambda_{x13,1}$	0.782 6	16.946 5	0.716 9	11.220 6	0.741 1	10.902 1
	PU4	$\lambda_{x14,1}$	0.708 9	14.714 7	0.724 5	11.370 3	0.598 9	8.720 9
PY	PY1	$\lambda_{x21,2}$	0.690 1		0.668 4		0.743 5	
	PY2	$\lambda_{x22,2}$	0.743 2	12.112 0	0.750 6	9.412 7	0.737 6	10.792 7
	PY3	$\lambda_{x23,2}$	0.774 2	12.863 2	0.805 0	9.933 4	0.754 8	11.047 9
	PY4	$\lambda_{x24,2}$	0.696 9	11.448 2	0.716 1	9.057 3	0.674 5	9.843 5
	PY5	$\lambda_{x25,2}$	0.717 8	11.751 6	0.665 1	8.507 9	0.686 9	10.031 1

（续表）

潜变量	问项	参数	豪华餐馆		大众餐馆		快餐店	
			估计值	T 值	估计值	T 值	估计值	T 值
PE	PE1	$\lambda_{x31,3}$	0.799 2		0.819 5		0.838 5	
	PE2	$\lambda_{x32,3}$	0.815 3	17.245 8	0.876 3	15.884 2	0.868 5	16.860 4
	PE3	$\lambda_{x33,3}$	0.829 1	17.652 5	0.850 8	15.165 9	0.792 9	14.557 8
	PE4	$\lambda_{x34,3}$	0.867 7	18.829 0	0.837 8	14.812 4	0.802 7	14.835 4
PO	PO1	$\lambda_{x35,3}$	0.835 2	17.832 2	0.845 7	15.025 2	0.847 4	16.180 8
	PO2	$\lambda_{x36,3}$	0.809 7	17.081 1	0.789 1	13.552 6	0.700 6	12.165 0
	PO3	$\lambda_{x37,3}$	0.800 3	16.811 5	0.770 6	13.100 4	0.729 3	12.867 8
	PO4	$\lambda_{x38,3}$	0.746 6	15.325 2	0.717 4	11.871 2	0.749 4	13.380 9
NA	NA1	$\lambda_{y11,1}$	0.860 3		0.844 2		0.845 7	
	NA2	$\lambda_{y12,1}$	0.877 2	21.490 0	0.854 6	15.625 4	0.917 1	19.002 1
	NA3	$\lambda_{y13,1}$	0.900 1	22.482 4	0.856 8	15.691 0	0.920 6	19.131 7
	NA4	$\lambda_{y14,1}$	0.850 6	20.350 7	0.879 7	16.366	0.893 6	18.123 8
PA	PA1	$\lambda_{y21,2}$	0.876 6		0.855 0		0.845 6	
	PA2	$\lambda_{y22,2}$	0.924 2	25.428 0	0.919 2	18.757 2	0.938 8	20.110 3
	PA3	$\lambda_{y23,2}$	0.904 7	24.309 6	0.910 0	18.410 4	0.941 9	20.231 7
	PA4	$\lambda_{y24,2}$	0.837 4	20.796 6	0.872 9	17.028 1	0.873 7	17.563 2
SE	SE1	$\lambda_{y31,3}$	0.829 9		0.861 3		0.891 3	
	SE2	$\lambda_{y32,3}$	0.932 5	22.318 3	0.889 7	17.590 2	0.946 3	24.077 5
	SE3	$\lambda_{y33,3}$	0.879 2	20.386 8	0.904 2	18.098 6	0.952 2	24.380 7
	SE4	$\lambda_{y34,3}$	0.823 7	18.386 1	0.826 7	15.440 9	0.899 1	21.083 5
CPV	CPV1	$\lambda_{y41,4}$	0.925 4		0.865 4		0.861 5	
	CPV2	$\lambda_{y42,4}$	0.909 6	28.241 2	0.894 7	17.542 7	0.852 3	16.387 7
	CPV3	$\lambda_{y43,4}$	0.888 8	26.527 3	0.848 4	16.357 5	0.833 4	15.809 5
	CPV4	$\lambda_{y44,4}$	0.831 8	22.554 4	0.749 3	13.102 5	0.773 8	14.064 2
BI	BI1	$\lambda_{y51,5}$	0.810 8		0.783 2		0.661 6	
	BI2	$\lambda_{y52,5}$	0.819 0	16.612 1	0.868 9	13.696 5	0.778 5	9.960 8
	BI3	$\lambda_{y53,5}$	0.778 8	15.595 7	0.787 8	12.218 5	0.762 0	9.798 8
BI	BI4	$\lambda_{y54,5}$	0.800 7	16.151 1	0.821 3	12.844 6	0.772 4	9.901 6

（续表）

潜变量	问项	参数	豪华餐馆		大众餐馆		快餐店	
			估计值	T 值	估计值	T 值	估计值	T 值
BL	BL1	$\lambda_{y61,\,6}$	0.916 5		0.909 2		0.854 3	
	BL2	$\lambda_{y62,\,6}$	0.922 4	28.312 0	0.908 6	21.028 8	0.897 5	18.029 9
	BL3	$\lambda_{y63,\,6}$	0.867 7	24.322 4	0.881 0	19.558 8	0.859 5	16.777 2
	BL4	$\lambda_{y64,\,6}$	0.768 5	18.850 3	0.789 4	15.404 4	0.754 6	13.616 8
BE	BE1	$\lambda_{y71,\,7}$	0.852 1		0.885 0		0.787 8	
	BE2	$\lambda_{y72,\,7}$	0.921 7	23.771 2	0.932 5	20.889 3	0.877 2	14.522 8
	BE3	$\lambda_{y73,\,7}$	0.903 0	22.855 6	0.851 2	17.277 5	0.757 4	12.197 1
	BE4	$\lambda_{y74,\,7}$	0.908 9	23.142 9	0.843 7	16.977 2	0.806 2	13.165 2

注：采用固定负荷法进行分析，将每个潜变量中的第一个问项设定为 1，因此没有估计 T 值。

（2）AVE 值分析

根据公式（4.5）计算 AVE 值，三类样本潜变量的 AVE 值分别为 0.534~0.804、0.522~0.795、0.507~0.851，均大于 0.5 的判断标准，如表 5-9 所示。

表 5-9　量表 AVE 值

潜变量	问项数	豪华餐馆	大众餐馆	快餐店
PU	4	0.635	0.608	0.507
PY	5	0.534	0.522	0.519
SS	8	0.662	0.672	0.632
NA	4	0.761	0.738	0.801
PA	4	0.786	0.792	0.812
SE	4	0.752	0.759	0.851
CPV	4	0.791	0.712	0.690
BI	4	0.643	0.666	0.555
BL	4	0.759	0.762	0.711
BE	4	0.804	0.795	0.653

尽管在三类样本中，分别有两个问项（豪华餐馆，PY1 和 PY4）、两个问项（大众餐馆，PY1 和 PY5）和四个问项（快餐店，PU4、PY4、PY5 和

BI1）的标准化载荷系数略小于 0.707 的判断标准，但本研究仍属于一项探索性研究，这几个问项的载荷系数均大于 0.5 的最低要求，并且各自归属的潜变量的 AVE 值均大于 0.5，因此可以说所有概念的收敛效度都很高。

5.2.2.2　区别效度分析

用各潜变量的 AVE 值的平方根与该潜变量和其他潜变量之间相关系数的绝对值进行比较，如表 5-10 至表 5-12 所示。结果表明，各概念的区别效度均达到要求。

表 5-10　潜变量 AVE 值的平方根与相关系数的绝对值比较（豪华餐馆）

变量	PU	PY	SS	NA	PA	SE	CPV	BI	BL	BE
PU	**0.797**									
PY	0.541	**0.731**								
SS	0.677	0.545	**0.814**							
NA	−0.504	−0.340	−0.544	**0.872**						
PA	0.521	0.555	0.589	−0.385	**0.886**					
SE	0.471	0.556	0.541	−0.305	0.656	**0.867**				
CPV	0.500	0.437	0.521	−0.285	0.642	0.569	**0.890**			
BI	0.570	0.466	0.582	−0.385	0.459	0.487	0.542	**0.802**		
BL	0.571	0.426	0.567	−0.440	0.520	0.463	0.635	0.689	**0.871**	
BE	0.528	0.527	0.556	−0.412	0.624	0.571	0.662	0.587	0.689	**0.897**

注：对角线上的数字是 AVE 值的平方根的绝对值，对角线左下角的数字是相关系数。

表 5-11　潜变量 AVE 值的平方根与相关系数的绝对值比较（大众餐馆）

变量	PU	PY	SS	NA	PA	SE	CPV	BI	BL	BE
PU	**0.780**									
PY	0.565	**0.723**								
SS	0.578	0.670	**0.820**							
NA	−0.577	−0.445	−0.511	**0.859**						
PA	0.504	0.471	0.430	−0.624	**0.890**					
SE	0.480	0.445	0.464	−0.385	0.480	**0.871**				
CPV	0.594	0.433	0.469	−0.444	0.455	0.528	**0.843**			

（续表）

变量	PU	PY	SS	NA	PA	SE	CPV	BI	BL	BE
BI	0.542	0.538	0.568	−0.435	0.439	0.453	0.537	**0.816**		
BL	0.633	0.465	0.526	−0.451	0.422	0.498	0.615	0.609	**0.873**	
BE	0.504	0.528	0.517	−0.399	0.376	0.438	0.572	0.629	0.658	**0.892**

注：注释同表 5-10。

表 5-12　潜变量 AVE 值的平方根与相关系数的绝对值比较（快餐店）

变量	PU	PY	SS	NA	PA	SE	CPV	BI	BL	BE
PU	**0.712**									
PY	0.636	**0.720**								
SS	0.589	0.699	**0.795**							
NA	−0.466	−0.330	−0.555	**0.895**						
PA	0.535	0.573	0.578	−0.401	**0.901**					
SE	0.334	0.389	0.378	−0.151	0.507	**0.923**				
CPV	0.605	0.531	0.503	−0.357	0.466	0.489	**0.831**			
BI	0.634	0.683	0.552	−0.371	0.549	0.426	0.564	**0.745**		
BL	0.544	0.398	0.372	−0.260	0.479	0.438	0.695	0.661	**0.843**	
BE	0.551	0.481	0.431	−0.144	0.515	0.474	0.560	0.643	0.699	**0.808**

注：注释同表 5-10。

以上分析显示，样本数据均通过信度和效度检验，十个因子是合理的，接下来，我们对结构模型（内部模型）和研究假设进行检验。

5.3　研究假设检验

本节首先介绍功能性体验和顾客体验的二阶因子模型分析，然后分别用三类样本数据检验结构模型及研究假设，最后对研究假设进行讨论，并提出结构方程模型。

5.3.1　功能性体验和顾客体验的二阶因子模型分析

本小节首先分析功能性体验的二阶因子模型，然后将功能性体验、积极情感、消极情感、社会体验作为一阶因子，对顾客体验的二阶因子模型进行分析。

5.3.1.1 功能性体验的二阶因子模型分析

要进行二阶因子模型分析，各一阶因子之间就必须有较强的相关性，如果一阶因子之间的相关性较弱，则没有建立二阶因子模型的必要。根据相关文献回顾，功能性体验包括服务产品体验、服务环境体验和员工服务体验，我们对这三个潜变量做验证性因子分析，以检验三者之间的相关性。同时，我们将功能性体验作为内生潜变量，将服务产品体验、服务环境体验和员工服务体验作为外生潜变量，建立二阶因子模型，分析结果如表 5-13 所示。

表 5-13　功能性体验的二阶因子模型分析

二阶因子	一阶因子	参数	高档餐馆		大众餐馆		快餐店	
			估计值	T 值	估计值	T 值	估计值	T 值
功能性体验（FE）	PU	$\gamma_{1,1}$	0.819 2	12.887 3	0.696 1	8.727 5	0.717 8	8.521 3
	PY	$\gamma_{2,1}$	0.660 4	9.289 5	0.810 4	8.320 7	0.881 2	9.362 0
	SS	$\gamma_{3,1}$	0.826 1	12.450 0	0.827 4	10.207 5	0.783 5	10.395 9
一阶因子相关性	PU-PY	$\Phi_{1,2}$	0.541 0	7.018 7	0.564 1	5.591 2	0.632 6	5.976 8
	PU-SS	$\Phi_{1,3}$	0.676 7	8.800 2	0.576 0	6.248 1	0.562 4	6.072 3
	PY-SS	$\Phi_{2,3}$	0.545 6	7.053 1	0.670 6	6.266 9	0.690 4	6.755 3
拟合指数检验								
卡方值（X^2）			482.18		295.66		366.43	
自由度（df）			116		116		116	
X^2/df			4.16		2.55		3.16	
RMSEA			0.105		0.095		0.105	
SRMR			0.055		0.051		0.052	
CFI			0.96		0.97		0.96	
IFI			0.96		0.97		0.96	
NFI			0.95		0.95		0.94	
NNFI			0.96		0.97		0.95	
PNFI			0.82		0.81		0.80	
PGFI			0.64		0.64		0.63	

当只有三个一阶因子时，二阶因子模型在数学上等同于一阶因子模型，二者所有的拟合指数也相同。在表 5-13 中，虽然 X^2/df 的值都大于 2，但是也在小于 5 的可接受范围之内，除 RMSEA 值不太理想外，其余拟合指数均比较理想，各一阶因子之间的相关系数均通过 T 值检验，并且各一阶因子在功能性体验上的载荷系数均很高，并且均通过显著性检验，说明功能性体验的二阶因子模型是可以接受的。

5.3.1.2　顾客体验的二阶因子模型分析

我们用服务产品体验的四个问项的平均分值作为一个测量指标（FE1），用服务环境体验的五个问项的平均分值作为一个测量指标（FE2），用员工服务体验的八个问项的平均分值作为一个测量指标（FE3），可得到功能性体验（FE）的三个测量指标。将功能性体验作为一个潜变量，与消极情感、积极情感和社会体验一起作为顾客体验的一阶因子进行验证性因子分析，功能性体验潜变量的信度和效度检验结果如表 5-14 所示。

表 5-14　功能性体验潜变量的信度和效度检验结果

变量		豪华餐馆	大众餐馆	快餐店
克龙巴赫 α 系数		0.743	0.727	0.763
综合信度 ρ_c 系数		0.789	0.756	0.773
标准化载荷系数	FE1	0.729 5	0.609 4	0.650 7
	FE2	0.662 4（11.296 0）	0.737 4（7.890 8）	0.720 3（8.838 1）
	FE3	0.836 9（13.800 2）	0.786 6（8.110 0）	0.812 0（9.475 0）
AVE 值		0.557	0.511	0.534
AVE 值的平方根		0.746	0.715	0.731
与其他潜变量的相关系数	FE-NA	−0.588（0.872）	−0.585（0.959）	−0.581（0.895）
	FE-PA	0.709（0.886）	0.598（0.890）	0.688（0.901）
	FE-SE	0.653（0.867）	0.585（0.871）	0.433（0.923）

注：用固定负荷法估计，将第一个指标设定为 1，因此没有估计 T 值，在第 4～5 行数据中，括号内数据分别为第二和第三个指标的 T 值；在最后三行数据中，括号内的数值为 NA、PA、SE 潜变量的 AVE 值的平方根；NA、PA 和 SE 潜变量的相关系数参见表 5-10 至表 5-12。

从表 5-14 中可以看出，在三类餐馆的样本中，功能性体验概念的克龙巴

赫 α 系数和综合信度 ρ_c 系数均达到了 0.70 的判断水平，显示功能性体验的三个测量指标具有较高的可靠性。标准化载荷系数均通过 T 值检验，大众餐馆和快餐店的 FE1 指标、豪华餐馆的 FE2 指标均大于 0.60，其余指标在各自对应的样本中均超过 0.707，并且 AVE 值均超过 0.5，表明由三个测量指标构成的功能性体验量表具有较高的收敛效度。三类样本中，功能性体验的 AVE 值的平方根均超过对应的相关系数，并且消极情感（NA）、积极情感（PA）和社会体验（SE）各自的 AVE 值的平方根超过对应的相关系数，显示功能性体验（FE）潜变量具有较高的区别效度。

以上分析显示，功能性体验是一个独立的潜变量。从表 5-10、表 5-11、表 5-12 和表 5-14 中可以看出，功能性体验、消极情感、积极情感和社会体验之间具有较强的相关性，并且均通过 T 值检验。将功能性体验、消极情感、积极情感和社会体验作为一阶因子（内生潜变量），将顾客体验作为二阶因子（外生潜变量），构建二阶因子模型，分析结果如表 5-15 所示。

表 5-15　顾客体验二阶因子分析

二阶因子	一阶因子	系数	豪华餐馆		大众餐馆		快餐店	
			估计值	T 值	估计值	T 值	估计值	T 值
顾客体验	FE	$\gamma_{1,1}$	0.906 8	12.494 6	0.804 7	7.523 3	0.904 3	8.773 3
	NA	$\gamma_{2,1}$	−0.533 7	−8.976 7	−0.738 0	−9.689 3	−0.548 1	−7.374 7
	PA	$\gamma_{3,1}$	0.808 1	14.304 3	0.791 5	10.565 2	0.783 1	10.391 8
	SE	$\gamma_{4,1}$	0.744 8	12.575 6	0.617 1	8.165 8	0.517 2	7.174 9
拟合指数检验								
卡方值（X^2）			276.82	302.29	140.56	149.78	147.44	166.79
自由度（df）			84	86	84	86	84	86
X^2/df			3.30	3.52	1.67	1.74	1.76	1.94
RMSEA			0.081	0.083	0.057	0.060	0.053	0.060
SRMR			0.044	0.059	0.041	0.050	0.046	0.070
CFI			0.98	0.97	0.99	0.99	0.99	0.98
IFI			0.98	0.97	0.99	0.99	0.99	0.98
NFI			0.97	0.96	0.97	0.97	0.97	0.97
NNFI			0.97	0.97	0.99	0.98	0.98	0.98

二阶因子	一阶因子	系数	豪华餐馆		大众餐馆		快餐店	
			估计值	T 值	估计值	T 值	估计值	T 值
PNFI			0.77	0.79	0.78	0.80	0.78	0.79
PGFI			0.63	0.64	0.64	0.65	0.65	0.66

注：第一列数值为验证性因子（一阶因子）分析的整体拟合指数，第二列数值为二阶因子模型分析的整体拟合指数。

要进行二阶因子模型分析，一阶因子就应有较好的拟合指数，从表 5-15 中可以看出，除了豪华餐馆的 X^2/df 值不太理想外，其余指标均很理想，但是豪华餐馆的 X^2/df 值也在可以接受的标准范围之内。三类样本自由度的变化 Δdf 均为 2，对应的卡方值的变化 ΔX^2 分别为 25.33、9.22 和 19.35，在 $\alpha=0.05$ 水平下均显著，但是其他拟合指数的变化均非常小，并且一阶因子的因子载荷非常高，说明二阶因子模型较好地拟合了一阶因子模型。

在豪华餐馆中，消极情感对二阶因子的贡献很低，载荷 $\gamma_{2,1} = -0.533\ 7$；在大众餐馆中，社会体验对二阶因子的贡献低，载荷 $\gamma_{4,1}=0.617\ 1$；在快餐店中，社会体验和消极情感对二阶因子的贡献低，载荷 $\gamma_{4,1}=0.517\ 2$、$\gamma_{2,1} = -0.548\ 1$，可见在不同类的餐馆中，一阶因子的作用是不同的。因此，我们应当将服务产品体验、服务环境体验、员工服务体验、消极情感、积极情感和社会体验这六个一阶因子作为独立的潜变量进行分析。

5.3.2　结构模型及研究假设检验

信度和效度分析结果显示结构方程的测量模型（外部模型）是可信和可靠的，接下来我们分析结构模型（内部模型），主要考察潜变量之间的路径系数是否通过显著性检验。首先对豪华餐馆、大众餐馆和快餐店三类样本分别进行检验，如果三类样本的模型形态一致，则将三类样本数据进行合并，检验基于整个行业的研究模型，如果模型形态不一致，则不能简单地进行数据合并。模型形态一致是指各个潜变量之间的路径关系应当相同，路径参数可以不相等。

首先分别对三类样本进行分析，三类样本的整体拟合指数如表 5-16 所示。

表 5-16　结构模型整体拟合指数检验

拟合指数检验	豪华餐馆	大众餐馆	快餐店
卡方值（X^2）	2 029.81	1 466.96	1 737.79
自由度（df）	910	910	910
X^2/df	2.23	1.61	1.91
RMSEA	0.060	0.052	0.062
SRMR	0.053	0.060	0.059
CFI	0.98	0.98	0.97
IFI	0.98	0.98	0.97
NFI	0.97	0.96	0.95
NNFI	0.98	0.98	0.97
PNFI	0.89	0.88	0.87
PGFI	0.70	0.68	0.66

结构模型路径显著性分析如图 5-1 至图 5-3 所示。为了清晰起见，图中的实线是通过显著性检验的路径，未通过显著性检验的路径在图中未标出。

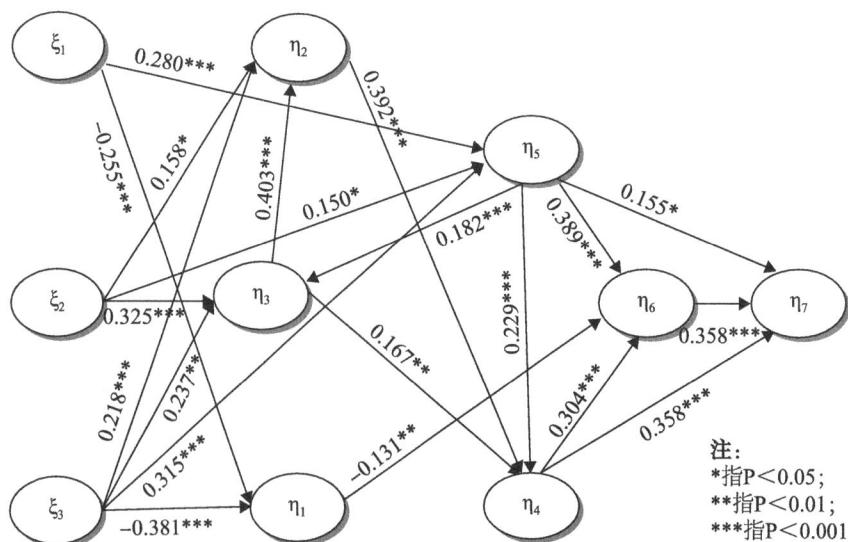

图 5-1　结构模型路径显著性分析（豪华餐馆）

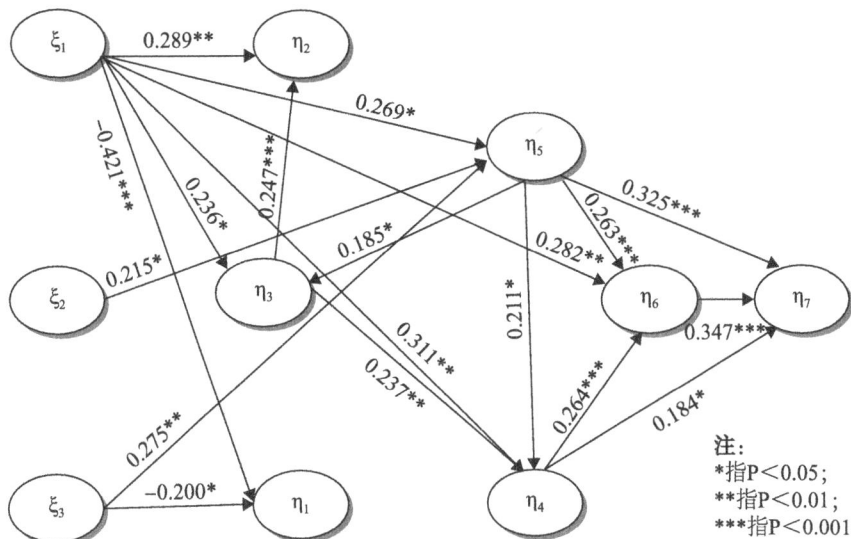

图 5-2　结构模型路径显著性分析（大众餐馆）

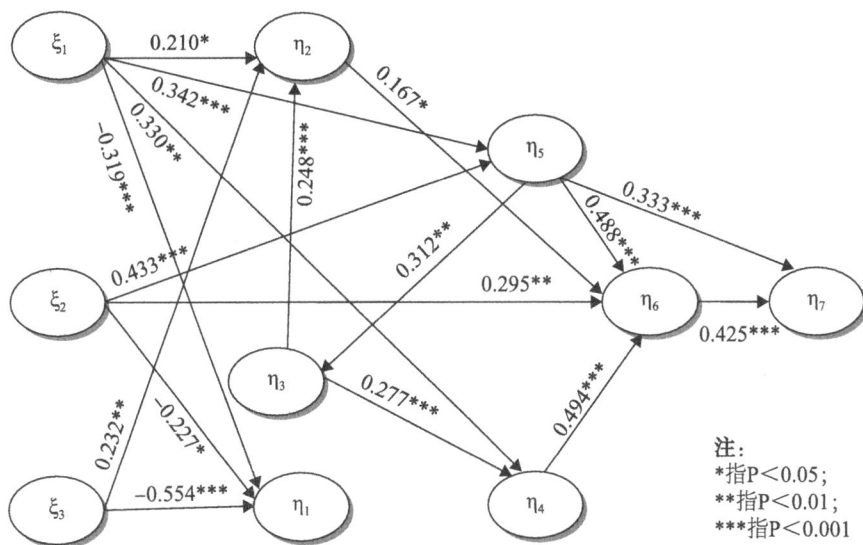

图 5-3　结构模型路径显著性分析（快餐店）

结构模型的整体拟合指数比较理想，说明样本数据有效地预测了研究模型。但是在结构模型中，潜变量之间的关系在三类样本中有很大的差异。32个研究假设中，共有 16 个检验结果一致，其中 11 个接受，5 个拒绝，这表明，结构模型在三类样本中的形态不一致，如表 5-17 所示。

表 5-17 结构模型及研究假设检验

关系	假设	参数	豪华餐馆			大众餐馆			快餐店		
			估计值	T 值	结果	估计值	T 值	结果	估计值	T 值	结果
PU–NA	H1₁ₐ	γ_{11}	−0.255**	−3.28	√	−0.421***	−4.52	√	−0.319***	−3.34	√
PU–PA	H1₁ᵦ	γ_{21}	0.100	1.54	×	0.289**	3.25	√	0.210*	2.53	√
PU–SE	H2₁	γ_{31}	0.030	0.39	×	0.236*	2.56	√	0.003	0.03	×
PU–CPV	H4₁	γ_{41}	0.107	1.52	×	0.311**	3.14	√	0.330**	3.14	√
PU–BI	H5₁	γ_{51}	0.280***	3.64	√	0.269**	3.12	√	0.342***	3.60	√
PU–BL	H6₁	γ_{61}	0.105	1.58	×	0.282**	2.96	√	0.100	1.03	×
PY–NA	H1₂ₐ	γ_{12}	−0.012	−0.16	×	−0.059	−0.61	×	−0.227*	−2.06	√
PY–PA	H1₂ᵦ	γ_{22}	0.158*	2.57	√	0.184	1.88	×	0.169	1.79	×
PY–SE	H2₂	γ_{32}	0.325***	4.78	√	0.110	1.07	×	0.614	0.49	×
PY–CPVᵇ	*H4₂*	γ_{42}	*−0.040*	*−0.64*	×	*−0.029*	*−0.31*	×	*0.076*	*0.66*	×
PY–BI	H5₂	γ_{52}	0.150*	2.25	√	0.215*	2.17	√	0.433***	3.93	√
PY–BL	H6₂	γ_{62}	0.028	0.49	×	0.018	0.20	×	0.295**	2.73	√
SS–NA	H1₅ₐ	γ_{13}	−0.381***	−4.83	√	−0.200*	−2.15	√	−0.554***	−5.64	√
SS–PA	H1₅ᵦ	γ_{23}	0.218***	3.31	√	0.031	0.33	×	0.232**	2.80	√
SS–SE	H2₅	γ_{33}	0.237**	3.20	√	0.148	1.51	×	0.161	1.63	×
SS–CPV	*H4₅*	γ_{43}	*0.056*	*0.78*	×	*0.036*	*0.39*	×	*0.059*	*0.59*	×
SS–BI	H5₅	γ_{53}	0.315***	4.20	√	0.275**	2.94	√	0.058	0.64	×
SS–BL	*H6₅*	γ_{63}	*0.034*	*0.51*	×	*0.097*	*1.16*	×	*0.051*	*0.56*	×
NA–CPV	*H7ₐ*	β_{41}	*0.070*	*1.33*	×	*−0.031*	*−0.41*	×	*−0.061*	*−0.84*	×
NA–BL	H8ₐ	β_{61}	−0.131**	−2.62	√	−0.014	−0.19	×	0.079	1.22	×
PA–CPV	H7ᵦ	β_{42}	0.392***	5.97	√	0.065	0.88	×	0.032	0.40	×
PA–BL	H8ᵦ	β_{62}	0.040	0.66	×	−0.001	−0.02	×	0.167*	2.47	√
SE–NA	*H3ₐ*	β_{13}	*0.026*	*0.40*	×	*−0.074*	*−1.01*	×	*0.076*	*1.19*	×
SE–PA	H3ᵦ	β_{23}	0.403***	6.91	√	0.247***	3.32	√	0.284***	4.86	√
SE–CPV	H9	β_{43}	0.167**	2.63	√	0.237**	3.20	√	0.277***	4.09	√
BI–SE	H10	β_{35}	0.182**	2.73	√	0.185*	2.08	√	0.312**	2.73	√
BI–CPV	H11	β_{45}	0.229***	3.72	√	0.211*	2.56	√	0.139	1.34	×
BI–BL	H12	β_{65}	0.389***	6.35	√	0.263***	3.35	√	0.488***	4.77	√
BI–BE	H13	β_{75}	0.155*	2.51	√	0.325***	4.28	√	0.333***	3.88	√
CPV–BL	H14	β_{64}	0.304***	5.14	√	0.264***	3.53	√	0.494***	6.44	√

（续表）

关系	假设	参数	豪华餐馆			大众餐馆			快餐店		
			估计值	T 值	结果	估计值	T 值	结果	估计值	T 值	结果
CPV–BE	H15	β_{74}	0.358^{***}	6.47	√	0.184^{*}	2.53	√	0.082	1.00	×
BL–BE	H16	β_{76}	0.359^{***}	5.42	√	0.347^{***}	4.40	√	0.425^{***}	4.50	√

注：①"√"表示接受研究假设，"×"表示拒绝研究假设；斜体行代表在三类样本中均拒绝的研究假设。

②*、**、***分别代表在 0.05、0.01、0.001 水平下显著。

5.3.3　结构方程测定系数 R^2 检验

R^2 用于检验结构方程对数据的解释能力，即结构模型对各个内生潜变量的解释程度，其值越大，表明结构模型越具有解释力，结构方程对数据的拟合程度越高。三类样本的测定系数 R^2 如表 5-18 所示。

表 5-18　结构方程测定系数 R^2

变量	参数	豪华餐馆	大众餐馆	快餐店
NA	η_1	0.333	0.405	0.375
PA	η_2	0.533	0.373	0.492
SE	η_3	0.412	0.318	0.222
CPV	η_4	0.522	0.472	0.492
BI	η_5	0.417	0.423	0.555
BL	η_6	0.605	0.551	0.643
BE	η_7	0.580	0.541	0.564

从表 5-18 中可以看出，豪华餐馆的 R^2 值为 0.333~0.605，大众餐馆的 R^2 值为 0.318~0.551，快餐店的 R^2 值为 0.222~0.643，所有的 R^2 值均显著地不等于零。三类样本中服务品牌权益的 R^2 值分别为 0.580、0.541 和 0.564，可见所构建的结构模型对于服务品牌权益具有较强的解释能力。

5.3.4　竞争模型与修正模型

我们用原假设模型作为基础模型，在此基础之上，根据相应的规则提出竞争模型。对于基础模型的修正主要有四种方式：第一种，增加或减少内生潜变量，相当于变动 B 和 Γ 矩阵的行数；第二种，内生潜变量保持不变，增加或减少外生潜变量，相当于变动 Γ 矩阵的列数；第三种，保持内生潜变量和外生潜变量不变，增加或删除路径，相当于变动 B 和 / 或 Γ 矩阵中的元素；第四种，保持内生潜变量、外生潜变量和它们之间的路径不变，只修正残差的协方差，即变动 Ψ 矩阵（侯杰泰等，2004）。无论采用哪一种形式，均需要一定的理论为依据，并要符合客观现实。修正模型恰当与否的常用判断指标包括 Δdf 引起的卡方值的变化 ΔX^2 的显著性、整体拟合指数、方程的测定系数。

5.3.4.1 竞争模型 1

首先，我们采用第三种修正方法，即通过增加或删除路径的方式来建立竞争模型 1。我们在基础模型上，根据修正指数 MI 确定需要变化的路径。在基础模型中，顾客体验的各个潜变量对服务品牌权益没有直接影响，而是通过服务品牌权益的各个维度产生间接影响，尽管修正指数显示，增加直接影响路径可以减少卡方值，但这在理论上是行不通的。

在原假设中，消极情感、积极情感对服务品牌形象没有直接影响，社会体验对服务品牌忠诚没有直接影响，修正指数显示，增加这三条路径对于卡方值的变化没有任何意义。因此，我们用路径系数通过显著性检验的模型作为三类样本的竞争模型 1，计算竞争模型 1 的整体拟合指数和结构方程测定系数（见表 5-19 至表 5-21[①]）。

竞争模型 1 与基础模型相比，在各类样本中，结构方程的测定系数变化不大，自由度的差值 Δdf 分别为 12、14 和 15，对应的卡方值的变化 ΔX^2 分别为12.23、15.48、21.05，查对卡方值分布表，可以得知，在 0.05 水平上，卡方值不显著，其他拟合指数基本没有发生变化，根据简约性原则，我们用竞争模型 1 作为下一步的研究模型。

5.3.4.2 竞争模型 2

竞争模型 1 是删除基础模型中所有未通过显著性检验的路径后得到的模型，由于一次删除的路径过多，有可能导致某条有效路径被删除，因为删除某条不显著的路径后，另一条未显著的路径此时可能显著。因此，在竞

---

① 为了便于比较，将基础模型、竞争模型 1、竞争模型 2 和竞争模型 3 的拟合指数和方程测定系数 R^2 全部列于表 5-19 至表 5-21 中。

争模型 1 的基础上，我们根据 B 矩阵和 Γ 矩阵的修正指数 MI，对路径逐一调整，这一过程需要反复运行，最终分别建立了三类样本的竞争模型 2，如图 5-4 至图 5-6 所示。

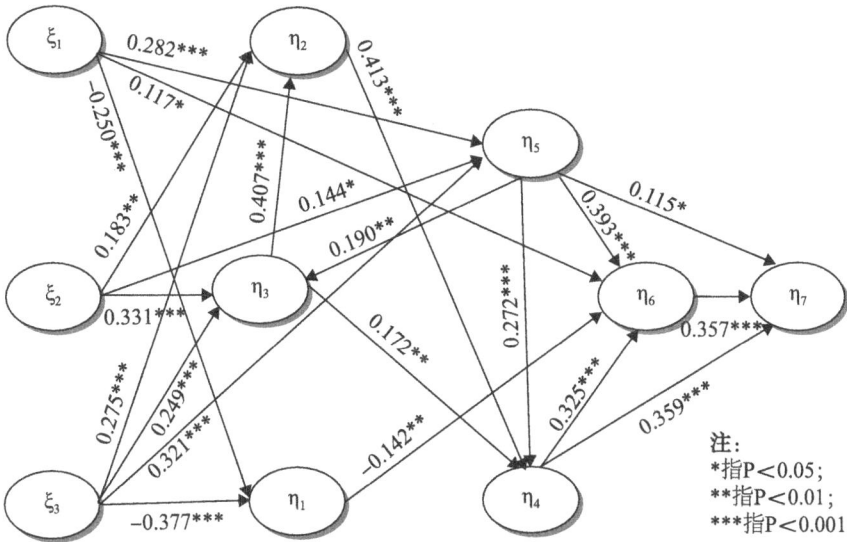

图 5-4　竞争模型 2（豪华餐馆）

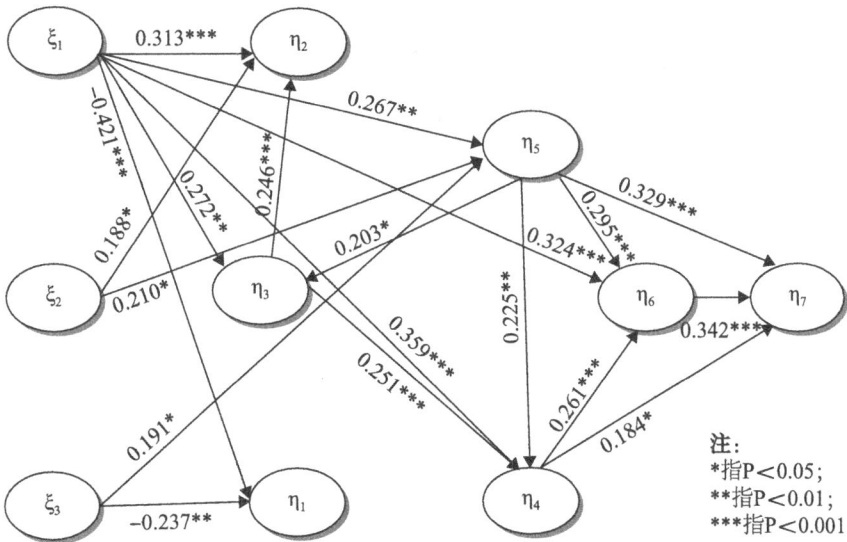

图 5-5　竞争模型 2（大众餐馆）

157

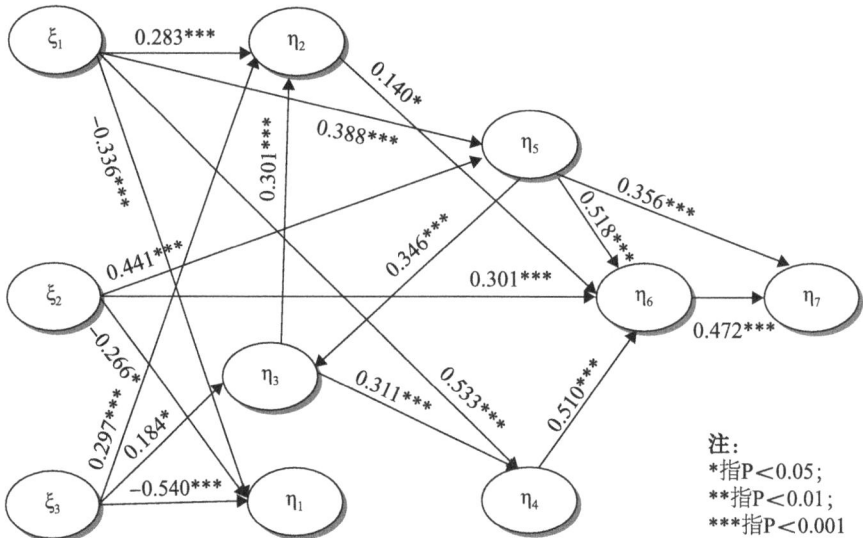

图 5-6　竞争模型 2（快餐店）

　　与竞争模型 1 相比，在竞争模型 2 中，三类样本分别增加了 1 条、2 条、1 条显著性路径。豪华餐馆的服务产品体验与服务品牌忠诚之间的路径系数通过显著性检验，系数为 $\gamma_{61}=0.117$（$t=2.02$）。大众餐馆的服务环境体验与积极情感、员工服务体验与社会体验的路径系数通过显著性检验，系数分别为 $\gamma_{22}=0.188$（$t=2.27$）和 $\gamma_{33}=0.191$（$t=2.18$）。快餐店的员工服务体验与社会体验的路径系数通过显著性检验，系数为 $\gamma_{33}=0.184$（$t=2.36$）。

　　竞争模型 2 与竞争模型 1 的结构方程测定系数 R^2 基本相同，除了卡方值和自由度之外，其他拟合指数均相等或基本相等。自由度的变化 Δdf 分别为 1、2、1，对应的卡方值变化 ΔX^2 分别为 3.78、9.78、5.4，查卡方值分布表可以得出，卡方值的变化均通过显著性检验（$\alpha=0.05$），在竞争模型中新增加的路径，也是书中的原假设，且均有相应的理论依据，因此竞争模型 2 优于竞争模型 1。

5.3.4.3　竞争模型 3

　　我们采用第一种修正方法，即通过减少内生潜变量来建立竞争模型 3。通过观察发现，消极情感和积极情感在大众餐馆中，对服务品牌权益的各个维度没有影响，而在快餐店中，消极情感也呈现这种情况，在豪华餐馆中，尽管消极情感影响服务品牌忠诚，但消极情感的影响路径仅此一条，因此我们根据基础模型，删除消极情感这一内生潜变量，然后根据路径系数的修正指数调整各条路径之间的关系，最终建立竞争模型 3。基础模型与竞争模型的比较如表 5-19 至表 5-21 所示。

表 5-19　基础模型与竞争模型的比较（豪华餐馆）

模型	基础模型	竞争模型 1	竞争模型 2	竞争模型 3
整体拟合指数				
卡方值（X^2）	2 029.81	2 042.04	2 038.10	1 704.07
自由度（df）	910	922	921	758
X^2/df	2.23	2.21	2.21	2.25
RMSEA	0.060	0.059	0.059	0.061
SRMR	0.053	0.053	0.055	0.056
CFI	0.98	0.98	0.98	0.98
IFI	0.98	0.98	0.98	0.98
NFI	0.97	0.97	0.97	0.97
NNFI	0.98	0.98	0.98	0.98
PNFI	0.89	0.89	0.90	0.90
PGFI	0.70	0.70	0.70	0.70
结构方程测定系数 R^2				
NA	0.333	0.334	0.333	—
PA	0.533	0.532	0.532	0.532
SE	0.412	0.413	0.413	0.413
CPV	0.522	0.514	0.514	0.514
BI	0.417	0.428	0.421	0.422
BL	0.605	0.603	0.603	0.591
BE	0.580	0.579	0.578	0.577

注：基础模型为研究所提出的原假设模型；竞争模型 1 是在基础模型的基础上，删除所有不显著路径后的模型；竞争模型 2 是在竞争模型 1 的基础上，通过调整路径的修正指数得到的最佳模型；竞争模型 3 是删除消极情感这一内生潜变量后的最佳模型。

表 5-20　基础模型与竞争模型的比较（大众餐馆）

模型	基础模型	竞争模型 1	竞争模型 2	竞争模型 3
整体拟合指数				
卡方值（X^2）	1 466.96	1 482.44	1 472.66	1 194.90
自由度（df）	910	924	922	758
X^2/df	1.61	1.60	1.38	1.58
RMSEA	0.052	0.052	0.052	0.053
SRMR	0.060	0.060	0.062	0.056
CFI	0.98	0.98	0.98	0.98
IFI	0.98	0.98	0.98	0.98
NFI	0.96	0.96	0.96	0.96
NNFI	0.98	0.98	0.98	0.98
PNFI	0.88	0.88	0.89	0.89
PGFI	0.68	0.68	0.68	0.69
结构方程测定系数 R^2				
NA	0.405	0.416	0.410	—
PA	0.373	0.365	0.375	0.361
SE	0.318	0.310	0.319	0.315
CPV	0.472	0.474	0.474	0.473
BI	0.423	0.429	0.427	0.425
BL	0.551	0.553	0.552	0.550
BE	0.541	0.542	0.542	0.542

注：注释同表 5-19。

表 5-21　基础模型与竞争模型的比较（快餐店）

模型	基础模型	竞争模型 1	竞争模型 2	竞争模型 3
整体拟合指数				
卡方值（X^2）	1 737.79	1 758.84	1 753.44	1 428.67
自由度（df）	910	925	924	758
X^2/df	1.91	1.90	1.90	1.88
RMSEA	0.062	0.062	0.062	0.063

（续表）

模型	基础模型	竞争模型 1	竞争模型 2	竞争模型 3
SRMR	0.059	0.060	0.062	0.058
CFI	0.97	0.97	0.97	0.98
IFI	0.97	0.97	0.97	0.98
NFI	0.95	0.95	0.95	0.95
NNFI	0.97	0.97	0.97	0.97
PNFI	0.87	0.88	0.88	0.88
PGFI	0.66	0.67	0.67	0.68
结构方程测定系数 R^2				
NA	0.375	0.376	0.375	—
PA	0.492	0.475	0.487	0.486
SE	0.222	0.216	0.224	0.217
CPV	0.492	0.491	0.496	0.488
BI	0.555	0.585	0.571	0.566
BL	0.643	0.638	0.637	0.642
BE	0.564	0.564	0.562	0.567

注：注释同表 5-19。

综上所述，与基础模型、竞争模型 1、竞争模型 2 相比，竞争模型 3 除了卡方值和自由度之外，其他拟合指数均没有发生太大变化，并且结构方程的测定系数也基本相同。四个模型对于服务品牌权益的解释能力基本相同，这表明，消极情感对于服务品牌权益的影响是可以忽略不计的。

5.3.4.4　最终模型

尽管服务产品体验、服务环境体验、员工服务体验可以构建功能性体验的二阶因子，但是这三种体验在结构模型中与其他内生潜变量的关系是不一致的，因此只能将三种体验作为独立的潜变量进行分析。

虽然删除消极情感后的竞争模型 3 对于服务品牌权益的解释能力与其他模型大体相当，但消极情感也是情感体验中的一个重要部分，并且外生潜变量对于消极情感均有或多或少的影响。因此，通过综合比较，我们确定竞争模型 2 为最终模型。

三类样本的最终模型的形态具有很大差异，这说明不能简单地将三类样本数据进行合并，三类样本应有各自独立的模型，各样本的最终模型（竞争模型 2）的标准化路径系数如表 5-22 所示。

表 5-22　最终模型的标准化路径系数

路径	假设	参数	豪华餐馆		大众餐馆		快餐店	
			估计值	T 值	估计值	T 值	估计值	T 值
PU–NA	H1$_{1a}$	γ_{11}	−0.250***	−3.38	−0.471***	−5.56	−0.336***	−3.43
PU–PA	H1$_{1b}$	γ_{21}	—	—	0.313***	3.53	0.283***	3.66
PU–SE	H2$_1$	γ_{31}	—	—	0.272**	3.01	—	—
PU–CPV	H4$_1$	γ_{41}	—	—	0.359***	4.39	0.533***	7.40
PU–BI	H5$_1$	γ_{51}	0.282***	3.66	0.267**	3.08	0.388***	4.10
PU–BL	H6$_1$	γ_{61}	0.117*	2.02	0.324***	4.09	—	—
PY–NA	H1$_{2a}$	γ_{12}	—	—	—	—	−0.266*	−2.40
PY–PA	H1$_{2b}$	γ_{22}	0.183**	3.03	0.188*	2.27	—	—
PY–SE	H2$_2$	γ_{32}	0.331***	5.01	—	—	—	—
PY–CPV	H4$_2$	γ_{42}	—	—	—	—	—	—
PY–BI	H5$_2$	γ_{52}	0.144*	2.18	0.210*	2.13	0.441***	4.57
PY–BL	H6$_2$	γ_{62}	—	—	—	—	0.301***	3.34
SS–NA	H1$_{5a}$	γ_{13}	−0.377***	−5.11	−0.237**	−3.02	−0.540***	−5.46
SS–PA	H1$_{5b}$	γ_{23}	0.275***	4.89	—	—	0.297***	4.05
SS–SE	H2$_5$	γ_{33}	0.249***	3.74	0.191*	2.18	0.184*	2.36
SS–CPV	H4$_5$	γ_{43}	—	—	—	—	—	—
SS–BI	H5$_5$	γ_{53}	0.321***	4.29	0.281**	3.00		
SS–BL	H6$_5$	γ_{63}	—	—	—	—	—	—
NA–CPV	H7$_a$	β_{41}						
NA–BL	H8$_a$	β_{61}	−0.142**	−2.99	—	—	—	—
PA–CPV	H7$_b$	β_{42}	0.413***	6.75				
PA–BL	H8$_b$	β_{62}	—	—	—	—	0.140*	2.25
SE–NA	H3$_a$	β_{13}	—	—	—	—	—	—
SE–PA	H3$_b$	β_{23}	0.407***	6.95	0.246***	3.38	0.301***	5.15

（续表）

路径	假设	参数	豪华餐馆		大众餐馆		快餐店	
			估计值	T 值	估计值	T 值	估计值	T 值
SE–CPV	H9	β_{43}	0.172**	2.77	0.251***	3.52	0.311***	5.13
BI–SE	H10	β_{35}	0.190**	2.95	0.203*	2.31	0.346***	4.04
BI–CPV	H11	β_{45}	0.272***	5.06	0.225**	2.92	—	—
BI–BL	H12	β_{65}	0.393***	6.48	0.295***	4.03	0.518***	5.18
BI–BE	H13	β_{75}	0.155*	2.50	0.329***	4.29	0.356***	4.31
CPV–BL	H14	β_{64}	0.325***	6.53	0.261***	3.48	0.510***	7.41
CPV–BE	H15	β_{74}	0.359***	6.49	0.184*	2.51	—	—
BL–BE	H16	β_{76}	0.357***	5.38	0.342***	4.33	0.472***	5.96

注：*、**、*** 分别代表在 0.05、0.01、0.001 水平下显著。

5.4　研究结果讨论

验证性因子分析证实了量表在三类样本中都有效地测量了各个潜变量，结构模型的分析则显示，在不同样本中，结构变量之间的关系是不同的。本节首先对研究假设检验结果展开讨论，其次对结构变量之间的影响效应进行分析，最后对结构变量的均值进行比较，并基于控制变量进行讨论。

5.4.1　研究假设检验结果讨论

在竞争模型 2 中，豪华餐馆、大众餐馆和快餐店样本中分别有 21 条、20 条、18 条路径通过显著性检验，共有 17 条路径在三类样本中检验一致，其中有 12 条路径在三类样本中均通过检验，5 条在三类样本中均未通过。我们将各条路径进行汇总，具体内容如表 5-23 所示。

表 5-23　三类样本路径系数检验

显著性检验	路径
豪华餐馆、大众餐馆、快餐店[a]	PU—NA, PU—BI, PY—BI, SS—NA, SS—SE, SE—PA, SE—CPV BI—SE, BI—BL, BI—BE, CPV—BL, BL—BE
豪华餐馆、大众餐馆[b]	PU—BL, PY—PA, SS—BI, BI—CPV, CPV—BE

（续表）

显著性检验	路径
豪华餐馆、快餐店	SS—PA
大众餐馆、快餐店	PU—PA, PU—CPV
豪华餐馆 c	PY—SE, NA—BL, PA—CPV
大众餐馆	PU—SE
快餐店	PY—NA, PY—BL, PA—BL
三类样本中均未通过检验	PY—CPV, SS—CPV, SS—BL, NA—CPV, SE—NA

注：a 代表在三类样本中均通过检验的路径，b 代表只在两类样本中通过检验的路径，c 代表只在一类样本中通过检验的路径。

5.4.1.1 顾客各类体验之间的关系

功能性体验的二阶因子模型证实了服务产品体验、服务环境体验和员工服务体验是功能性体验的一阶因子。在结构模型中，功能性体验的三个维度作为外生潜变量，除了对消极情感、积极情感和社会体验直接产生影响外，还对服务品牌权益的各个维度产生直接或间接的影响。

（1）功能性体验与情感体验

验证性因子分析显示，情感体验是两维概念，包括积极情感和消极情感，这与 Havlena 和 Holbrook（1986）及 Wirtz 和 Bateson（1999）的研究结果一致。但功能性体验的三个部分对于情感体验的影响是不同的，这与 Otnes、Lowery 和 Shrum（1997）及 Oliver（1993）的研究结论有相似之处。

服务产品体验对于消极情感产生显著的负面影响（$L\gamma_{11}=-0.250$，$P\gamma_{11}=-0.471$，$F\gamma_{11}=-0.336$[①]，全部支持假设 $H1_{1a}$），这说明在服务业，高质量的服务产品可以使顾客减少消极情感的产生。在大众餐馆和快餐店，服务产品体验对于积极情感有显著的影响（$P\gamma_{21}=0.313$，$F\gamma_{21}=0.283$，基本支持假设 $H1_{1b}$），而在豪华餐馆，这种影响不显著，这表明在豪华餐馆，服务产品体验不是顾客产生积极情感的主要来源，而在大众餐馆和快餐店，顾客对于服务产品有更高的

---

① 路径系数前的字母代表不同的样本，L 代表豪华餐馆样本，P 代表大众餐馆样本，F 代表快餐店样本，在下文中，其他路径系数前的字母含义与此处相同。

要求。

服务环境体验对于消极情感的影响只在快餐店样本中通过显著性检验（$F\gamma_{12}$=-0.266，部分支持假设 H1$_{2a}$），而在豪华餐馆和大众餐馆样本中，影响不显著。但是对于积极情感的影响出现了相反的结论，在豪华餐馆和大众餐馆样本中，服务环境体验对于积极情感的影响显著（$L\gamma_{22}$=0.183，$P\gamma_{22}$=0.188，基本支持假设 H1$_{2b}$），而在快餐店样本中，这种关系不成立。由此可以看出，在不同的服务业，服务环境对于情感的影响是不一样的，这说明，在不同的服务业，顾客对服务环境的要求也是不一样的。

在三类样本中，员工服务体验均对消极情感产生显著的负面影响（$L\gamma_{13}$= -0.377，$P\gamma_{13}$= -0.237，$F\gamma_{13}$= -0.540，全部支持假设 H1$_{5a}$），而对积极情感产生的影响只在豪华餐馆和快餐店样本中通过检验（$L\gamma_{23}$=0.275，$F\gamma_{23}$=0.297，基本支持假设 H1$_{5b}$），假设检验证实了员工服务的重要性，员工服务是影响顾客情感的重要因素，这与 Price、Arnould 和 Deibler（1995）的研究结果一致。

（2）功能性体验与社会体验

本次研究将社会体验界定为一种社会交往感知，检验表明功能性体验的不同维度对社会体验的影响是不同的。服务产品体验对社会体验的影响只在大众餐馆样本中通过显著性检验（$P\gamma_{31}$=0.272，部分支持假设 H2$_1$），服务环境体验对社会体验的影响只在豪华餐馆样本中得到显著性检验（$L\gamma_{32}$=0.331，部分支持假设 H2$_2$），而在三类样本中，员工服务体验均对社会体验影响显著（$L\gamma_{33}$=0.249，$P\gamma_{33}$=0.191，$F\gamma_{33}$=0.184，全部支持假设 H2$_5$）。结果显示，在大众餐馆，服务产品和员工服务影响顾客的社会体验；在豪华餐馆，服务环境和员工服务影响顾客的社会体验；在快餐店，只有员工服务影响顾客的社会体验，这再次证明了员工服务的重要性，同时也说明，顾客追求社会体验时，选择大众餐馆更多是因为服务产品（菜肴），而选择豪华餐馆更多是因为服务环境。

（3）情感体验与社会体验

社会体验只对积极情感产生影响（$L\beta_{23}$= 0.407，$P\beta_{23}$= 0.246，$F\beta_{23}$=0.301，全部支持假设 H3$_b$），而对消极情感影响不显著（全部拒绝假设 H3$_a$），这表明顾客进行社会交往时，主要是为了追求愉快的情感。Arnould

和 Price（1993）则证实了在野外漂流时，团队之间的互帮互助可以使人产生积极的情感，Jones（1999）指出几个人一起购物也是为了追求一种快乐或放松，与本研究的结果一致。

5.4.1.2　顾客体验与服务品牌权益的关系

Berry（2000）通过案例研究证实，顾客体验通过影响品牌意义（品牌形象）对服务品牌权益产生间接影响，在他提出的服务品牌权益模型中，顾客体验被视为一个单维概念，并且没有实证支持。本研究将顾客体验分为功能性体验、情感体验和社会体验，并证实了三类体验与服务品牌权益的关系是不同的。

（1）功能性体验与服务品牌权益的关系

服务产品体验是服务品牌形象的重要来源（$L\gamma_{51}$=0.282，$P\gamma_{51}$=0.267，$F\gamma_{51}$=0.388，全部支持假设 $H5_1$），在豪华餐馆和大众餐馆，服务产品体验对服务品牌忠诚产生显著影响（$L\gamma_{61}$=0.117，$P\gamma_{61}$=0.324，基本支持假设 $H6_1$），在大众餐馆和快餐店，服务产品体验对顾客感知价值影响显著（$P\gamma_{41}$=0.359，$F\gamma_{41}$=0.533，基本支持假设 $H4_1$）。由此可以看出，在不同的服务业，服务产品对品牌权益的影响是不一致的，在大众餐馆，服务产品对服务品牌权益的影响最大。

服务环境体验对顾客感知价值影响不显著（全部拒绝假设 $H4_2$），服务环境体验对服务品牌形象产生显著影响（$L\gamma_{52}$=0.144，$P\gamma_{52}$=0.210，$F\gamma_{52}$=0.441，全部支持假设 $H5_2$），只有在快餐店，服务环境体验才会对品牌忠诚产生积极的影响（$F\gamma_{62}$=0.301，部分支持假设 $H6_2$）。由此可以看出，服务环境主要影响服务品牌形象，但是对于顾客感知价值和顾客品牌忠诚的影响并不明显。

员工服务体验对于顾客感知价值和服务品牌忠诚的影响不显著（全部拒绝假设 $H4_5$ 和 $H6_5$），在豪华餐馆和大众餐馆，员工服务体验对于服务品牌形象有显著影响（$L\gamma_{53}$=0.321，$P\gamma_{53}$=0.281，基本支持假设 $H5_5$），但在快餐店，二者之间的关系不显著。相对于快餐店来说，在豪华餐馆和大众餐馆，需要更多的员工服务，可见，高素质的员工和高水平的服务能够提升服务组织的品牌形象。

（2）情感体验与服务品牌权益的关系

消极情感对顾客感知价值没有显著影响（全部拒绝假设 $H7_a$），消极情感对服务品牌忠诚产生负面影响只在豪华餐馆样本中得到验证（$L\beta_{61}= -0.142$，部分支持假设 $H8_a$），积极情感对顾客感知价值产生显著影响也只在豪华餐馆样本中得到验证（$L\beta_{42}=0.413$，部分支持假设 $H7_b$），积极情感对服务品牌忠诚产生显著影响只在快餐店样本中得到验证（$L\beta_{62}=0.140$，部分支持假设 $H8_b$），由此可知，情感体验与服务品牌形象之间没有显著关系。在大众餐馆，情感体验对于服务品牌权益没有显著影响；而在豪华餐馆，顾客更多地追求积极情感并对服务品牌权益产生间接的影响，如果产生消极情感，则会影响顾客的品牌忠诚；在快餐店，消极情感不会对服务品牌权益产生影响，但积极情感可以通过影响服务品牌忠诚而对服务品牌权益产生影响。这说明，在不同的服务业，情感体验对服务品牌权益的影响是不同的。Oliver（1993）的研究也证实，积极情感和消极情感是两种不同的情感反应，即使是在相同的行业，两种情感的作用也是不同的，积极情感和消极情感在满意或不满意的服务体验中扮演不同的角色，积极情感主要影响满意感，而在汽车用户样本中，消极情感对满意感和不满意感都有影响。

（3）社会体验与服务品牌权益的关系

社会体验对顾客感知价值产生显著影响并得到验证（$L\beta_{43}=0.172$，$P\beta_{43}=0.251$，$F\beta_{43}=0.311$，全部支持 H9），良好的服务品牌形象能增强顾客的社会体验感知（$L\beta_{35}=0.190$，$P\beta_{35}=0.203$，$F\beta_{35}=0.346$，全部支持 H10）。在原理论假设中，社会体验对服务品牌忠诚没有影响，在检验模型时，则证实了二者之间没有显著的关系。服务品牌形象可以通过增强顾客的社会体验而对顾客感知价值产生间接影响。

5.4.1.3　服务品牌权益各维度的关系

Aaker（1991）和 Keller（1993）指出，品牌权益包括品牌形象（联想）、品牌认知、感知质量和品牌忠诚，O'Cass 和 Grace（2003）证实了品牌权益的维度之间是具有层级关系的，张彤宇（2005）也证实了这种层级关系的存在。本研究的结果显示，服务品牌形象对服务品牌权益有显著影响（$L\beta_{75}=0.155$，$P\beta_{75}=0.329$，$F\beta_{75}=0.356$，全部支持假设 H13），服务品牌忠诚对服务品牌权益有显著影响（L β_{76}=0.357，P β_{76}=0.342，F β_{76}=0.472，全部支持假设 H16），服务品牌形象对服务品牌忠诚具有显著影响（L β_{65}=0.393，P β_{65}=0.295，F β_{65}=0.518，全部支持假设 H12），这也表明服务品牌形象对服务品牌权益产生直接和间接的影响。

本研究第一次将顾客感知价值作为服务品牌权益的一个重要组成部分，从数据分析的结果来看，顾客感知价值通过影响服务品牌忠诚来影响服务品牌权益（L β_{64}=0.325，P β_{64}=0.261，F β_{64}=0.510，全部支持假设 H14），但是服务品牌形象与顾客感知价值、顾客感知价值与服务品牌权益的关系只在豪华餐馆和大众餐馆样本中得到验证（L β_{45}=0.272，P β_{45}=0.225，基本支持假设 H11；L β_{74}=0.359，P β_{74}=0.184，基本支持假设 H15），这也表明顾客感知价值通过服务品牌忠诚对服务品牌权益产生间接影响，顾客感知价值是否是服务品牌权益的一个维度还需要用其他的研究来证实。

5.4.2 结构变量之间的影响效应分析

结构变量之间影响效应（Effect）反映了结构变量之间的关系强度，包括总影响效应、直接影响效应和间接影响效应。研究结果显示，三类样本中结构变量之间的关系是不同的。本书主要分析结构变量之间的总影响效应和间接影响效应，具体内容如表 5-24 至表 5-29 所示。

表 5-24　结构变量标准化总影响效应（豪华餐馆）

变量	NA	PA	SE	CPV	BI	BL	BE
PU	−0.250***	0.022*	0.054*	0.095**	0.282***	0.294***	0.183***
PY		0.328***	0.358***	0.236***	0.144*	0.133***	0.155***
SS	−0.377***	0.400***	0.310***	0.306***	0.321***	0.279***	0.269***
NA						−0.142**	−0.051**
PA			0.413***			0.134***	0.196***
SE		0.407***		0.340***		0.110***	0.161***
CPV						0.325***	0.475***
BI		0.077**	0.190**	0.336***		0.502***	0.455***
BL							0.357***

注：*、**、*** 分别代表在 0.05、0.01、0.001 水平下显著。

表 5-25　结构变量标准化间接影响效应（豪华餐馆）

变量	NA	PA	SE	CPV	BI	BL	BE
PU		0.022*	0.054*	0.095**		0.177***	0.183***
PY		0.146***	0.028*	0.236***		0.133***	0.155***
SS		0.126***	0.061*	0.306***		0.279***	0.269***
NA							−0.051**
PA						0.134***	0.196***
SE				0.168***		0.110***	0.161***
CPV							0.116***
BI		0.077**		0.065**		0.109***	0.300***
BL							

注：*、**、*** 分别代表在 0.05、0.01、0.001 水平下显著。

表 5-26　结构变量标准化总影响效应（大众餐馆）

变量	NA	PA	SE	CPV	BI	BL	BE
PU	−0.472***	0.393***	0.327***	0.501***	0.267***	0.534***	0.363***
PY		0.199*	0.043	0.058	0.210*	0.077*	0.106*
SS	−0.237**	0.061*	0.248**	0.126**	0.281**	0.116**	0.155**
NA							
PA							
SE		0.246***		0.251***		0.066**	0.069**
CPV						0.261***	0.273***
BI		0.050	0.203**	0.276***		0.367***	0.505***
BL							0.343***

注：*、**、*** 分别代表在 0.05、0.01、0.001 水平下显著，没有 * 代表在 0.05 水平下不显著。

表 5-27　结构变量标准化间接影响效应（大众餐馆）

变量	NA	PA	SE	CPV	BI	BL	BE
PU		0.081**	0.054	0.142***		0.210***	0.363***
PY		0.011	0.043	0.058		0.077*	0.106*
SS		0.061**	0.057	0.126**		0.116**	0.155**

(续表)

变量	NA	PA	SE	CPV	BI	BL	BE
NA							
PA							
SE							0.066*	0.069**
CPV							0.089**
BI		0.050		0.051*		0.072*	0.177***
BL							

注：*、**、*** 分别代表在 0.05、0.01、0.001 水平下显著，没有 * 代表在 0.05 水平下不显著。

表5-28　结构变量标准化总影响效应（快餐店）

变量	NA	PA	SE	CPV	BI	BL	BE
PU	−0.336***	0.323***	0.134**	0.575***	0.388***	0.540***	0.393***
PY	−0.266*	0.046**	0.153**	0.048**	0.441***	0.343***	0.137*
SS	−0.540***	0.353***	0.184*	0.057*		0.079**	0.037*
NA							
PA						0.144*	0.066*
SE		0.301***		0.311***		0.201***	0.095**
CPV						0.511***	0.241***
BI		0.104**	0.346***	0.108**		0.588***	0.633***
BL							0.472***

注：*、**、*** 分别代表在 0.05、0.01、0.001 水平下显著。

表5-29　结构变量标准化间接影响效应（快餐店）

变量	NA	PA	SE	CPV	BI	BL	BE
PU		0.041**	0.134**	0.042**		0.540***	0.393***
PY		0.046**	0.153**	0.048**		0.042**	0.137*
SS		0.056*		0.057*		0.079**	0.037*
NA							
PA							0.066*
SE						0.201***	0.095***
CPV							0.241***

（续表）

变量	NA	PA	SE	CPV	BI	BL	BE
BI		0.104**		0.108**		0.070**	0.277***
BL							

注：*、**、*** 分别代表在 0.05、0.01、0.001 水平下显著。

在豪华餐馆样本中，总影响效应和间接影响效应均通过显著性检验，消极情感主要受员工服务的影响，积极情感主要受社会体验和员工服务的影响，社会体验主要受服务环境和员工服务的影响，顾客感知价值主要受积极情感的影响，服务品牌形象主要受员工服务和服务产品的影响，服务品牌忠诚主要受服务品牌形象的影响。在各类体验中，对服务品牌权益影响最大的为员工服务体验，消极情感对服务品牌权益有负面影响，并且消极情感的影响强度最弱。在服务品牌权益的各维度中，对服务品牌权益的贡献较大的是顾客感知价值和品牌形象。

在大众餐馆个体中，服务环境对社会体验和顾客感知价值的总影响效应没有通过显著性检验。消极情感、积极情感、顾客感知价值主要受服务产品的影响，社会体验主要受服务产品和员工服务的影响，服务产品、服务环境和员工服务对服务品牌形象的影响大致相当，服务品牌忠诚主要受服务产品的影响。在各类体验中，对服务品牌权益影响最大的是服务产品，影响最小的是社会体验。在服务品牌权益的各维度中，对服务品牌权益贡献最大的是服务品牌形象。可见，在大众餐馆，服务产品是顾客考虑的主要因素。

在快餐店样本中，消极情感主要受员工服务的影响，积极情感主要受员工服务和服务产品的影响，社会体验主要受服务品牌形象的影响，顾客感知价值主要受服务产品的影响，服务品牌形象主要受服务环境的影响，服务品牌忠诚主要受服务品牌形象、服务产品和顾客感知价值的影响。在各类体验中，对服务品牌权益影响最大的是服务产品，影响最小的是员工服务。在服务品牌权益的各维度中，对服务品牌权益影响最大的是品牌形象。

由此可以看出，在豪华餐馆，最重要的是员工服务，在大众餐馆和快餐店，最重要的是服务产品；在豪华餐馆，情感体验和社会体验对服务品牌权益有显著影响，而在大众餐馆和快餐店，情感体验和社会体验对服务品牌权益的影响很小或不显著；从服务品牌权益的各维度对服务品牌权益的贡献来看，服务品牌形象应当作为服务品牌权益的核心。

5.4.3　结构变量均值比较

从信度和效度分析可以得知，三类样本的测量模型（外部模型）具有相同的形态，我们需要对结构变量进行多组均值比较[①]。首先对三类样本一起进行比较，设定豪华餐馆样本（LR）各结构变量的均值为 0，其余两类样本的均值自由估计，然后将大众餐馆样本（PR）中的各结构变量的均值设为 0，快餐店样本（FR）的均值自由估计，这种检验方法类似事后检验（Post-Hoc），检验结果如表 5-30 所示。

表 5-30　各结构变量均值比较

变量	LR	PR		FR		PR	FR	
	均值	均值	T 值	均值	T 值	均值	均值	T 值
PU	0	−0.985***	−10.392	−0.795***	−9.179	0	0.200**	2.059
PY	0	−1.059***	−14.363	−1.220***	−15.908	0	−0.173	−1.898
SS	0	−1.431***	−15.448	−1.257***	−13.887	0	0.170	1.517
NA	0	0.919***	9.599	0.616***	7.058	0	−0.283*	−2.554
PA	0	−0.762***	−8.315	−1.017***	−11.721	0	−0.249*	−2.448
SE	0	−0.894***	−10.743	−1.391***	−13.583	0	−0.504***	−4.523
CPV	0	−0.872***	−9.306	−0.979***	−10.095	0	−0.101	−0.966
BI	0	−1.552***	−16.242	−1.344***	−15.338	0	0.197*	2.046
BL	0	−1.476***	−13.903	−1.100***	−10.951	0	0.368**	3.028
BE	0	−1.035***	−9.816	−1.048***	−11.064	0	−0.014	−0.128

注：①表格左半部分是三类样本一起比较时的结果，整体拟合指数分别为 X^2=5 505.74，df=2 840，RMSEA=0.060，CFI=0.98，IFI=0.98，NFI=0.96，NNFI=0.98；表格右半部分是大众餐馆和快餐店样本一起比较时的结果，整体拟合指数分别为 X^2=3 331.69，df=1 870，RMSEA=0.059，CFI=0.98，IFI=0.98，NFI=0.95，NNFI=0.98。

②*、**、*** 分别代表在 0.05、0.01、0.001 水平下显著，没有 * 代表在 0.05 水平下不显著。

---

① 根据验证性因子分析的结果，计算每个因子的分值，然后进行单因素方差分析。采用这种方法进行检验的结果与使用 LISREL 软件分析的结果一致。

检验结果显示，在豪华餐馆样本中，除了消极情感之外，顾客对于各种体验和服务品牌权益的评价均高于另两类餐馆，产生的消极情感却少于另两类餐馆；在大众餐馆中，顾客对服务产品体验、服务品牌形象和服务品牌忠诚的评价低于快餐店，而对服务环境、积极情感、社会体验的评价高于快餐店，顾客在快餐店比在大众餐馆更易产生消极情感；在服务环境、员工服务、顾客感知价值和服务品牌权益上，大众餐馆和快餐店没有显著差异。因此，豪华餐馆比大众餐馆和快餐店具有更高的基于顾客的服务品牌权益。

5.4.4　样本卡方检验

我们将顾客就餐目的归纳为三类：满足生理需要（解决饥饿和换换口味）、满足心理需要（调节心情）和满足社会需要（社交需要、庆祝）。根据年龄将顾客分为低年龄组（30 岁以下）和高年龄组（30 岁及 30 岁以上）。根据受教育程度将顾客分为低学历组（大专及大专以下）和高学历组（本科及本科以上）。根据全家月收入将顾客分为低收入组（3 000 元以下）和高收入组（3 000 元及以上）[①]，具体如表 5-31 所示。

表 5-31　合并后样本频数

控制变量		豪华餐馆		大众餐馆		快餐店	
		人数	百分比	人数	百分比	人数	百分比
就餐目的	满足生理需要	63	18.4%	62	28.7%	194	84.0%
	满足心理需要	40	11.7%	15	6.9%	16	6.9%
	满足社会需要	230	67.3%	136	63.0%	21	9.0%
性别	男	166	48.5%	104	48.1%	117	50.2%
	女	167	48.8%	110	50.9%	114	48.9%
年龄	低	120	35.1%	117	54.2%	144	61.8%
	高	214	62.6%	97	44.9%	88	37.8%
受教育程度	低	185	54.1%	109	50.5%	113	48.5%
	高	145	42.4%	104	48.1%	112	48.1%

---

① 基于 2005 年的薪资水平设定的分组。

(续表)

控制变量		豪华餐馆		大众餐馆		快餐店	
		人数	百分比	人数	百分比	人数	百分比
全家月收入	低	161	47.1%	147	68.1%	133	57.1%
	高	168	49.1%	65	30.1%	87	37.3%

注：由于存在缺失值，因此累积百分比不一定等于100%。

对三类样本进行卡方分析，结果如表5-32所示。

表5-32　样本卡方检验

样本		控制变量	卡方值	自由度（df）	显著性（α=0.05）
三类样本比较	LR-PR-FR	就餐目的	266.232	4	0
		性别	0.190	2	0.910
		年龄	41.448	2	0.000
		受教育程度	2.223	2	0.329
		全家月收入	22.822	2	0
两类样本两两比较	LR-PR	就餐目的	9.604	2	0
		性别	0.082	1	0.775
		年龄	18.672	1	0
		受教育程度	1.245	1	0.264
		全家月收入	21.889	1	0
两类样本两两比较	LR-FR	就餐目的	240.507	2	0
		性别	0.035	1	0.852
		年龄	37.591	1	0
		受教育程度	1.834	1	0.176
		全家月收入	7.032	1	0.008
	PR-FR	就餐目的	151.850	2	0
		性别	0.187	1	0.665
		年龄	2.509	1	0.113
		受教育程度	0.040	1	0.842
		全家月收入	3.737	1	0.053

注：所有单元格的期望数均大于5；LR代表豪华餐馆，PR代表大众餐馆，FR代表快餐店。

调研采用系统抽样的方式，因此样本基本上代表顾客总体。在豪华餐馆和大众餐馆就餐，顾客更多是为了满足社会需要，而在快餐店就餐，更多是为了满足生理需要，大众餐馆中追求满足生理需要的顾客的百分比（28.7%）大于豪华餐馆中的此类顾客的百分比（18.4%）。在豪华餐馆，高年龄顾客多于低年龄顾客，而在大众餐馆和快餐店则相反。在豪华餐馆中就餐的高收入顾客与低收入顾客基本相当，而在大众餐馆和快餐店中就餐的低收入顾客要多于高收入顾客。

三类样本中，顾客性别和受教育程度没有显著差异。在豪华餐馆、大众餐馆和快餐店样本中，顾客在就餐目的、年龄和全家月收入上有明显不同，尤其是在就餐目的上，差异非常显著（卡方值为 266.232）。在性别和受教育程度上，三类样本没有差异，这说明年龄和全家月收入上的差异不是由抽样造成的，也表明各类餐馆均有特定的顾客群。

5.4.5　基于就餐目的的讨论

信度和效度分析显示，量表有效地测量了相应的结构变量，接下来我们需要用验证性因子分析得到的标准化因子载荷系数，计算结构变量的因子分值，计算公式如下。

$$FS_i = \sum_{j=1}^{n} \left(\frac{\lambda_{xj,i}}{\sum_{j=1}^{n} \lambda_{xj,i}} IS_{xj,i} \right)$$

（5.1）

其中，FS_i——第 i 个潜变量的因子分值（Factor Scores）；

$IS_{xj,i}$——第 i 个潜变量的第 j 个问项的原始分值（Item Scores）；

$\lambda_{xj,i}$——第 i 个潜变量的第 j 个问项的标准化因子载荷系数；

xj ——潜变量的第 j 个问项；

i ——潜变量，$i=1$，2，…，9，10；

n ——潜变量问项的个数。

根据因子分值，用单因素方差分析（One-Way ANOVA）方法分析数据，并用 LSD 方法进行事后检验，检验结果如表 5-33 所示。

表 5-33　基于就餐目的单因素方差分析

	就餐目的	PU	PY	SS	NA	PA	SE	CPV	BI	BL	BE
LR	满足生理需要	6.11	5.97	6.14	1.38	5.87	5.92	5.79	6.28	6.27	5.60
	满足社会需要	6.02	6.21	6.24	1.38	6.10	6.08	5.97	6.26	6.12	5.74
	满足心理需要	5.87	5.98	6.24	1.49	5.89	5.98	5.60	6.35	6.07	5.56
	方差	0.77	3.75*	0.40	0.48	2.16	0.86	2.87	0.24	0.87	0.62
	Sig.	0.47	0.03	0.67	0.62	0.12	0.42	0.06	0.79	0.42	0.54
PR	满足生理需要	5.07	4.84	4.58	2.52	4.98	5.21	5.19	4.96	4.90	4.76
	满足社会需要	5.02	4.89	4.78	2.16	5.33	5.10	4.96	4.81	4.64	4.47
	满足心理需要	5.09	5.10	5.28	2.40	5.50	5.07	5.09	4.46	4.71	4.91
	方差	0.61	0.43	2.40	1.62	2.15	0.29	1.00	1.26	0.89	0.41
	Sig.	0.94	0.65	0.09	0.20	0.12	0.75	0.37	0.29	1.54	0.22
FR	满足生理需要	5.26	4.71	4.93	1.97	4.98	4.55	4.92	4.96	5.08	4.58
	满足社会需要	5.24	4.64	4.80	2.36	5.03	5.09	4.84	5.02	5.07	4.34
	满足心理需要	5.62	5.16	5.14	1.92	5.17	5.24	5.64	5.59	6.04	5.21
	方差	1.13	1.49	0.40	1.15	0.22	3.17	3.39*	2.76	4.50*	3.01
	Sig.	0.33	0.23	0.67	0.32	0.80	0.06	0.04	0.07	0.01	0.05

注：* 代表在 0.05 水平下显著；LR 代表豪华餐馆，PR 代表大众餐馆，FR 代表快餐店。

在豪华餐馆，就餐目的不同会导致顾客在服务环境感知上的差异，也就是说就餐目的对于服务环境体验具有调节作用，而就餐目的对于其他结构变量的调节作用不明显。在大众餐馆，无论顾客的就餐目的是什么，对各结构变量的感知是相同的。在快餐店，就餐目的对于顾客感知价值和服务品牌忠诚具有调节作用。

事后检验显示，在豪华餐馆样本中，追求满足社会需要的顾客比追求满足生理需要的顾客对于服务环境的评价要高（$p=0.02$），而追求满足生理需要和心理需要的顾客对于服务环境的评价差异不显著（$p=0.93$）。在快餐店样本中，当顾客是为了满足心理需要而消费时，顾客对感知价值的评价要高于为了满足生理需要（$p=0.01$）和社会需要时对感知价值的评价（$p=0.03$），追求满足生理需要时的评价与追求满足社会需要时的评价差异不显著（$p=0.75$）；追求满足心理需要的顾客比追求满足生理需要（$p=0$）和社会需要（$p=0.03$）

的顾客更易建立服务品牌忠诚，追求满足生理需要的顾客与追求满足社会需要的顾客在建立服务品牌忠诚上没有差异（p=0.98）。

5.4.6　基于人口统计特征的讨论

为了从性别、年龄、受教育程度和全家月收入等方面分析其对结构变量的调节作用，并便于比较，我们将年龄、受教育程度和全家月收入分成高和低两组。

我们首先进行交互作用检验，检验结果表明四个变量之间的交互作用没有统计意义，因此用独立样本 T 检验方法进行方差分析。

在豪华餐馆样本中，男性和女性在顾客感知价值和服务品牌忠诚上有所不同；在大众餐馆样本中，男性和女性对于结构变量的评价没有显著差异；在快餐店样本中，男性和女性在积极情感和服务品牌忠诚上有所差异。从均值得分来看，男性的相应结构变量评价比女性高，这说明，女性对服务业的要求比男性苛刻，男性比女性更易建立服务品牌忠诚，具体如表 5-34 所示。

表 5-34　基于性别的独立样本 T 检验

样本		PU	PY	SS	NA	PA	SE	CPV	BI	BL	BE
LR	男	6.09	6.18	6.26	1.37	6.08	6.11	6.04	6.36	6.26	5.76
	女	5.92	6.11	6.19	1.40	5.99	5.97	5.76	6.20	6.04	5.61
	T 值	1.54	0.89	0.75	-0.46	0.83	1.43	2.55*	1.95	2.21*	1.18
PR	男	4.97	4.90	1.72	2.44	5.23	5.12	5.05	4.87	4.76	4.66
	女	5.13	4.90	4.78	2.14	5.24	5.15	5.00	4.80	4.70	4.53
	T 值	-1.13	0.01	-0.44	1.66	-0.06	-0.28	0.29	0.37	0.38	0.71
FR	男	5.40	4.84	5.03	1.89	5.18	4.71	5.10	5.10	5.34	4.72
	女	5.16	4.64	4.84	2.12	4.82	4.57	4.84	4.92	4.95	4.49
	T 值	1.95	1.47	1.23	1.49	2.51*	0.75	1.75	1.34	2.38*	1.52

注：*代表在 0.05 水平下显著，LR 代表豪华餐馆，PR 代表大众餐馆，FR 代表快餐店。

在豪华餐馆样本中，年龄对于结构变量具有显著的调节效应。在消极情感上，高年龄组比低年龄组的得分低，在其他结构变量上，高年龄组对结构变量的评价均高于低年龄组；在大众餐馆样本中，高年龄组与低年龄组在服务产品体验、服务环境体验、员工服务体验、社会性体验和服务品牌权益上的评价差异显著，高年龄组的评价高于低年龄组；在快餐店样本中，高年龄组与低年龄组在服务产品体验、服务环境体验、员工服务体验和顾客感知价值上有显著不同，高年龄组的评价要高于低年龄组；在情感体验上，高年龄组比低年龄组产生更少的消极情感。三类样本在员工服务体验上的检验结果一致，这表明高年龄组对于服务业具有更高的容忍度，这可能与顾客的人生阅历日益丰富有关，如表 5-35 所示。

表 5-35　基于年龄的独立样本 T 检验

样本		PU	PY	SS	NA	PA	SE	CPV	BI	BL	BE
LR	低	5.79	6.01	6.00	1.52	5.82	5.83	5.61	6.14	5.93	5.44
	高	6.13	6.22	6.35	1.32	6.17	6.16	6.07	6.35	6.27	5.84
	T 值	−3.15**	−2.55*	−3.73***	2.57*	−3.54***	−3.07**	−3.93***	−2.40*	−3.41***	−2.90**
PR	低	4.92	4.77	4.59	2.40	5.16	5.01	5.00	4.73	4.67	4.42
	高	5.20	5.05	4.95	2.14	5.33	5.28	5.05	4.96	4.80	4.79
	T 值	−1.97	−2.08*	−2.41*	1.48	−1.00	−1.97*	−0.37	−1.57	−0.77	−2.06*
FR	低	5.23	4.70	4.77	2.15	4.92	4.64	4.84	4.98	5.14	4.59
	高	5.37	4.80	5.23	1.76	5.14	4.65	5.18	5.07	5.16	4.62
	T 值	−1.10	−0.73	−3.20**	2.51*	−1.52	−0.07	−2.31*	−0.640	−0.14	−0.24

注：*、**、*** 分别代表在 0.05、0.01、0.001 水平下显著，LR 代表豪华餐馆，PR 代表大众餐馆，FR 代表快餐店。

在豪华餐馆样本中，高学历顾客对于服务产品的评价高于低学历顾客，对于消极情感的评价则相反；在大众餐馆样本中，低学历顾客对于社会体验的评价高于高学历顾客；在快餐店样本中，高学历顾客比低学历顾客产生的消极情感更少。这表明，在消极情感上，高学历顾客比低学历顾客有更高的容忍度，如表 5-36 所示。

表 5-36　基于受教育程度的独立样本 T 检验

样本		PU	PY	SS	NA	PA	SE	CPV	BI	BL	BE
LR	低	5.91	6.10	6.14	1.46	5.99	5.98	5.83	6.25	6.10	5.65
	高	6.14	6.20	6.32	1.29	6.14	6.14	6.01	6.31	6.21	5.76
	T 值	−2.16*	−1.21	−1.90	2.46*	−1.53	−1.67	−1.74	−0.80	−1.23	−0.83

（续表）

样本		PU	PY	SS	NA	PA	SE	CPV	BI	BL	BE
PR	低	5.06	5.00	4.72	2.30	5.31	5.27	4.99	4.82	4.80	4.59
	高	5.03	4.80	4.78	2.29	5.16	4.99	5.06	4.84	4.62	4.57
	T 值	0.21	1.52	−0.38	0.12	0.90	2.06*	−0.48	−0.14	1.02	0.09
FR	低	5.20	4.79	4.92	2.23	5.09	4.70	4.86	4.99	5.11	4.65
	高	5.36	4.69	4.94	1.77	4.92	4.65	5.06	5.02	5.16	4.52
	T 值	−1.28	0.72	−0.12	3.04**	1.15	0.23	−1.36	0.26	−0.27	0.82

注：*、** 分别代表在 0.05、0.01 水平下显著，LR 代表豪华餐馆，PR 代表大众餐馆，FR 代表快餐店。

全家月收入对于结构变量的调节效应在三类样本中表现出较强的一致性，但全家月收入的调节效应从总体上来讲不明显。低收入的顾客更易产生消极情感，在大众餐馆样本中，高收入的顾客比低收入的顾客更易产生积极情感，如表 5-37 所示。

表 5-37　基于全家月收入的独立样本 T 检验

样本		PU	PY	SS	NA	PA	SE	CPV	BI	BL	BE
LR	低	5.93	6.08	6.17	1.46	6.08	6.04	5.88	6.25	6.11	5.66
	高	6.10	6.21	6.26	1.29	6.02	6.04	5.96	6.31	6.22	5.76
	T 值	−1.56	−1.64	−0.93	2.28*	0.55	−0.06	−0.74	−0.77	−1.11	−0.74
PR	低	4.97	4.86	4.65	2.40	5.13	5.10	4.97	4.79	4.67	4.53
	高	5.21	4.98	4.98	2.01	5.49	5.22	5.18	4.94	4.85	4.76
	T 值	−1.73	−0.83	−1.95	2.28*	−2.17*	−0.77	−1.35	−0.88	−0.95	−1.22
FR	低	5.28	4.74	4.94	2.14	4.95	4.80	4.93	5.07	5.20	4.65
	高	5.31	4.76	4.90	1.78	5.06	4.47	5.08	4.91	5.00	4.51
	T 值	−0.28	−0.18	0.20	2.26*	−0.69	1.79	−1.02	1.01	0.24	0.84

注：* 代表在 0.05 水平下显著，LR 代表豪华餐馆，PR 代表大众餐馆，FR 代表快餐店。

从人口统计的四个变量来看，年龄对于结构变量的影响最为显著，尤其在豪华餐馆样本中，年龄对于所有的结构变量评价均有影响，年龄越大的顾客对于结构变量的评价越高；全家月收入对于结构变量的影响最小，这说明，不同收入水平的顾客对于体验和服务品牌权益的要求是基本相同的。

第 6 章

结论

本书采用定性和定量相结合的研究方法，探索并验证了顾客体验与服务品牌权益之间的关系，为全面研究服务品牌权益提供了新的启示和线索。本章首先阐述本研究的主要结论，其次介绍研究的主要贡献，最后指出研究的局限性及未来研究方向。

6.1　研究小结

服务业的高速发展导致服务企业之间的竞争日益加剧，而创建强势服务品牌是服务企业获得和提高竞争能力的重要途径，也是服务企业长久地保持竞争优势的关键所在。品牌权益是品牌竞争能力的综合反映，自 20 世纪 80 年代以来，这一概念受到大量学者和管理实践者的关注，并成为品牌研究的核心内容。在学术界，对品牌权益的研究更多集中在有形产品上，尤其是以日用消费品为主，而专门针对服务品牌的研究还相对较少，用实证的方法对服务品牌进行研究的案例就更少了。服务业的特性决定了服务品牌的创建过程应当区别于有形产品的品牌，了解服务品牌权益的来源和构成对于服务业具有重要意义。

大量的研究已经证实，品牌权益是一个多维的概念，包括品牌认知、品牌联想、品牌忠诚和感知质量等维度，但是各个维度之间的关系没有统一的定论。在 Aaker（1991）和 Keller（1993）的模型中，品牌权益的各个维度之间是平行关系，而 Yoo、Donthu 和 Lee（2000）通过对胶卷、运动鞋和彩电三类产品的研究，做出了感知质量和品牌联想通过影响品牌忠诚而对品牌权益产生影响的推断，张彤宇（2005）在零售业证实了这种层级关系的存在。但是哪一个维度对品牌权益的贡献最大，我们在本研究中得出了与 Yoo、Donthu 和 Lee（2000）以及张彤宇（2005）不同的结论。

Berry（2000）认为，服务品牌权益包括品牌认知和品牌意义（品牌形象）两个维度，服务品牌形象主要受顾客体验的影响，品牌认知主要来源于企业对品牌的展示以及外部沟通。Berry 的模型将顾客体验与服务品牌权益联系起来，为研究服务品牌权益提供了新的视角，但是在该模型中，顾客体验被视为单一维度，顾客体验的内涵过于模糊，并且缺乏定量研究的支持。

服务的本质就是提供顾客体验，顾客进行服务消费的过程就是体验的过程。Schmmitt（1999）提出，顾客体验包括感观体验、情感体验、思考体验、行动体验和社会体验五类，但是这种分类很难用实证来检验，只是局限于概念层次。本研究根据深度访谈记录和相关文献分析，从顾客消费服务所追求的利益角度，将顾客体验分为三类：功能性体验、情感体验和社会体验。功能性体验主要涉及对服务组织基本功能的认知、思考和评价，包括服务产品体验、服务环境体验和员工服务体验；情感体验主要指顾客在消费过程中的情感反应，包括积极情感和消极情感；社会体验主要体现服务消费的社会属性。

本研究是对 Berry 的模型的拓展，在研究中的服务品牌权益维度不包含品牌认知，但包含品牌忠诚，并且用顾客感知价值替代感知质量。感知质量和顾客感知价值是一个交叉概念，在 Aaker（1991）的模型中，感知质量主要是针对有形产品而言的，在服务业，顾客感知质量有丰富的内涵（Parasuraman，Zeithaml and Berry，1985，1988，1991），顾客更多地用"值不值"来衡量服务消费。因此，我们尝试性地将顾客感知价值作为服务品牌权益的维度，并得到一定验证。

本研究基本上可以分为四部分。第一，在相关文献回顾和深度访谈基础之上，定性地探索顾客体验的具体表现形式，以及顾客体验与服务品牌权益之间的关系，提出了不同顾客体验之间、不同顾客体验与服务品牌权益之间、服务品牌权益各维度之间的关系假设，构建了基于顾客体验的服务品牌权益模型，并设计了相关量表；第二，在预研究阶段，共获得 192 个有效样本，检验了测量量表的信度和效度，根据分析结果对量表和理论模型进行了调整，确定了研究模型和正式调查量表；第三，用最终量表对研究模型进行验证，分别在豪华餐馆、大众餐馆和快餐店对顾客进行系统抽样，共获得有效样本 791 个，然后分别在三类样本中进行模型检验，最后通过与竞争模型的比较，对研究模型进行了修正；第四，检验了企业经营定位、消费目的和人口统计特征对结构变量的影响。

通过定性分析和定量验证，本研究得到以下主要结论。

第一，顾客体验是一个多维的概念，并且各维度之间具有复杂的因果关系。服务产品体验、服务环境体验和员工服务体验是基础，对积极情感、消极情感和社会体验产生影响，但是在不同的餐馆，影响路径和影响强度不完全相同，也就是说，企业经营定位特征调节各类体验之间的内部关系。

第二，顾客体验是服务品牌权益的重要来源。顾客体验与服务品牌权益之间的关系是复杂的，受企业经营定位的影响。在豪华餐馆，顾客体验对服务品牌权益影响的强度由强到弱排序为员工服务体验、积极情感体验、服务产品体验、社会体验、服务环境体验、消极情感体验；在大众餐馆，影响强度由强到弱排序为服务产品体验、员工服务体验、服务环境体验、社会体验，而情感体验对服务品牌权益没有显著影响；在快餐店，影响强度由强到弱排序为服务产品体验、服务环境体验、社会体验、员工服务体验、积极情感。这表明，经营定位不同的服务组织，顾客体验对服务品牌权益的影响不同。服务产品、服务环境和员工服务均为服务企业的可控因素，因此不同的服务企业的管理的重点应当有所不同。

第三，服务品牌权益各维度之间具有层级关系。服务品牌形象、服务品牌忠诚和服务品牌权益的关系是稳健的，服务品牌形象不仅对服务品牌权益有直接影响，而且还通过服务品牌忠诚产生间接影响。在豪华餐馆和大众餐馆，顾客感知价值对服务品牌权益有直接影响和间接影响，但在快餐店，顾客感知价值只通过服务品牌忠诚对服务品牌权益产生间接影响，这说明，将顾客感知价值作为服务品牌权益的维度是不稳定的，还需要其他研究来验证。本研究发现，服务品牌形象对服务品牌权益的影响大于服务品牌忠诚的影响，服务品牌形象应当是服务品牌权益的核心，这与Chen（2001）的观点一致。

第四，企业经营定位对研究模型各个概念具有调节作用。虽然三类餐馆同属于餐饮企业，但其经营定位有很大差异。通过对三类样本结构变量的均值进行比较，我们发现，顾客对豪华餐馆各个结构变量的评价最高，在积极情感和社会体验两个结构变量上，大众餐馆优于快餐店，而在服务产品体验、消极情感、服务品牌形象和服务品牌忠诚四个结构变量上，快餐店优于大众餐馆。

第五，在四项人口统计特征中，年龄最具有调节效应。从结构变量的均值来看，除消极情感外，高年龄组在其他九个结构变量上的均值都高于低年龄组，而在消极情感上低于低年龄组，这种现象在豪华餐馆尤其突出，这说明，年龄大的顾客对于顾客体验和服务品牌权益具有更高的评价。

第六，经营定位不同的服务企业有不同的消费群体。三类样本中，顾客的消费目的具有显著差异。具体来讲，在豪华餐馆和大众餐馆，顾客的消费目的以满足社会需要为主，在快餐店，顾客的消费目的以满足生理需要为主，但是在大众餐馆，追求满足生理需要的顾客也占相当大的比例。在人口统计特征上，在豪华餐馆，高年龄顾客多于低年龄顾客，在大众餐馆和快餐店却相反。在豪华餐馆，高收入顾客与低收入顾客基本相当，而在大众餐馆和快餐店，低收入顾客明显多于高收入顾客。三类餐馆的顾客在性别和受教育程度上并没有明显差异，大众餐馆和快餐店在人口统计特征上没有显著差异，这说明不同定位的服务业有不同的消费群体。

6.2 研究的主要贡献

顾客体验和服务品牌权益是市场营销学中的两个重要概念。顾客体验贯穿于服务业的整个经营过程，服务品牌权益体现了服务企业经营的结果。从服务的本质来看，顾客体验是服务品牌权益的重要来源，但是在学术界，有关二者之间的关系的研究仍显不足，尤其缺少定量研究的支持。本书用调研数据深层次地剖析了顾客体验与服务品牌权益之间的关系，研究贡献主要体现在以下几个方面。

（1）全面分析顾客体验对服务品牌权益的影响

本研究证实，顾客体验与服务品牌权益之间的关系是复杂的。Berry 在（2001）服务品牌权益模型中，将顾客体验视为单一维度，认为顾客体验影响服务品牌形象，而本研究发现，只有功能性体验对服务品牌形象产生影响。在定位不同的服务业，服务产品、服务环境和员工服务对于服务品牌权益的影响也有差异。具体来讲，在豪华餐馆，对服务品牌权益影响的强度由强到弱依次为员工服务、服务产品、服务环境；在大众餐馆，对服务品牌权益影响的强度由强到弱依次为服务产品、员工服务、服务环境；在快餐店，对服务品牌权益影响的强度由强到弱依次为服务产品、服务环境、员工服务。

社会体验影响顾客感知价值，但对服务品牌忠诚没有显著影响，而服务品牌形象影响顾客的社会体验，在三类样本中，这种关系的检验结果一致。这表明在不同的服务场景，社会体验对服务品牌权益的贡献是相同的。

情感体验与服务品牌权益各维度之间的关系比较复杂，在不同的服务场景，积极情感和消极情感的作用也不相同。在豪华餐馆，积极情感只影响顾客感知价值，消极情感却影响服务品牌忠诚；在大众餐馆，情感（积极和消极）体验与服务品牌权益之间没有显著关系；在快餐店，积极情感对服务品牌忠诚产生影响，而消极情感对服务品牌忠诚的作用不明显。在三类样本中，情感体验与服务品牌形象之间没有显著关系。

本研究发现，Holbrook 和 Hirschman（1982）提出的享乐性消费只适用于特定的行业，消费者在不同的服务业，追求不同的利益。情感体验与服务品牌权益之间的关系在不同的服务业也不相同，并受顾客消费目的和企业经营定位的调节影响，这与 Wakefield 和 Blodgett（1994，1996）的观点大致相同。

（2）界定了顾客体验的内涵和构成

本研究指出，顾客体验有两个重要组成部分，一是顾客的现场亲身经历，二是涉及的一系列心理反应，包括认知、情感、思考、评价等。从顾客体验的目的和在服务消费过程中所追求的利益来看，顾客体验包括功能性体验、情感体验和社会体验三个维度，这三种体验的心理作用机制是不同的，其中，功能性体验包括服务产品体验、服务环境体验和员工服务体验。本研究用二阶因子模型证实了功能性体验、情感体验和社会体验在服务消费中是真实并存的，只是三类体验对于服务体验的贡献在经营定位不同的服务业中有所不同。

顾客体验的三个维度之间具有层级关系。功能性体验是基础，情感体验和社会体验来源于功能性体验。功能性体验对情感体验和社会体验的作用受服务业经营定位的调节影响；社会体验只对积极情感产生显著影响，而对消极情感的影响不显著。具体来讲，在豪华餐馆，服务产品主要影响消极情感，服务环境主要影响社会体验，员工服务主要影响积极情感；在大众餐馆，服务产品主要影响消极情感，服务环境主要影响积极情感，员工服务主要影响社会体验；在快餐店，服务产品、服务环境和员工服务均主要影响消极情感。

（3）开发相关测量量表

我们根据各个概念的操作性定义设计了相关量表，开发的量表均通过信度和效度检验。积极情感、消极情感和社会体验三个概念的问项全部来自深度访谈分析，其中，反映情感的词是访谈中受访者提及频率最高的几个词。这表明，这几种情感是餐饮服务中顾客最容易产生的几种情感。在量表中，我们按唤醒程度对这几种情感进行了排序。社会体验主要反映了顾客对社会交往的感知，"关系、友谊、感情"是我们表述人际关系的常用词。在服务品牌形象量表中，增加了"档次、特色"两个问项，所有的受访者均用到这两个词表达对服务品牌形象的感知。其余概念的量表，则结合深度访谈分析和相关文献，用通俗易懂的语言进行表述。

（4）验证服务品牌权益各维度之间的关系

本研究发现，服务品牌形象与服务品牌忠诚相比，服务品牌形象对服务品牌权益的影响更大，并且服务品牌形象受功能性体验的影响也比较一致。服务品牌形象不仅对服务品牌权益产生直接影响，而且通过服务品牌忠诚对服务品牌权益产生间接影响。顾客感知价值对服务品牌权益产生直接和间接影响，在豪华餐馆和大众餐馆样本中检验结果一致；而在快餐店样本中，顾客感知价值只通过服务品牌忠诚对服务品牌权益产生间接影响。这说明，将顾客感知价值作为服务品牌权益的一个维度还需要其他研究来验证。

（5）为营销研究中的样本选取提供了新的视角

以往的许多研究只是对不同的服务业进行比较分析，以检验研究模型的合理性和普适性。在本研究中，样本取自同一服务业中不同经营定位的三类餐馆。从验证性因子分析和结构方程测定系数 R^2 来看，测量量表和调研数据对三类样本中的各个结构变量均做了很好的解释，而结构变量之间的内部关系是不一致的。尽管同属于餐饮业，但是经营定位不同导致顾客体验对服务品牌权益的影响有所差异，可见样本对于研究模型具有实质性的影响。这也表明，用定量数据做模型研究时，样本的选取一定要尽可能科学合理。

6.3　研究的局限性及未来研究方向

尽管本研究提出了一些新的学术观点，但是总体上仍属于一项探索性研究，受作者个人能力和研究条件所限，研究中难免有一些局限性，这些局限性也为我们指明了未来研究方向。

（1）研究的局限性

研究的局限性主要体现在以下几个方面。

第一，在深度访谈阶段，受访者的选择和访谈记录编码的准确性可能会对研究结果产生影响。有关顾客体验与服务品牌权益之间关系的研究还相当少，相关假设还需要更多的研究来验证。

第二，在正式调查阶段，为了保证得到足够多的三类样本，我们采用了实地调研的方式，让顾客在就餐时填答问卷，顾客可能没有较多的时间仔细思考量表问项，并且有消极情感的顾客可能拒绝填写问卷，致使遗漏这些顾客的真实信息。快餐店也仅包括中式快餐，由于中式快餐企业在品牌建设方面不如西式快餐企业，这可能对研究结论有所影响。

第三，尽管测量量表均通过了信度和效度检验，问项的标准化载荷系数达到可接受水平，但是个别问项在某一类样本中低于 0.707 的严格标准，这说明在针对某一特定样本群时，个别问项需要调整。服务环境体验的 AVE 值较低，并且测量这个概念的五个问项的标准化载荷系数普遍较低，这说明用这五个问项测量这个概念仍不够充分。

第四，根据操作性定义，社会体验只是反映了顾客的交往感知，没有包含自我认知和自我形象等。并且，顾客的消费情感是复杂的，仅从四个方面测量积极情感和消极情感可能还不够充分。

（2）未来研究方向

针对上述研究局限性，在将来，我们可以从以下几个方面进一步展开深化研究。

第一，在其他服务业和其他地区，对顾客体验和服务品牌权益之间的关系进一步展开研究，以验证将顾客体验分为功能性体验、情感体验和社会体验三类体验的合理性，以及各类顾客体验对服务品牌权益的影响，但要注意的是，各类顾客体验的测量量表需要根据实际情况进行相应调整。

第二，在不同的服务业，顾客容忍度和顾客期望可能会影响顾客的体验感知，并进一步影响顾客体验与服务品牌权益之间的关系。在今后的研究中，我们可以将顾客容忍度、顾客期望或其他概念作为调节变量，对本研究中的研究模型进行调整，以求找到一个普适性的模型，并用其他样本数据检验顾客感知价值作为服务品牌权益的一个维度的合理性。

第三，在未来的研究中，将广告、地理位置等概念融入模型，以检验顾客体验与这些变量相比，哪一个变量对服务品牌权益的影响更大。

第四，结合社会学和心理学等相关学科，从人具有社会属性这一角度出发，对顾客的社会消费行为进行深度挖掘。

第五，用本研究所开发的量表，调查西式快餐，然后与本书中有关中式快餐的研究结论进行对比，这对于从顾客的视角探索中西式快餐的差异会有所裨益。

第六，对服务业内部员工进行调研，从员工的视角探索服务品牌权益的来源，以求对服务品牌权益有更全面的认知。

参考文献

［1］白长虹.西方的顾客价值研究及其实践启示［J］.南开管理评论，2001（2）：51-55.

［2］蔡万坤.中国餐饮市场的发展趋势及其对策［J］.旅游学刊，2004（4）：63-68.

［3］范秀成.基于顾客的品牌权益测评：品牌联想结构分析法［J］.南开管理评论，2000（6）：9-13.

［4］范秀成.品牌权益及其测评体系分析［J］.南开管理评论，2000（1）：9-15.

［5］范秀成.顾客体验驱动的服务品牌建设［J］.南开管理评论，2001（6）：16-20.

［6］符国群.关于商标资产研究的思考［J］.武汉大学学报（哲学社会科学版），1999（1）：70-73.

［7］甘露，谢雯，贾晓昕，等.虚拟现实体验能替代实地旅游吗？——基于威士伯峰虚拟现实体验的场景实验分析［J］.旅游学刊，2019，34（8）：87-96.

［8］关辉国，耿闯闯，陈达.顾客消费体验对品牌资产影响效应路径研究——基于线上价值共创的新视角［J］.西北民族大学学报（哲学社会科学版），2018（1）：80-88.

［9］郭俊辉.顾客体验的结构、传导机制及其收入的调节效应——对大型休闲购物中心的考察［J］.中国流通经济，2016，30（6）：65-74.

［10］郭志刚.社会统计分析方法——SPSS 软件应用［M］.北京：中国人民大学出版社，1999.

［11］韩小芸，汪纯孝.服务性企业顾客满意感与忠诚感关系［M］.北京：清华大学出版社，2003.

［12］侯杰泰，成子娟，马什赫伯特.验证性因素分析：问卷题数及小样本应用策略［J］.心理学报，1999（1）：76-83.

［13］侯杰泰，温忠麟，成子娟.结构方程模型及其应用［M］.北京：教育出版社，2004.

［14］胡俊，胡飞.共享服务系统体验价值共创行为的影响因素［J］.中国流通经济，2021，35（3）：77-89.

［15］黄芳铭.结构方程模式：理论与应用［M］.北京：中国税务出版社，2005.

［16］黄文波，赖剑飞.餐饮业营销［M］.北京：企业管理出版社，1999.

［17］黄晓治，梁敏华，刘得格.参与强度与顾客体验间的调节机制研究——基于集体参与视角［J］.商业经济与管理，2018（9）：77-85.

［18］简兆权，令狐克睿，李雷.价值共创研究的演进与展望——从"顾客体验"到"服务生态系统"视角［J］.外国经济与管理，2016，38（9）：3-20.

［19］金瑜.心理测量［M］.上海：华东师范大学出版社，2001.

［20］凯勒.战略品牌管理［M］.李乃和，李凌，沈维，等译.北京：中国人民大学出版社，2003.

［21］洛夫洛克.服务营销［M］.陆雄文，庄莉，译.北京：中国人民大学出版社，2001.

［22］李飞.全渠道服务蓝图——基于顾客体验和服务渠道演化视角的研究［J］.北京工商大学学报（社会科学版），2019，34（3）：1-14.

［23］李建州.智说营销［M］.北京：中国经济出版社，2020.

［24］李艳娥.顾客体验：理论渊源、演变及其梳理［J］.商业研究，2010（2）：31-35.

［25］李颖，肖珊.知识问答社区用户心流体验对持续知识共享意愿的影响研究——以 PAT 模型为视角［J］.现代情报，2019，39（2）：111-120.

［26］刘述.用户视角下在线学习平台体验研究［J］.电化教育研究，2019，40（10）：47-52.

［27］卢泰宏.品牌资产评估的模型与方法［J］.中山大学学报（社会科学版），2002（3）：88-95.

［28］罗海成.基于心理契约的服务忠诚决定因素整合研究［D］.天津：南开大学商学院，2005.

［29］齐炳金，武忠.移动社会化媒体用户体验与知识共享的关系研究［J］.情报理论与实践，2015，38（3）：35-39.

［30］齐善鸿.现代饭店——管理新原理与操作系统［M］.广州：广东旅游出版社，1999.

［31］孙永波，丁沂昕，王勇.价值共创互动行为对品牌权益的作用研究［J］.外国经济与管理，2018，40（4）：125-152.

［32］田芙蓉，杨韫，颜麒."顾客体验"理论及其在旅游应用研究中的发展与不足［J］.经济问题探索，2013（8）：113-117.

［33］汪旭晖，李璐琳，陈凤麟.移动视频 UGC 如何影响品牌权益？——内容类型和信息框架的作用［J］.财经论丛，2019（5）：83-93.

［34］汪旭晖，张基林.在线评论如何影响多渠道零售商品牌权益？——调节聚焦倾向与在线评论框架的调节匹配视角［J］.经济管理，2017，39（6）：129-146.

［35］王高.顾客价值与企业竞争优势——以手机行业为例［J］.管理世界，2004（10）：97-106.

［36］王鉴忠，盖玉妍.顾客体验理论逻辑演进与未来展望［J］.辽宁大学学报（哲学社会科学版），2012，40（1）：93-98.

［37］王天佑.餐饮管理学［M］.沈阳：辽宁科学技术出版社，1999.

［38］王新新，李震.客观标准还是主观评价？消费者体验质量测量研究述评［J］.外国经济与管理，2019，41（1）：127-140.

［39］王新新，潘洪涛.社会网络环境下的体验价值共创：消费体验研究

最新动态［J］.外国经济与管理，2011，33（5）：17-24.

　　［40］王月辉，王茜，唐胜男，等.共享单车用户出行体验质量测量与实证研究［J］.中国软科学，2020（S1）：133-146.

　　［41］温碧燕，等.顾客的消费情感与顾客满意感关系的实证研究［J］.旅游科学，2003（4）：1-6.

　　［42］温碧燕，汪纯孝.服务公平性对储户与银行之间关系的影响［J］.南开管理评论，2005（3）：83-87.

　　［43］温忠麟，侯杰泰，马什赫伯特.结构方程模型检验：拟合指数与卡方准则［J］.心理学报，2004（2）：186-194.

　　［44］吴明隆.SPSS统计应用实务［M］.北京：科学出版社，2003.

　　［45］夏征农.辞海［M］.上海：上海辞书出版社，1999

　　［46］史密斯，惠勒.顾客体验品牌化［M］.韩顺平，吴爱胤，译.北京：机械工业出版社，2004.

　　［47］杨懿，谭雨微，陈明祥.基于大数据的餐饮业顾客体验与品牌引力耦合协调研究——以长沙市餐饮业为例［J］.财经理论与实践，2020，41（6）：141-148.

　　［48］叶奕乾，何存道，梁宁建.普通心理学［M］.上海：华东师范大学出版社，1997.

　　［49］叶奕乾，祝蓓里.心理学［M］.上海：华东师范大学出版社，1996.

　　［50］于本海，杨永清，孙静林，等.顾客体验与商户线下存在对社区O2O电商接受意向的影响研究［J］.管理学报，2015，12（11）：1658-1664.

　　［51］于春玲.基于顾客的品牌权益结构研究［D］.北京：清华大学经济管理学院，2004.

　　［52］袁方，王汉生.社会研究方法教程［M］.北京：北京大学出版社，1997.

　　［53］袁婷，刘二石.价值共创活动对顾客价值的影响研究——基于顾客体验的中介作用［J］.财经问题研究，2015（6）：100-105.

　　［54］张彤宇.基于顾客感知的服务营销组合与服务品牌权益研究［D］.

天津：南开大学商学院，2005.

［55］AAKER D A.The value of brand equity［J］，Journal of Business Strategy，1992，13（4）：27-32.

［56］AAKER D A. Managing brand equity［M］. New York：The Free Press，1991.

［57］AAKER D A.Measuring brand equity across products and markets［J］. California Management Review，1996，38（3）：102-120.

［58］ADELMAN M B，AHUVIA A C.Social support in the service sector：the antecedents，processes，and outcomes of social support in an introductory service［J］. Journal of Business Research，1995，32（3）：273-282.

［59］AILAWADI K L，LEHMANN D R，NESLIN S A.Revenue premium as an outcome measure of brand equity［J］，Journal of Marketing，2003，67（4）：1-17.

［60］AISH A E M，ENNEW C T，MCKECHNIE S A.A cross-cultural perspective on the role of branding in financial services：the small business market［J］. Journal of Marketing Management，2003，19（9/10）：1021-1042.

［61］ALGESHEIMER R，DHOLAKIA U M，HERRMANN A. The social influence of brand community：evidence from european car clubs［J］. Journal of Marketing，2005，69（3）：19-34.

［62］ALLOZA A，Conley S，Prado F，et al.Creating the BBVA experience：beyond traditional brand management［J］. Corporate Reputation Review，2004，7（1）：66-81.

［63］AMBLER T.How much of brand equity is explained by trust［J］. Management Decision，1997，35（3/4）：283-292.

［64］ANDERSON J C，GERBING D V.Structural equation modeling in practice：a review and recommended two-step approach［J］. Psychological Bulletin，1983，103（3）：411-423.

［65］ANDREASSEN T W，LINDESTAD B.Customer loyalty and complex services［J］. International Journal of Service Industry Management，1998，9

（1）：7-23.

［66］ARNOULD E J, PRICE L L.River magic: extraordinary experience and the extended service encounter［J］. Journal of Consumer Research, 1993, 20（1）: 24-45.

［67］AUBERT-GAMET V, COVA B.Servicescapes: from modern non-places to postmodern common places［J］. Journal of Business Research, 1999, 44（1）: 37-45.

［68］AUTY S.Consumer choice and segmentation in the restaurant industry ［J］. Service Industries Journal, 1992, 12（3）: 324-339.

［69］BABIN B J, BABIN L. Seeking something different a model of schema typicality, consumer affect, purchase intentions and perceived shopping value［J］. Journal of Business Research, 2001, 54（2）: 89-96.

［70］BABIN B J, DARDEN W R, GRIFFIN M.Work and/or fun: measuring hedonic and utilitarian shopping value［J］. Journal of Consumer Research, 1994, 20（4）: 644-656.

［71］BAKER J, PARASURAMAN A, GREWAL V, et al.The influence of multiple store environment cues on perceived merchandise value and patronage ［J］. Journal of Marketing, 2002, 66（2）: 120-141.

［72］BALDAUF A, CRAVENS K S, BINDER G.Performance consequences of brand equity management: evidence from organizations in the value chain［J］. Journal of Product & Brand Management, 2003, 12（4）: 220-236.

［73］BALMER J M T.Corporate identity and the advent of corporate marketing［J］. Journal of Marketing Management, 1998, 14（8）: 936-996.

［74］BEEHO A J, PRENTICE R C.Conceptualizing the experiences of heritage tourists［J］. Tourism Management, 1997, 18（2）: 75-87.

［75］BELLIZZI J A, CROWLEY A E, HASTY R W.The effects of color in store design［J］. Journal of Retailing, 1983, 59（1）: 21-45.

［76］BERELSON B.Content analysis in communication research［M］.

Glencoe: The Free Press Publishes, 1952.

［77］BERRY L L, CARBONE L P, HAECKEL S H.Managing the total customer experience［J］. MIT Sloan Management Review, 2002, 43（3）: 85-89.

［78］BERRY L L, LEFKOWITH E F, CLARK T. In services, what's in a name［J］. Harvard Business Review, 1988, 66（5）: 28-30.

［79］BERRY L L.Cultivating service brand equity［J］. Journal of the Academy of Marketing Science, 2000, 28（1）: 128-137.

［80］BETTENCOURT L A, GWINNER K.Customization of the service experience: the role of the frontline employee［J］. International Journal of Service Industry Management, 1996, 7（2）: 3-20.

［81］BHARADWAJ S G, VARADARAJAN P R, FAHY J.Sustainable competitive advantage in service industries: a conceptual model and research propositions［J］. Journal of Marketing, 1993, 57（4）: 83-99.

［82］BIEL A L.How brand image drives brand equity［J］. Journal of Advertising Research, 1992, 32（6）: 6-12.

［83］BITNER M J, FARANDA W T, HUBBERT A R, et al.Customer contributions and roles in service delivery［J］. International Journal of Service Industry Management, 1997, 8（3）: 193-205.

［84］BITNER M J.Evaluating service encounters: the effects of physical surroundings and employee responses［J］. Journal of Marketing, 1990, 54（2）: 69-82.

［85］BITNER M J.Servicescapes: the impact of physical surroundings on customers and employees［J］. Journal of Marketing, 1992, 58（2）: 57-71.

［86］BLACKWELL S A, SZEINHBACH S L, BARNES J H, et al.The antecedents of customer loyalty［J］. Journal of Service Research, 1999, 1（4）: 362-376.

［87］BLANKSON C, KALAFATIS S P.Issues and challenges in the positioning of service brands: a review［J］. Journal of Product & Brand

Management, 1999, 8 (2): 106-118.

[88] BOLTON R N, DREW J H. A multistage model of customers' assessments of service quality and value [J]. Journal of Consumer Research, 1991, 17 (4): 375-384.

[89] BOVE L L, JOHNSON L W. A customer-service worker 2000, relationship model [J]. International Journal of Service Industry Management, 2000, 11 (5): 491-511.

[90] BRAKUS J J, SCHMITT B H, ZARANTONELLO L. Brand experience: what is it? How is it measured? Does it affect loyalty? [J]. Journal of Marketing, 2009, 73 (5): 52-68.

[91] BRENGMAN M, GEUENS M. The four-dimensional impact of color on shopper's emotions [J]. Advances in Consumer Research, 2004, 31 (1): 122-128.

[92] BRONIARCZYK S M, GERSHOFF A D. The reciprocal effects of brand equity and trivial attributes [J]. Journal of Marketing Research, 2003, 40 (2): 161-175.

[93] BUENO E V, BEAUCHAMP W T B, BOMFIM E L, et al. Measuring customer experience in service: a systematic review [J]. The Service Industries Journal, 2019 (11-12): 1-20.

[94] CAMERON M A, BAKER J, PETERSON M, et al. The effects of music, wait-length evaluation, and mood on a low-cost wait experience [J]. Journal of Business Research, 2003, 56 (6): 421-430.

[95] CAMPBELL D T, FISKE D W. Convergent and discriminate validation by the multitrait-multimethod matrix [J]. Psychological Bulletin, 1959, 56 (2): 81-105.

[96] CARBONE L P, HAECKEL S H. Engineering customer experience [J]. Marketing Management, 1994, 3 (3): 8-19.

[97] CARMAN J M. Consumer perceptions of service quality: an assessment of the SERVQUAL dimensions [J]. Journal of Retailing, 1990, 66

（1）：33-55.

［98］CHAUDHURI A.Brand equity or double jeopardy?［J］.Journal of Product & Brand Management，1995，4（1/2）：26-32.

［99］CHAUDHURI A.Consumption emotion and perceived risk：a macro-analytic approach［J］.Journal of Business Research，1997，39（2）：81-92.

［100］CHAUDHURI A.How brand reputation affects the advertising-brand equity link［J］.Journal of Advertising Research，2002，42（3）：33-43.

［101］CHEN C C.Using free association to examine the relationship between the characteristics of brand associations and brand equity［J］.Journal of Product & Brand Management，2001，10（7）：439-451.

［102］CHOI T Y，CHU R.Determinants of hotel guests' satisfaction and repeat patronage in the hong kong hotel industry［J］.International Journal of Hospitality Management，2001，20（3）：277-297.

［103］CHURCHILL G A.A paradigm for developing better measures of marketing construct［J］.Journal of Marketing Research，1979，16（3）：275-298.

［104］CLARK M A，WOOD R C.Consumer loyalty in the restaurant industry-preliminary exploration of the issues［J］.International Journal of Contemporary Hospitality Management，1998，10（4）：139-144.

［105］CLARKE I，SCHMIDT R A.Beyond the serivcescape：the experience of place［J］.Journal of Retailing and Consumer Services，1995，2（3）：149-162.

［106］COBB-WALGREN C J，RUBLE C A，DONTHU N. Brand equity，brand preference，and purchase intent［J］.Journal of Advertising，1995，24（3）：25-40.

［107］COVA B.Community and consumption：towards a definition of the linking value of products or services［J］.European Journal of Marketing，1997，31（3/4）：297-316.

［108］CRONIN J J，TAYLOR S A. Measuring service quality：a

reexamination and extension［J］. Journal of Marketing, 1992, 56（3）: 55-68.

［109］CSIKSZENTMIHALYI M. Flow: the psychology of optimal experience［M］. NewYork: Harper Perennial, 1991.

［110］DANAHER P J, ZEALAND N, MATTSSON J.A comparison of service delivery processes of different complexity［J］. International Journal of Service Industry Management, 1998, 9（1）: 48-63.

［111］DARBY M R, KAMI E.Free competition and the optimal amount of fraud［J］. Journal of Law and Economics, 1973, 16（1）: 67-86.

［112］DAWES J, ROWLEY J.The waiting experience: towards service quality in the leisure industry［J］. International Journal of Contemporary Hospitality Management, 1996, 8（1）: 16-21.

［113］DAWES J, ROWLEY J. Enhancing the customer experience: contributions from information technology［J］. Management Decision, 1998, 36（5/6）: 350-357.

［114］DAWSON S, BLOCH P H, RIDGWAY N M.Shopping motives, emotional states, and retail outcomes［J］. Journal of Retailing, 1990, 66（4）: 408-427.

［115］de CHERNATONY L, DRURY S, SEGAL-HORN S.Building a services brand: stages, people and orientations［J］. Service Industries Journal, 2003, 23（3）: 1-21.

［116］de CHERNATONY L, RILEY F D, HARRIS F.Criteria to assess brand success［J］. Journal of Marketing Management, 1998, 14（7）: 765-781.

［117］de CHERNATONY L, RILEY F D. Experts' views about defining services brands and the principles of services branding［J］. Journal of Business Research, 1999, 46（2,）: 181-192.

［118］de CHERNATONY L, SEGAL-HORN S.The criteria for successful services brands［J］. European Journal of Marketing, 2003, 37（7/8）: 1095-

1118.

［119］de CHERNATONY L，SEGAL-HORN S. Building on services'
characteristics to develop successful services brands［J］. Journal of Marketing
Management，2001，17（7/8）：645-669.

［120］DEVLIN J. Brand architecture in services：the example of retail
financial services［J］. Journal of Marketing Management，2003，19（9/10）：
1043-1065.

［121］DIBB S，SIMKIN L.The strength of branding and positioning in
services［J］. International Journal of Service Industry Management，1993，4
（1）：25-35.

［122］DOBREE J，PAGE A S. Unleashing the power of service brands in
the 1990's［J］. Management Decision，1990，28（1）：14-28.

［123］DODDS W B，MONROE K B，GREWAL D. Effects of price,
brand，and store information on buyers' product evaluations［J］. Journal of
Marketing Research，1991，28（3）：307-319.

［124］DODDS W B. In search of value：how price and store name
information influence buyer's product perceptions［J］. Journal of Services
Marketing，1991，5（3）：27-36.

［125］DONOVAN R J，ROSSITER J R，MARCOOLYN G，et al.Store
atmosphere and purchasing behavior［J］. Journal of Retailing，1994，70（3）：
283-294.

［126］DONOVAN R J，ROSSITER J R. Store atmosphere：an
environmental psychology approach［J］. Journal of Retailing，1982，58（1）：
34-57.

［127］DYSON P F A，HOLLIS N S. Understanding measuring，and using
brand equity［J］. Journal of Advertising Research，1996，36（6）：9-21.

［128］EROGLU S A，MACHLEIT K A. An empirical study of retail
crowding antecedents and consequences［J］. Journal of Retailing，1990，66
（2）：201-221.

［129］FARQUHAR P H. Managing brand equity［J］. Marketing Research, 1989, 1（3）: 24-33.

［130］FERN E F. The use of focus groups for idea generation: the effects of group size, acquaintanceship, and moderator on response quantity and quality［J］. Journal of Marketing Research, 1982, 19（1）: 1-13.

［131］FISK R P, BROWN S W, BITNER M J. Tracking the evolution of services marketing literature［J］. Journal of Retailing, 1993, 69（1）: 61-103.

［132］FORNELL C L, LARCKER D F.Evaluating structural equation models with unobservable variables and measurement error［J］. Journal of Marketing Research, 1981, 18（1）: 39-50.

［133］FREDERICKS J O, SALTER J M. Beyond customer satisfaction ［J］. Management Review, 1995, 84（5）: 29-32.

［134］FRENZEN J K, DAVIS H L.Purchasing behavior in embedded markets［J］. Journal of Consumer Research, 1990, 17（1）: 1-12.

［135］GABBOTT M, HOGG G. Consumer behavior and services: a review［J］. Journal of Marketing Management, 1994, 10（4）: 311-324.

［136］GAINER B.Ritual and relationships: interpersonal influences on shared consumption［J］. Journal of Business Research, 1995, 32（3）: 253-260.

［137］GARDNER M P.Mood states and consumer behavior: a critical review［J］. Journal of Consumer Research, 1985, 12（3）: 281-300.

［138］GLADDEN J M, FUNK D C. Developing an understanding of brand associations in team sport: empirical evidence from consumers of professional sport［J］. Journal of Sport Management, 2002, 16（1）: 54-81.

［139］GLADDEN J M, IRWIN R L, SUTTON W A. Managing north american major professional sport teams in the new millennium: a focus on building brand equity［J］. Journal of Sport Management, 2001, 15（4）: 297-317.

［140］GLADDEN J M, MILNE G R, SUTTON W A. A conceptual framework for assessing brand equity in division I college athletics［J］. Journal of Sport Management, 1998, 12（1）: 1-19.

[141] GOULDING C. The museum environment and the visitor experience [J]. European Journal of Marketing, 2000, 34（3/4）: 251-278.

[142] GRACE D, O' CASS A. Examining service experiences and post-consumption evaluations [J]. Journal of Services Marketing, 2004, 18（6）: 450-461.

[143] GREENFIELD A.Brands that get noticed [J]. Marketing Research, 2003, 15（2）: 29-31.

[144] GRONROOS C. A service-orientated approach to marketing of services [J]. European Journal of Marketing, 1978, 12（8）: 588-601.

[145] GROVE S J, FISK R P.The service experience as theater [J]. Advances in Consumer Research, 1992, 19（1）: 455-461.

[146] GROVE S J, FISK R P. The impact of other customer on service experience: a critical incident examination of "getting along" [J]. Journal of Retailing, 1997, 73（1）: 63-85.

[147] HAECKEL S H, CARBONE L P, BERRY L L. How to lead the customer experience [J]. Marketing Management, 2003, 12（1）: 18-23.

[148] HARRIS K, BARON S, PARKER C. Understanding the consumer experience: it' s "good to talk" [J]. Journal of Marketing Management, 2000, 16（1-3）: 111-127.

[149] HARRIS K, HARRIS R, BARON S.Customer participation in retail service: lessons form brecht [J]. International Journal of Retail & Distribution Management, 2001, 29（8/9）: 359-369.

[150] HARRIS R, HARRIS K, BARON S.Theatrical service experiences: dramatic script development with employees [J]. International Journal of Service Industry Management, 2003, 14（2）: 184-199.

[151] HARTLINE M D, FERRELL O C.The management of customer-contact service employees: an empirical survey [J]. Journal of Marketing, 1996, 60（3）: 52-70.

［152］HAVLENA W J, HOLBROOK M B.The varieties of consumption experience: comparing two typologies of emotion in consumer behavior ［J］. Journal of Consumer Research, 1986, 13（3）: 394-404.

［153］HERRINGTON J D, CAPELLA L M.Effects of music in service environments: a field study ［J］. Journal of Services Marketing, 1996, 10（2）: 26-41.

［154］HIRSCHMAN E C, HOLBROOK M B. Hedonic consumption: emerging concepts, methods and propositions ［J］. Journal of Marketing, 1982, 46（3）: 92-101.

［155］HOEFFLER S, KELLER K L.Building brand equity through corporate societal marketing ［J］. Journal of Public Policy & Marketing, 2002, 21（1）: 78-89.

［156］HOLBROOK M B, HIRSCHMAN E C.The experiential aspects of consumption: consumer fantasies, feeling and fun ［J］. Journal of Consumer Research, 1982, 9（2）: 132-140.

［157］HOLSTI O. Content analysis for the social sciences and the humanities ［M］. New York: Addison Wesky Publishing Company, 1969.

［158］HUBY G.Interpreting silence, documenting experience: an anthropological approach to the study of health service users' experience with HIV/AIDS care in lothian scotland ［J］. Social Science and Medicine, 1997, 44（8）: 1149-1160.

［159］HUI M K, BATESON J E G.Perceived control and the effects of crowding and consumer choice on the service experience ［J］. Journal of Consumer Research, 1991, 18（2）: 174-184.

［160］INESON E M, MARTIN A J.Factors influencing the tipping propensity of restaurant customers ［J］. Journal of Retailing and Consumer Services, 1999, 6（1）: 27-37.

［161］IZARD C E. Human emotions ［M］. New York: Plenum Press, 1977.

［162］JACOBY J，KYNER D B.Brand loyalty vs. purchasing behavior
［J］. Journal of Marketing Research，1973，10（1）：1-9.

［163］JACOBY J. A model of multi-brand loyalty［J］. Journal of
Advertising Research，1971，11（3）：25-31.

［164］JEROME L，KLEINER B H. Employee morale and its impact
on service：what companies do to create a positive service experience［J］.
Managing Service Quality，1995，5（6）：21-25.

［165］JOHNS N，KIVELA J.Perception of the first time restaurant customer
［J］. Food Service Technology，2001，1（1）：5-11.

［166］JOHNSON C，MATHEWS B P.The influence of experience on
service expectations［J］. International Journal of Service Industry Management，
1997，8（4）：290-305.

［167］JOHNSTON R.The customer as employee［J］. International Journal
of Operations & Production Management，1989，9（5）：15-24.

［168］JOHNSTON R.The determinants of service quality：satisfiers and
dissatisfiers［J］. International Journal of Service Industry Management，1995，
6（5）：53-71.

［169］JONES M A.Entertaining shopping experiences：an exploratory
survey［J］. Journal of Retailing and Consumer Services，1999，6（3）：129-
139.

［170］JONES P，HILLIER D，SHEARS P，et al. Customer perceptions of
services brands：a case study of the three major fast-food retailers in the UK［J］.
Management Research News，2002，25（6/7）：41-49.

［171］JOY A，SHERRY J F. Speaking of art as embodied imagination：a
multisensory approach to understanding aesthetic experience［J］. Journal of
Consumer Research，2003，30（2）：259-283.

［172］KASSARJIAN H H. Content analysis in consumer research［J］.
Journal of Consumer Research，1977，4（1）：8-18.

［173］KEH T K，TEO C W. Retail customers as partial employees in service provision: a conceptual framework ［ J ］. International Journal of Retail & Distribution Management, 2001, 29（8/9）: 370-378.

［174］KELLER K L. Conceptualizing, measuring, and managing customer-based brand equity ［ J ］. Journal of Marketing, 1993, 57（1）: 1-22.

［175］KELLER K L. Strategic brand management ［ M ］. Englewood Cliffs: Prentice-Hall, 1998.

［176］KELLER K L.Building customer-based brand equity ［ J ］. Marketing Management, 2001, 10（2）: 15-19.

［177］KELLER K L.Brand Synthesis: The multidimensionality of brand knowledge ［ J ］. Journal of Consumer Research, 2003, 29（4）: 595-600.

［178］KERIN R A, AMBUJ J, HOWARD D J.Store shopping experience and consumer price-quality-value perception ［ J ］. Journal of Retailing, 1992, 68（4）: 376-397.

［179］KIM H B, KIM W G, JEONG A A. The effects of consumer-based brand equity on firms' financial performance ［ J ］. Journal of Consumer Marketing, 2003, 20（4）: 335-351.

［180］KIM H B, KIM W G. The relationship between brand equity and firm's performance in luxury hotels and chain restaurants ［ J ］. Tourism Management, 2005, 26（4）: 549-560.

［181］KIVELA J, REECE J, INBAKARAN R. Consumer research in the restaurant environment, part 2: research design and analytical methods ［ J ］. International Journal of Contemporary Hospitality Management, 1999, 11（6）: 269-286.

［182］KIVELA J. INBAKARAN R, REECE J. Consumer research in the restaurant environment, part 1: a conceptual model of dining satisfaction and return patronage ［ J ］. International Journal of Contemporary Hospitality Management, 1999, 11（5）: 205-222.

［183］KIVELA J.Restaurant marketing: selection and segmentation in Hong Kong ［ J ］. International Journal of Contemporary Hospitality Management,

1997, 9（3）：116-123.

［184］KLAUS P P, MAKLAN S.EXQ. a multiple-item scale for assessing service experience［J］. Journal of Service Management, 2012, 23（1）：5-33.

［185］KLEMZ B R, BOSHOFF C.Environmental and emotional influences on willingness-to-buy in small and large retailers［J］. European Journal of Marketing, 2001, 35（1/2）：70-91.

［186］KOTLER P.Atmospherics as a marketing tool［J］. Journal of Retailing, 1973, 49（4）：48-64.

［187］KOZINETS R V, SHERRY JR J F, SPENCE D S, et al.Themed flagship brand stores in the new millennium theory, practice, prospects［J］. Journal of Retailing, 2002, 78（1）：17-29.

［188］KRISHNAN B C, HARTLINE M D.Brand equity：is it more important in services?［J］. Journal of Services Marketing, 2001, 15（4/5）：328-342.

［189］KRISHNAN H S.Characteristics of memory associations：a consumer-based brand equity perspective［J］. International Journal of Research in Marketing, 1996, 13（4）：389-405.

［190］KUMAR R S, DASH S, PURWAR P C. The nature and antecedents of brand equity and its dimensions［J］. Marketing Intelligence & Planning, 2013, 31（2）：141-159.

［191］KUPPELWIESER V G, KLAUS P.Measuring customer experience quality：The EXQ scale revisited［J］. Journal of Business Research, 2021, 126：624-633.

［192］KUSHWAHA A K, KUMAR P, KAR A K.What impacts customer experience for b2b enterprises on using ai-enabled chatbots? insights from big data analytics［J］. Industrial Marketing Management, 2021, 98：207-221.

［193］LAI A W.Consumer values, product benefits and customer value：a consumption behavior approach［J］. Advances in Consumer Research, 1995, 22（1）：381-188.

［194］LASSAR W, MITTAL B, SHARMA A. Measuring customer-based brand equity［J］. Journal of Consumer Marketing, 1995, 12（4）: 11-19.

［195］LAW A K Y, HUI Y V, ZHAO X D.Modeling repurchase frequency and customer satisfaction for fast food outlets［J］. International Journal of Quality & Reliability Management, 2004, 21（5）: 545-563.

［196］LEMON K N, VERHOEF P C. Understanding customer experience throughout the customer Journey［J］. Journal of Marketing, 2016, 80（6）: 69-96.

［197］LENGNICK-HALL C A, CLAYCOMB V, INKS L. From recipient to contributor: examination customer roles and experienced outcomes［J］. European Journal of Marketing, 2000, 34（3/4）: 359-383.

［198］LEUTHESSER L, KOHLI, C S, HARICH K R. Brand equity: the halo effect measure［J］. European Journal of Marketing, 1995, 29（4）: 57-66.

［199］LEVY M.Current accounts and baked beans: translating fmcg marketing principles to the financial sector［J］. Journal of Brand Management, 1996, 4（2）: 95-99.

［200］LEWIS R.Restaurant advertising: appeals and consumers' intentions ［J］. Journal of Advertising Research, 1992, 21（5）: 69-74.

［201］LIEBERMAN S. Commentary: managing human experience as a core marketing capability［J］. Journal of Marketing, 2021, 85（1）: 219-222.

［202］LINDQUIST J D.Meaning of image［J］. Journal of Retailing, 1974, 50（4）: 29-39.

［203］LOFMAN B.Elements of experiential consumption: a exploratory study［J］. Advances in Consumer Research, 1991, 18（1）: 729-735.

［204］LOVELOCK C H.Classifying serivces to gain strategic marketing insights［J］. Journal of Marketing, 1983, 47（3）: 9-20.

［205］LOW G S, LAMB C W. The measurement and dimensionality of brand associations［J］. Journal of Product & Brand Management, 2000, 9（6）:

350-368.

[206] MACHLEIT K A, EROGLU S A.Describing and measuring emotional response to shopping experience [J]. Journal of Business Research, 2000, 49 (2): 101-111.

[207] MACHLEIT K A, MANTEL S P.Emotional response and shopping satisfaction moderating effects of shopper attributions [J]. Journal of Business Research, 2001, 54 (2): 97-106.

[208] MACKAY M M.Application of brand equity measures in service markets [J]. Journal of Services Marketing, 2001, 15 (3): 210-221.

[209] MAHAJAN V, RAO V R, SRIVASTAVA R R. An approach to assess the importance of brand equity in acquisition decision [J]. Journal Product Innovation Manage, 1994, 11 (3): 221-235.

[210] MANO H, OLIVER R L.Assessing the dimensionality and structure of the consumption experience: evaluation, feeling, and satisfaction [J]. Journal of Consumer Research, 1993, 20 (3): 451-466.

[211] MARTIN M, MAURA S, JENNY V D, et al. Service robots rising: how humanoid robots influence service experiences and elicit compensatory consumer responses [J]. Journal of Marketing Research, 2019, 56 (4): 535-556.

[212] MATTILA A S.Do emotional appeals work for services?[J]. International Journal of Service Industry Management, 1999, 10 (3): 292-306.

[213] MAYER K J, BOWEN J T, MOULTON M R. A proposed model of the descriptors of service process [J]. Journal of Services Marketing, 2003, 17 (6/7): 621-639.

[214] MCALEXANDER J H, SCHOUTEN J W, KOENIG H F.Building brand community [J]. Journal of Marketing, 2002, 66 (1): 38-54.

[215] MCDONALD M H B, de CHERNATONY L, HARRIS F.Corporate marketing and service brands: moving beyond the fast-moving [J]. European Journal of Marketing, 2001, 35 (3/4): 335-352.

［216］MCDOUGALL G H G, LEVESQUE T.Customer satisfaction with services: putting perceived value into the equation［J］. Journal of Services Marketing, 2000, 14（5）: 392-410.

［217］MEHRABIAN A, RUSSELL J A. An approach to environmental psychology［M］. Cambridge: MIT Press, 1974.

［218］MENON S, KAHN B.Cross-category effects of induced arousal and pleasure on the internet shopping experience［J］. Journal of Retailing, 2002, 78（1）: 31-40.

［219］MIAO F, KOZLENKOVA I V, WANG H Z, et al. An emerging theory of avatar marketing［J］. Journal of Marketing, 2022, 86（1）: 67-90.

［220］MILLIMAN R E.Using background music to affect the behavior of supermarket shoppers［J］. Journal of Marketing, 1982, 46（3）: 86-91.

［221］MISHRA A, DASH S B, CYR D. Linking user experience and consumer based brand equity: the moderating role of consumer expertise and lifestyle［J］.Journal of Product and Brand Management, 2014, 23（4/5）: 333-348.

［222］MOHR L A, BITNER M J. Mutual understanding between customer and employees in service encounters［J］. Advances in Consumer Research, 1991, 18（1）: 611-617.

［223］MOORTHI Y L R. An approach to branding services［J］. Journal of Services Marketing, 2002, 16（3）: 259-274.

［224］MOREWEDGE C K, MONGA A, PALMATIER R W, et al. Evolution of consumption: a psychological ownership framework［J］. Journal of Marketing, 2021, 85（1）: 196-218.

［225］MORRIS R.Computerized content analysis in management research: a demonstration of advantages & limitations［J］. Journal of Management, 1994, 20（4）: 903-931.

［226］MULLER C C.Endorsed branding［J］. Cornel Hotel and Restaurant Administration Quarterly, 1998, 39（3）: 90-96.

［227］MUNIZ A M, O' GUINN T C. Brand community［J］. Journal of Consumer Research, 2001, 27（4）: 412-432.

［228］NELSON J E, FRONTCAK N T. How acquaintanceship and analyst can influence focus group results［J］. Journal of Advertising, 1988, 17（1）: 41-48.

［229］NELSON P. Information and consumer behavior［J］. Journal of Political Economy, 1970, 78（2）: 311-329.

［230］NOVAK T P, HOFFMAN D L, YUNG Y F. Measuring the customer experience in online environments: a structural modeling approach［J］. Marketing Science, 2000, 19（1）: 22-42.

［231］NUNNALLY J C, BERNSTEIN I H.Psychometric theory［M］. New York: McGraw-Hill, Inc, 1994.

［232］O' CASS A, GRACE D.An exploratory perspective of service brand associations［J］. Journal of Services Marketing, 2003, 17（5）: 452-475.

［233］O' CASS A, GRACE D. Exploring consumer experiences with a service brand［J］. Journal of Product & Brand Management, 2004, 13（4）: 257-268.

［234］O' LOUGHLIN D, SZMIGIN I, TURNBULL P.Branding and relationship: customer and supplier perspectives［J］. Journal of Financial Services Marketing, 2004, 8（3）: 218-230.

［235］O' MALLEY J. The total service experience［J］. Marketing Health Services, 2004, 24（3）: 12-13.

［236］OAKES S. The Influence of the Musicscape within Service Environments［J］. Journal of Services Marketing, 2000, 14（6/7）: 539-556.

［237］OLIVER R L. Cognitive, affective, and attribute bases of the satisfaction response［J］. Journal of Consumer Research, 1993, 20（3）: 418-430.

［238］OLIVER R L.Whence consumer loyalty?［J］. Journal of Marketing, 1999, 63（4）: 33-44.

[239] ONKVISIT S, SHAW J J.Service marketing: image, branding, and competition [J]. Business Horizons, 1989, 31 (1): 13-18.

[240] ORSINGHER C, MARZOCCHI G L. Hierarchical representation of satisfactory consumer service experience [J]. International Ournal of Service Industry Management, 2003, 14 (2): 200-216.

[241] OSTROM A, IACOBUCCI D.Consumer trade-offs and the evaluation of services [J]. Journal of Marketing, 1995, 59 (1): 17-28.

[242] OTNES C, LOWERY T M, SHRUM L J.Toward an understanding of consumer ambivalence [J]. Journal of Consumer Research, 1997, 24 (1): 80-93.

[243] OTTO J E, RITCHIE J R B, 1996.The service experience in tourism [J]. Tourism Management, 1996, 17 (3): 165-174.

[244] OXENFELDT A R.Developing a favorable price-quality image [J]. Journal of Retailing, 1974, 50 (4): 8-15.

[245] PADGETT D, ALLEN D.Communicating experiences: a narrative approach to creating service brand image [J]. Journal of Advertising, 1997, 26 (4): 49-62.

[246] Parasuraman A, Berry L L, Zeithamal V A. Refinement and reassessment of the SERVQUAL scale [J]. Journal of Retailing, 1991, 67 (4): 420-450.

[247] PARASURAMAN A, ZEITHAMAL V A, BERRY L L. A conceptual model of service quality and its implications for future research [J]. Journal of Marketing, 1985, 49 (4): 41-50.

[248] PARASURAMAN A, ZEITHAMAL V A, BERRY L L. SERVQUAL: a multiple-item scale for measuring customer perceptions of service quality [J]. Journal of Retailing, 1988, 64 (1): 12-40.

[249] PARK C S, SRINIVASAN V.A survey-based method for measuring and understanding brand equity and its extendibility [J]. Journal of Marketing Research, 1994, 31 (2): 271-288.

［250］PARK S S, TUNG C D, LEE H.The adoption of ai service robots: a comparison between credence and experience service settings［J］. Psychology & Marking, 2021, 38（4）: 691-703.

［251］PINA R, DIAS A. The influence of brand experiences on consumer-based brand equity［J］. Journal of Brand Management, 2021, 28（1）: 99-115.

［252］PINE II J, GILMORE J H.Welcome to the experience economy［J］. Harvard Business Review, 1998, 76（4）: 97-105.

［253］Plutchik R.Emotion: A psychoevolutionary synthesis［M］. New York: Harper & Row, 1980.

［254］PRAHALAD C K, RAMASWAMY V.The new frontier of experience innovation［J］. Sloan Management Review, 2003, 44（4）: 12-18.

［255］PRAHALAD C K, RAMASWAMY V.Co-creation experiences: the next practice in value creation［J］. Journal of Interactive Marketing, 2004, 18（3）: 5-14.

［256］PRASAD K, DEV C S.Managing hotel brand equity: a customer-centric framework for assessing performance［J］. Cornell Hotel and Restaurant Administration Quarterly, 2000, 41（3）: 22-31.

［257］PRENTICE C, NGUYEN M. Engaging and retaining customers with AI and employee service［J］. Journal of Retailing and Consumer Services, 2020, 56: 1-13.

［258］PRICE L L, ARNOULD E J, DEIBLER S L.Consumers' emotional responses to service encounters［J］. International Journal of Service Industry Management, 1995, 6（3）: 34-63.

［259］PRICE L L, ARNOULD E J, TIERNEY P.Going to extremes: managing service encounters and assessing provider performance［J］. Journal of Marketing, 1995, 59（2）: 83-97.

［260］PRIVETTE G. Peak experience, peak performance, and flow: a comparative analysis of positive human experiences［J］. Journal of Personality and Social Psychology, 1983（45）: 1361-1368.

［261］PULLMAN M E, GROSS M A. Ability of experience design elements to elicit emotions and loyalty behaviors［J］. Decision Sciences, 2004, 35（3）: 551-579.

［262］PUNTONI S, RECZEK R W, GIESLER M, et al. Consumers and artificial intelligence: an experiential perspective［J］. Journal of Marketing, 2021, 85（1）: 131-151.

［263］QUAN S, AND WANG N. Towards a structural model of the tourist experience: an illustration from food experiences in tourism［J］. Tourism Management, 2004, 25（3）: 297-305.

［264］RATHMELL J M.What is meant by services?［J］. Journal of Marketing, 2004, 30（4）: 32-36.

［265］REYNOLDS K E, BEATTY S E.Customer benefits and company consequences of customer-salesperson relationships in retailing［J］. Journal of Retailing, 1999, 75（1）: 1-10.

［266］RICHINS M L.Measuring emotions in the consumption experience ［J］. Journal of Consumer Research, 1997, 24（2）: 127-146.

［267］RILEY F D, de CHERNATONY L.The service brand as relationships builder［J］. British Journal of Management, 2000, 11（2）: 137-150.

［268］ROGERS I. Brand experience centers［J］. Brand Strategy, 2003（172）: 32.

［269］ROWLEY J.Measuring total customer experience in museums［J］. International Journal of Contemporary Hospitality Management, 1999, 11（6）: 303-308.

［270］RUSSELL J A.A circumplex model of affect［J］. Journal of Personality and Social Psychology, 1980, 39（6）: 1063-1070.

［271］RuYTER K, WETZELS M.The role of corporate image and extension similarity in service brand extensions［J］. Journal of Economic Psychology, 2000, 21（6）: 639-659.

［272］SCHMITT B, ZARANTONELLO L.Consumer experience and experiential marketing: a critical review［J］. Review of Marketing Research, 2013, 10: 25-61.

［273］SCHMITT B.Experiential marketing［J］. Journal of Marketing Management, 1999, 15（1-3）: 53-67.

［274］SCHOUTEN J W, MCALEXANDER J H, KOENIG H F. Transcendent customer experience and brand community［J］. Journal of the Academy of Marketing Science, 2007, 35（3）: 357-368.

［275］SCHREUER R. To build brand equity, marketing alone is not enough ［J］. Strategy & Leadership, 2000, 20（4）: 16-20.

［276］SCHULTZ D E.Understanding total brand value［J］. Marketing Management, 2004, 13（2）: 10-11.

［277］SEMIJIN J, RIEL A C R, AMBROSINI A B. Consumer evaluations of store brands: effects of store image and product attributes［J］. Journal of Retailing and Consumer Services, 2004, 11（4）: 247-258.

［278］SHAPIRO S, SPENCE M T. Factors affecting encoding, retrieval, and alignment of sensory attributes in a memory-based brand choice task［J］. Journal of Consumer Research, 2002, 28（4）: 603-614.

［279］SHOSTACK G L. Breaking free from product marketing［J］.Journal of Marketing, 1977, 41（2）: 73-80.

［280］SHOSTACK G L.Service positioning through structural change［J］. Journal of Marketing, 1987, 51（1）: 34-43.

［281］SIMON C J, SULLIVAN M W.The measurement and determinants of brand equity: a financial approach［J］. Marketing Science, 1993, 12（1）: 28-52.

［282］SMITH A M.Some problem when adopting churchill's paradigm for the development of service quality measurement scales［J］. Journal of Business Research, 1999, 46（2）: 109-120.

［283］SPANGENBERG E A, CROWLEY A E, HENDERSON P W.

Improving the store environment: do olfactory cues affect evaluations and behaviors [J]. Journal of Marketing, 1996, 60（2）: 67-80.

［284］STEINGE J H.Sturcture model evaluation and modification: an interval estimation approach [J]. Multivariate Behavioral Research, 1990, 25（2）: 173-180.

［285］STEVENS P, KNUTSON B, PATTON M.Dineserv: a tool for measuring service quality in restaurant [J]. Cornell Hotel and Restaurant Administration Quarterly, 1995, 36（2）: 56-60.

［286］SWEENEY J C, SOUTAR G N.Consumer perceived value: the development of a multiple item scale.[J]. Journal of Retailing, 2001, 77（2）: 203-220.

［287］THOMPSON C J, LOCANDER W B, POLLIO H R.Putting consumer experience back into consumer research: the philosophy and method of existential-phenomenology [J]. Journal of Consumer Research, 1989, 16（2）: 133-146.

［288］TSE A C B, SIN L, YIM F H K.How a crowded restaurant affects consumers' attribution behavior [J]. International Journal of Hospitality Management, 2002, 21（4）: 449-454.

［289］TSENG M M, MA Q H, SU C J. Mapping customers' service experience for operations improvement [J]. Business Process Management Journal, 1999, 5（1）: 50-64.

［290］TURLEY L W, MOORE P A.Brand name strategies in the service sector [J]. Journal of Consumer Marketing, 1995, 12（4）: 42-50.

［291］UNDERWOOD R, BOND E, BAER R.Building service brands via social identity: lessons from the sports marketplace [J]. Journal of Marketing Theory and Practice, 2001, 9（1）: 1-13.

［292］UNGER L S, KERNAN J B. On the meaning of leisure: an survey of some determinants of the subjective experience [J]. Journal of Consumer Research, 1983, 9（4）: 381-392.

［293］VARGO S L, LUCSH R F. Evolving to a new dominant logic for marketing［J］. Journal of Marketing, 2004, 68（1）: 1-17.

［294］VARGO S L, LUSCH R F. Service- dominant logic: continuing the evolution［J］. Journal of the Academy of Marketing Science, 2008, 36（1）: 1-10.

［295］VARGO S L, LUSCH R F. Institutions and axioms: An extension and update of service-dominant logic［J］. Journal of the Academy of Marketing Science, 2016, 44（1）: 5-23.

［296］VASCONCELOS A M, BARICHELLO R, LEZANA A, et al.Conceptualisation of the service experience by means of a literature review［J］. Benchmarking: An International Journal, 2015, 22（7）: 1301-1314.

［297］VÁZQUEZ R, RÍO A B D, IGLESIAS V.Consumer-based brand equity: development and validation of a measurement instrument［J］. Journal of Marketing Management, 2002, 18（1/2）: 27-48.

［298］VOORHEES C M, FOMBELLE P W, GREGOIRE Y, et al. Service encounters, experiences and the customer journey: defining the field and a call to expand our lens［J］.Journal of Business Research, 2017, 79: 269-280.

［299］WAKEFIELD K L, BLODGETT J G. The importance of servicescapes in leisure service settings［J］. Journal of Services Marketing, 1994, 8（3）: 66-76.

［300］WAKEFIELD K L, BLODGETT J G.The effects of the servicescape on customers' behavioral intentions in leisure service settings［J］. Journal of Services Marketing, 1996, 10（6）: 45-61.

［301］WALLENDORF M, ARNOULD E J.We gather together: consumption rituals of Thanksgiving Day［J］. Journal Consumer Research, 1991, 18（1）: 13-31.

［302］WASHBURN J H, PLANK R E.Measuring brand equity: an evaluation of a consumer-based brand equity scale［J］. Journal of Marketing

Theory and Practice, 2002, 10（1）：46-62.

［303］WELLS W D.Group interviewing［M］// Ferber, R.Handbook of Marketing Research. New York：McGrawHill Brook Co, 1974.

［304］WELS-LIPS I, VEN M V D, PIETERS R. Critical services dimensions：an empirical survey across six industries［J］. International Journal of Service Industry Management, 1998, 9（3）：286-309.

［305］WESTBROOK R A, OLIVER R.The dimensionality of consumption emotion patterns and consumer satisfaction［J］. Journal of Consumer Research, 1991, 18（1）：84-91.

［306］WESTBROOKR A.Product/consumption-based affective responses and postpurchase processes［J］. Journal of Marketing Research, 24（3）：1987, 258-270.

［307］WIRTZ J, BATESON J E G.Consumer satisfaction with services：integrating the environment perspective in services marketing into the traditional disconfirmation paradigm［J］. Journal of Business Research, 1999, 44（1）：55-66.

［308］WIRTZ J, MATTILA A S, TAN R L P.The moderating role of target-arousal on the impact of affect on satisfaction-an examination in the context of service experiences［J］. Journal of Retailing, 2000, 76（3）：347-365.

［309］WONG A. The role of emotional satisfaction in service encounters［J］. Managing Service Quality, 2004, 14（5）：365-376.

［310］WOOD L.Brands and brand equity：definition and management［J］. Management Decision, 2000, 38（9）：662-669.

［311］WOODRUFF R B, CADOTTE E R, JENKINS R L. Modeling consumer satisfaction processes using experience-based norms［J］. Journal of Marketing Research, 1983, 20（3）：296-304.

［312］WOODRUFF R B.Customer value：the next source for competitive advantage［J］. Journal of the Academy of Marketing Science, 1997, 25（2）：139-153.

［313］YALCH R, SPANGENBERG E.Effects of store music on shopping behavior〔J〕. Journal of Consumer Marketing, 1990, 7（2）: 55-63.

〔314〕YOO B, DONTHU N, LEE S. An examination of selected marketing mix elements and brand equity〔J〕. Journal of the Academy of Marketing Science, 2000, 28（2）: 195-211.

〔315〕YOO B, DONTHU N.Developing and validating a multidimensional consumer-based brand equity scale〔J〕. Journal of Business Research, 2001, 52（1）: 1-14.

〔316〕YOO C, PARK J, MACLNNIS D J.Effects of store characteristics and in-store emotional experiences on store attitude〔J〕. Journal of Business Research, 1998, 42（3）: 253-263.

〔317〕ZARANTONELLO L, SCHMITT B H.Using the brand experience scale to profile consumers and predict consumer behavior〔J〕. Journal of Brand Management, 2010, 17（7）: 532 - 540.

〔318〕ZEITHAML V A, BERRY L L, PARASURAMAN A.The behavioral consequences of service quality〔J〕. Journal of Marketing, 1996, 60（2）: 31-46.

〔319〕ZEITHAML V A, BERRY L L, PARASURMAN A. Communication and control processes in the delivery of service quality〔J〕. Journal of Marketing, 1988, 52（2）: 35-48.

〔320〕ZEITHAML V A, PARASURAMAN A, BERRY L L. Problems and strategies in services marketing〔J〕. Journal of Marketing, 1985, 49（2）: 33-46.

〔321〕ZEITHMAL V A.Consumer perception of price, quality and value: a means-end model and synthesis〔J〕. Journal of Marketing, 1988, 52（3）: 2-22.

〔322〕ZOLLO L, FILIERI F, RIALTI R, et al. Unpacking the relationship between social media marketing and brand equity: the mediating role of consumers' benefits and experience〔J〕. Journal of Business Research, 2020, 117（9）: 256-267.

附录 A　预调查问卷

尊敬的先生 / 女士：

您好！本问卷是南开大学课题研究调查问卷，非常感谢您在百忙之中抽空填答。本问卷只用于学术研究，回答没有对错之分，您的**真实感受**就是最好的答案。您的帮助对本研究具有重要价值，谢谢支持！

南开大学商学院

餐馆——专门就餐（吃饭）的地方，包括酒店或宾馆里的餐饮部分。

请回想一下您**最近一次和别人一起**去过的那家餐馆（餐馆大小不限），并根据您对该餐馆的印象和吃饭经历做出判断。

右边的数字 1~7 表示您对左边陈述同意的程度，数字越大表示您越同意，数字越小表示您越不同意。其中，**1 表示很不同意，2 表示不同意，3 表示有点不同意，4 表示中立，5 表示有点同意，6 表示同意，7 表示很同意**。请选择一个符合您观点的数字。

您**最近一次和别人一起**去过的餐馆的名称_____（请填写）。

一、请根据您对这家餐馆的感受来判断

A1. 这家餐馆的菜肴质量高。　　　　　1　2　3　4　5　6　7

A2. 这家餐馆的菜肴美味可口。　　　　1　2　3　4　5　6　7

A3. 这家餐馆有许多菜肴可以选择。　　1　2　3　4　5　6　7

A4. 这家餐馆的菜肴质量是可靠的。　　1　2　3　4　5　6　7

A5. 这家餐馆的菜肴质量低下。　　　　1　2　3　4　5　6　7

B1.	这家餐馆干净卫生。	1 2 3 4 5 6 7
B2.	这家餐馆的装饰有格调。	1 2 3 4 5 6 7
B3.	这家餐馆的就餐气氛良好。	1 2 3 4 5 6 7
B4.	这家餐馆的桌椅舒服。	1 2 3 4 5 6 7
B5.	这家餐馆的布局合理。	1 2 3 4 5 6 7

C1.	这家餐馆的员工有礼貌。	1 2 3 4 5 6 7
C2.	这家餐馆的员工服务态度好。	1 2 3 4 5 6 7
C3.	这家餐馆的员工素质高。	1 2 3 4 5 6 7
C4.	这家餐馆的员工热情。	1 2 3 4 5 6 7

D1.	这家餐馆服务到位。	1 2 3 4 5 6 7
D2.	这家餐馆服务及时。	1 2 3 4 5 6 7
D3.	这家餐馆服务准确。	1 2 3 4 5 6 7
D4.	这家餐馆能为顾客着想。	1 2 3 4 5 6 7

E1.	在这家餐馆就餐让我感到不舒服。	1 2 3 4 5 6 7
E2.	在这家餐馆就餐让我感到郁闷。	1 2 3 4 5 6 7
E3.	在这家餐馆就餐让我感到厌烦。	1 2 3 4 5 6 7
E4.	在这家餐馆就餐让我感到生气。	1 2 3 4 5 6 7

F1.	在这家餐馆就餐让我感到放松。	1 2 3 4 5 6 7
F2.	在这家餐馆就餐让我感到愉悦。	1 2 3 4 5 6 7
F3.	在这家餐馆就餐让我感到高兴。	1 2 3 4 5 6 7
F4.	在这家餐馆就餐让我感到满意。	1 2 3 4 5 6 7

G1. 我觉得在这家餐馆就餐促进了
我与一起吃饭的人的关系。　　　1 2 3 4 5 6 7

G2. 我觉得在这家餐馆就餐加深了
     我与一起吃饭的人的感情。   1   2   3   4   5   6   7

G3. 我觉得在这家餐馆就餐增进了
     我与一起吃饭的人的友谊。   1   2   3   4   5   6   7

G4. 我觉得在这家餐馆就餐时，我与
     一起吃饭的人交流得很好。   1   2   3   4   5   6   7

二、请根据您对这家餐馆品牌的感受来判断

H1. 总体上讲，在这家餐馆就餐让我感到物有所值。
                                           1   2   3   4   5   6   7

H2. 与我付出的成本相比，在这家餐馆就餐是值得的。
                                           1   2   3   4   5   6   7

H3. 与相同档次的餐馆相比，选择这家餐馆是值得的。
                                           1   2   3   4   5   6   7

H4. 选择这家餐馆能达到我就餐的目的。
                                           1   2   3   4   5   6   7

I1. 这家餐馆有一定的档次。   1   2   3   4   5   6   7
I2. 这家餐馆有一定的名气。   1   2   3   4   5   6   7
I3. 这家餐馆有特色。   1   2   3   4   5   6   7
I4. 这家餐馆的声誉良好。   1   2   3   4   5   6   7
I5. 这家餐馆是个就餐的好地方。   1   2   3   4   5   6   7

J1. 我觉得我会是这家餐馆的忠实顾客。   1   2   3   4   5   6   7
J2. 我打算继续光顾这家餐馆。   1   2   3   4   5   6   7
J3. 如果别人征求我的意见，我会向他推荐这家餐馆。
                                           1   2   3   4   5   6   7
J4. 如果别人征求我的意见，我会劝他不要去这家餐馆。
                                           1   2   3   4   5   6   7

K1. 即使另一家餐馆与这家餐馆没有差别（地点、菜肴、环境等），但由于餐馆品牌不同，我仍觉得选择这家餐馆更明智。

1　2　3　4　5　6　7

K2. 即使另一家餐馆与这家餐馆整体水平一样，但由于我喜欢这家餐馆品牌，我倾向于选择这家餐馆。

1　2　3　4　5　6　7

K3. 因为餐馆品牌不同，所以即使其他餐馆与这家餐馆的总体质量不分上下，我仍倾向于选这家餐馆。

1　2　3　4　5　6　7

K4. 即使其他餐馆与这家餐馆在各方面都相同，我仍然觉得选择这家餐馆是有道理的。

1　2　3　4　5　6　7

L. 这次就餐的目的是（只选一个）：

□ 解决饥饿　　□ 满足社交需要

□ 换换口味　　□ 庆祝

□ 调节心情（如摆脱烦恼、寻找心理平衡等）

M. 这家餐馆是：

□ 大众餐馆　　□ 快餐店

□ 豪华餐馆　　□ 其他

三、个人信息（该信息不记名，数据仅供学术研究之用，我们将绝对保密）

1. 您的性别：□ 男　　□ 女

2. 您的年龄：□ 20 岁以下　　□ 20~29 岁　　□ 30~39 岁

　　　　　　□ 40~49 岁　　□ 50~59 岁　　□ 60 岁及以上

3. 您的受教育程度：□ 初中及以下　　□ 高中或中专　　□ 大专

　　　　　　　　　□ 本科　　　　　□ 硕士研究生及以上

4. 您全家的月收入：□ 1 500 元及以下　　□ 1 501~3 000 元

　　　　　　　　　□ 3 001~4 500 元　　□ 4 501~6 000 元

　　　　　　　　　□ 6 001~7 500 元　　□ 7 501 元及以上

再次向您表示衷心感谢！

附录 B　正式调查问卷

尊敬的先生 / 女士：

您好！本问卷是南开大学课题研究调查问卷，非常感谢您的填答。本问卷只用于学术研究，回答没有对错之分，您的真实感受就是最好的答案。您的帮助对本研究具有重要价值，谢谢支持！

南开大学商学院博士研究组

请根据您对这家餐馆的印象和吃饭经历做出判断。右边的数字 1 ~ 7 表示您对左边陈述同意的程度，数字越大表示您越同意，数字越小表示您越不同意。其中，**1 表示很不同意，2 表示不同意，3 表示有点不同意，4 表示中立，5 表示有点同意，6 表示同意，7 表示很同意**。请针对每个陈述选择一个符合您观点的数字。

一、请根据您对这家餐馆的感受来判断

A1. 这家餐馆的菜肴质量高。　　　　　1　2　3　4　5　6　7

A2. 这家餐馆的菜肴美味可口。　　　　1　2　3　4　5　6　7

A3. 这家餐馆的菜肴质量是可靠的。　　1　2　3　4　5　6　7

A4. 这家餐馆的菜肴质量低下。　　　　1　2　3　4　5　6　7

B1. 这家餐馆干净卫生。　　　　　　　1　2　3　4　5　6　7

B2. 这家餐馆的装饰有格调。　　　　　1　2　3　4　5　6　7

B3. 这家餐馆的就餐气氛良好。　　　　1　2　3　4　5　6　7

B4. 这家餐馆的桌椅舒服。　　　　　　1　2　3　4　5　6　7

B5. 这家餐馆的布局合理。   1   2   3   4   5   6   7

C1. 这家餐馆的员工有礼貌。   1   2   3   4   5   6   7
C2. 这家餐馆的员工服务态度好。 1   2   3   4   5   6   7
C3. 这家餐馆的员工素质高。   1   2   3   4   5   6   7
C4. 这家餐馆的员工热情。   1   2   3   4   5   6   7

D1. 这家餐馆服务到位。   1   2   3   4   5   6   7
D2. 这家餐馆服务及时。   1   2   3   4   5   6   7
D3. 这家餐馆服务准确。   1   2   3   4   5   6   7
D4. 这家餐馆能为顾客着想。   1   2   3   4   5   6   7

E1. 在这家餐馆就餐让我感到不舒服。 1   2   3   4   5   6   7
E2. 在这家餐馆就餐让我感到郁闷。   1   2   3   4   5   6   7
E3. 在这家餐馆就餐让我感到厌烦。   1   2   3   4   5   6   7
E4. 在这家餐馆就餐让我感到生气。   1   2   3   4   5   6   7

F1. 在这家餐馆就餐让我感到放松。   1   2   3   4   5   6   7
F2. 在这家餐馆就餐让我感到愉悦。   1   2   3   4   5   6   7
F3. 在这家餐馆就餐让我感到高兴。   1   2   3   4   5   6   7
F4. 在这家餐馆就餐让我感到满意。   1   2   3   4   5   6   7

G1. 我觉得在这家餐馆就餐促进了
我与一起吃饭的人的关系。   1   2   3   4   5   6   7
G2. 我觉得在这家餐馆就餐加深了
我与一起吃饭的人的感情。   1   2   3   4   5   6   7
G3. 我觉得在这家餐馆就餐增进了
我与一起吃饭的人的友谊。   1   2   3   4   5   6   7

G4. 我觉得在这家餐馆就餐时，

我与一起吃饭的人交流得很好。　　1　2　3　4　5　6　7

二、请根据您对这家餐馆品牌的感受来判断

H1. 总体上讲，在这家餐馆就餐让我感到物有所值。

1　2　3　4　5　6　7

H2. 与我付出的成本相比，在这家餐馆就餐是值得的。

1　2　3　4　5　6　7

H3. 与相同档次的餐馆相比，选择这家餐馆是值得的。

1　2　3　4　5　6　7

H4. 选择这家餐馆能达到我就餐的目的。

1　2　3　4　5　6　7

I1. 这家餐馆有一定的档次。　　1　2　3　4　5　6　7

I2. 这家餐馆有一定的名气。　　1　2　3　4　5　6　7

I3. 这家餐馆有特色。　　1　2　3　4　5　6　7

I4. 这家餐馆的声誉良好。　　1　2　3　4　5　6　7

J1. 我觉得我会是这家餐馆的忠实顾客。　1　2　3　4　5　6　7

J2. 我打算继续光顾这家餐馆。　　1　2　3　4　5　6　7

J3. 如果别人征求我的意见，我会向他推荐这家餐馆。

1　2　3　4　5　6　7

J4. 如果别人征求我的意见，我会劝他不要去这家餐馆。

1　2　3　4　5　6　7

K1. 即使另一家餐馆与这家餐馆没有差别（地点、菜肴、环境等），
但由于餐馆品牌不同，我仍觉得选择这家餐馆更明智。

1　2　3　4　5　6　7

K2. 即使另一家餐馆与这家餐馆整体水平一样，但由于我喜欢
这家餐馆品牌，我倾向于选择这家餐馆。

1　2　3　4　5　6　7

K3. 因为餐馆品牌不同，所以即使其他餐馆与这家餐馆的总体质量不分
上下，我仍倾向于选这家餐馆。

1　2　3　4　5　6　7

K4. 即使其他餐馆与这家餐馆在各方面都相同，我仍然觉得
选择这家餐馆是有道理的。

1　2　3　4　5　6　7

L. 这次就餐的目的是（只选一个）：

☐ 解决饥饿　　☐ 满足社交需要

☐ 换换口味　　☐ 庆祝

☐调节心情（如摆脱烦恼、寻找心理平衡等）

三、个人信息（该信息不记名，数据仅供学术研究之用，我们将绝对保密）

1. 您的性别：☐ 男　　☐ 女

2. 您的年龄：☐ 20 岁以下　　☐ 20~29 岁　　☐ 30~39 岁

　　　　　　☐ 40~49 岁　　☐ 50~59 岁　　☐ 60 岁及以上

3. 您的受教育程度：☐初中及以下　☐高中或中专　　☐大专

　　　　　　　　　☐本科　　　　☐硕士研究生及以上

4. 您的全家月收入：☐ 1 500 元以下　　☐ 1 501~3 000 元

　　　　　　　　　☐ 3 001~4 500 元　　☐ 4 501~6 000 元

　　　　　　　　　☐ 6 001~7 500 元　　☐ 7 501 元及以上

再次向您表示衷心感谢！

附录 C 最终模型标准化载荷系数

潜变量	问项	参数	豪华餐馆		大众餐馆		快餐店	
			估计值	T 值	估计值	T 值	估计值	T 值
PU	PU1	$\lambda_{x11,1}$	0.8634		0.8092		0.7676	
	PU2	$\lambda_{x12,1}$	0.8222	18.1554	0.8434	13.5708	0.7011	10.2619
	PU3	$\lambda_{x13,1}$	0.7835	16.9357	0.7193	11.1599	0.7397	10.8397
	PU4	$\lambda_{x14,1}$	0.7106	14.7366	0.7236	11.2428	0.5960	8.6554
PY	PY1	$\lambda_{x21,2}$	0.6913		0.6725		0.7432	
	PY2	$\lambda_{x22,2}$	0.7438	12.1383	0.7453	9.4077	0.7350	10.7477
	PY3	$\lambda_{x23,2}$	0.7992	12.8793	0.8055	9.9943	0.7523	11.0031
	PY4	$\lambda_{x24,2}$	0.6952	11.4371	0.7160	9.1003	0.6775	9.8840
	PY5	$\lambda_{x25,2}$	0.7167	11.7514	0.6650	8.5425	0.6880	10.0421
PE	PE1	$\lambda_{x31,3}$	0.7989		0.8193		0.8377	
	PE2	$\lambda_{x32,3}$	0.8152	17.2342	0.8760	15.8706	0.8682	16.8240
	PE3	$\lambda_{x33,3}$	0.8289	17.6363	0.8506	15.1561	0.7936	14.5672
	PE4	$\lambda_{x34,3}$	0.8675	18.8123	0.8375	14.7992	0.8034	14.8384
PO	PO1	$\lambda_{x35,3}$	0.8346	17.8066	0.8457	15.0221	0.8471	16.1489
	PO2	$\lambda_{x36,3}$	0.8096	17.0730	0.7890	13.5464	0.6996	12.1363
	PO3	$\lambda_{x37,3}$	0.8008	16.8201	0.7718	13.1270	0.7284	12.8338
	PO4	$\lambda_{x38,3}$	0.7467	15.3239	0.7165	11.8489	0.7493	13.3643
NA	NA1	$\lambda_{y11,1}$	0.8611		0.8445		0.8451	
	NA2	$\lambda_{y12,1}$	0.8772	21.5253	0.8527	15.5343	0.9172	18.9624
	NA3	$\lambda_{y13,1}$	0.8996	22.5091	0.8580	15.6881	0.9204	19.0846
	NA4	$\lambda_{y14,1}$	0.8500	20.3557	0.8800	16.3263	0.8941	18.1083

（续表）

潜变量	问项	参数	豪华餐馆 估计值	豪华餐馆 T 值	大众餐馆 估计值	大众餐馆 T 值	快餐店 估计值	快餐店 T 值
PA	PA1	$\lambda_{y21,\,2}$	0.8760		0.8531		0.8448	
	PA2	$\lambda_{y22,\,2}$	0.9238	25.3488	0.9201	18.6331	0.9380	20.0329
	PA3	$\lambda_{y23,\,2}$	0.9052	24.2903	0.9109	18.3237	0.9432	20.2386
	PA4	$\lambda_{y24,\,2}$	0.8377	20.7817	0.8712	16.8795	0.8739	17.5415
SE	SE1	$\lambda_{y31,\,3}$	0.8290		0.8603		0.8912	
	SE2	$\lambda_{y32,\,3}$	0.9309	22.1931	0.8896	17.5500	0.9458	24.0368
	SE3	$\lambda_{y33,\,3}$	0.8808	20.3921	0.9048	18.0759	0.9524	24.4855
	SE4	$\lambda_{y34,\,3}$	0.8251	18.3939	0.8265	15.4099	0.8991	21.0728
CPV	CPV1	$\lambda_{y41,\,4}$	0.9228		0.8646		0.8633	
	CPV2	$\lambda_{y42,\,4}$	0.9074	27.8421	0.8939	17.4871	0.8556	16.5384
	CPV3	$\lambda_{y43,\,4}$	0.8897	26.4156	0.8587	16.3537	0.8294	15.7328
	CPV4	$\lambda_{y44,\,4}$	0.8338	22.5575	0.7498	13.1041	0.7736	14.0934
BI	BI1	$\lambda_{y51,\,5}$	0.8101		0.7820		0.6606	
	BI2	$\lambda_{y52,\,5}$	0.8168	16.5573	0.8650	13.6118	0.7737	9.9126
	BI3	$\lambda_{y53,\,5}$	0.7788	15.5958	0.7905	12.2517	0.7597	9.7739
	BI4	$\lambda_{y54,\,5}$	0.8005	16.1463	0.8196	12.7593	0.7677	9.8537
BL	BL1	$\lambda_{y61,\,6}$	0.9152		0.9091		0.8560	
	BL2	$\lambda_{y62,\,6}$	0.9221	28.1478	0.9080	20.9854	0.8942	17.9625
	BL3	$\lambda_{y63,\,6}$	0.8674	24.2216	0.8813	19.5654	0.8569	16.7247
	BL4	$\lambda_{y64,\,6}$	0.7663	18.7108	0.7868	15.4176	0.7515	13.5518
BE	BE1	$\lambda_{y71,\,7}$	0.8496		0.8844		0.7931	
	BE2	$\lambda_{y72,\,7}$	0.9232	23.6475	0.9358	20.8488	0.8757	14.5278
	BE3	$\lambda_{y73,\,7}$	0.9048	22.7692	0.8511	17.2481	0.7526	12.1409
	BE4	$\lambda_{y74,\,7}$	0.9058	22.8178	0.8441	16.9647	0.8003	13.0940

注：采用固定负荷法进行分析，将每个潜变量中的第一个问项设定为1，因此没有估计 T 值。

重要术语索引

品牌体验　　　　　　　　　促销

品牌信任　　　　　　　　　品牌形象

单因素方差分析　　　　　　品牌延伸

第一提及率　　　　　　　　品牌意义

定距量表　　　　　　　　　品牌战略

定量研究　　　　　　　　　品牌知识

定位　　　　　　　　　　　品牌忠诚

定性研究　　　　　　　　　品牌资产

定序量表　　　　　　　　　品牌组合

动机　　　　　　　　　　　期望

对象性资源　　　　　　　　潜变量

二手数据分析　　　　　　　强关系

非标准化　　　　　　　　　强势品牌

服务补救　　　　　　　　　情感

服务产品体验　　　　　　　情感成本

服务场景　　　　　　　　　情感人

服务传递　　　　　　　　　情感体验

服务创新　　　　　　　　　情绪

服务环境体验　　　　　　　区别效度

服务价值　　　　　　　　　渠道成员

服务接触　　　　　　　　　群体访谈

顾客忠诚

关键事件法

关系

广告

机会成本

机器人

积极情感

绩效

价格

价值共创

交换价值

焦点小组访谈

结构方程模型

结构模型

解释力

浸入体验

经济人

经验型服务

精神成本

竞争模型

竞争能力

思考体验

思维

私域流量

搜寻成本

搜寻型服务

探索性研究

探索性因子分析

体验经济

体验营销

投射法

外生潜变量

问卷调研

无形性

无形资产

误差

显变量

显著性检验

享乐性消费

项目

消极情感

竞争优势

营销战略

增强现实

智能化

自媒体

组织文化

自我实现

综合信度

尊重

自由联想法

后 记

　　我于 2006 年博士毕业，当时我国还处于以摩托罗拉和诺基亚手机为主的 2G 时代，网络购物还不盛行，人们之间的联系主要依靠电话、短信、互联网、QQ、各网站的聊天室等。在随后短短的十几年，受电子信息技术的推动，人们的消费意识、消费内容、消费形式、消费环境等均已发生了天翻地覆的变化。

　　以推出或发生的时间为轴，对人们的工作、生活、休闲、娱乐、购物、交际、教育等产生巨大影响的产品或事件主要有：2003 年的淘宝和支付宝；2009 年的微博，同年，苹果手机进入中国市场，淘宝举办首届"双十一"购物节；2011 年的微信；2012 年的今日头条；2014 年的 4G；2016 年的抖音；2019 年，5G 正式商用。产品、内容、商业模式上的创新，不仅成就了无数个商业企业，更是加快了我国信息化、数字化发展进程。归根结底，是"网络＋智能终端＋创新模式＋创新应用"四部分同时发力，创造出了精彩纷呈的商业应用。

　　在数字化产品、数字化应用普及的今天，人们同样重视顾客体验。只是人们的体验内容、体验要求和体验感知，或多或少会增加一些网络成分。例如，去医院看病，人们通常会提前通过医院的微信公众号或服务号挂号，在微信公众号或服务号里查询可以预约哪位专家，如果医院没有开通这个服务通道，人们可能会觉得不便利，极有可能推迟就诊或选择其他医院；去餐馆吃饭，人们通常会提前通过美团平台看食客评价，根据评分选择餐馆。网络让人们的体验提前，在正式消费服务之前，消费体验就已经开始。

网络元素已经深入渗透传统服务业的各个角落，成为服务提供商生存和发展的不可或缺的要素，最典型的应用如移动支付。尽管本书中的顾客体验没有涉及网络体验，但顾客体验的三维度模型仍然适用，只是功能性体验的内容和形式会随着时代的发展有所变化。在传统服务业，顾客将网络元素的体验视为次要功能性体验；而对于淘宝、拼多多、抖音等新兴服务平台，由于其本身就是网络服务平台，顾客会将网络体验视为主要功能性体验。无论是哪种服务业，情感体验和社会体验都将存在，因为这是由"人之所以称之为'人'"的基本属性所决定的（李建州，2020）。

为了体现研究的严谨性，在后记部分，我补充了从 2006 年至 2022 年 4 月国内外重要管理期刊上对丰富顾客体验理论有创新发展的相关文献，包括 26 篇外文文献和 25 篇中文文献。在梳理文献时，我发现关于品牌权益的创新性研究并不多见，可见这一概念已经相当成熟，因此并未聚焦此概念的补充文献。同时，因本书侧重于理论研究，对于服务业"如何做"的阐述并不充分，为了弥补这一缺陷，我在后记的最后探讨了企业如何提升和创造美好的顾客体验，希望这些建议能给企业提升服务能力带来一定的启发和贡献。

一、近些年的理论研究进展

自从 Holbrook 和 Hirschman（1982）首次将社会心理学中的"体验"概念引入消费行为分析以来，对顾客体验的研究就一直经久不衰，"体验营销"成为营销学派丛林中的重要一员。以"体验"为中心词，形成了多种相关概念：顾客体验、消费体验、服务体验、体验价值、体验质量、体验结果等，以及具体行业中的体验，如银行体验、购物体验、网络体验等。对于"体验"二字，不同学者有不同的理解，但这不妨碍我们对体验重要性的认知。

1. 顾客体验综述类研究

在这新增的 51 篇文献中，进行顾客体验综述类研究的外文文献有 5 篇，中文文献有 4 篇。综述类文献的最大优点就是便于人们全面系统地了解某一研究主题的研究现状和研究空白点，可以让其他研究者在较短时间内迅速熟悉某一研究主题，避免重复研究，走弯路。在写综述类文献时，学者们的研究切入点、研究时间均不相同，所以对于同一主题，会有不同的综述类文献。研究者在写论文时，一定要学会查看综述类文献。

Schmitt 和 Zarantonello（2013）对顾客体验和体验营销中的体验的定义、种类、维度进行了批判性的回顾与总结。Vasconcelos 等（2015）对 1991—2011 年的 70 篇相关文献用计量方法进行了分析，证实服务体验与服务质量是联系紧密但又完全不同的两个概念，并将服务体验分成了诱因（Predispositions）、互动和反应三个维度，其中诱因发生在服务之前。Bueno 等（2019）在对涉及服务体验的 33 篇营销文献的梳理研究中也采用了这一观点，同时将诱因定义成"前体验"，并认为前体验是服务体验的一个新维度。

Lemon 和 Verhoef（2016）结合"顾客旅程"概念对顾客体验的相关文献进行梳理，提出在顾客的购买过程中，顾客与企业之间存在多个接触点，顾客体验在每个接触点均可能发生。他们还根据购买过程，将顾客体验分为购买前体验、购买中体验和购买后体验（Voorhees et al.，2017），并分析了顾客体验与一些营销中的成熟的概念（如购买过程模型、顾客满意、顾客忠诚、服务质量、关系营销、顾客参与）的关系。Kuppelwieser 和 Llaus（2021）系统地梳理和展现了 28 篇顾客体验测量量表的相关文献，并详细列出了每篇文献中所涉及的顾客体验的不同维度以及各维度的具体测量问项。

"前体验"（Bueno et al.，2019）在 Kuppelwieser 和 Klaus（2021）的研究中被界定为"品牌体验"。两位学者开发了分别适用于 B2B 和 B2C 环境中的服务体验质量量表（Klaus and Maklan，2012），并根据顾客旅程这一概念，将顾客体验分成品牌体验、服务提供者体验和购后体验三个高级维度（二阶因子），每个高级维度又对应不同的具体维度（一阶因子）。品牌体验主要集中在进行服务消费之前，包括参考以往的经验、参照群体评价等。服务提供者体验则主要集中在服务互动过程中，包括流程体验、服务过程的直接评价、物理环境的感知和评价。购后体验主要表现为所有购买后的互动，包括熟悉度感知、服务补救和保留，涉及社会价值和享乐性价值。

上述"品牌体验"的概念与 Brakus、Schmitt 和 Zarantonello（2009）提出的概念有所不同。在 Brakus、Schmitt 和 Zarantonello（2009）的研究中，三位学者将"品牌体验"界定为由品牌刺激物引发的顾客体验（与产品体验、服务体验、购物体验、消费体验均不相同），并用六个试验证实了品牌体验包括四个维度：感观体验、情感体验、智力体验和行为体验。同时，品牌体验与品牌评价、品牌涉入、品牌依恋、品牌个性等也有本质上的区别。Zarantonello 和 Schmitt（2010）在品牌体验量表研究中，将顾客分成五大类：享乐型、功利型、综合型、有主意型和行为导向型。每一类顾客均追求自己独特的品牌体验。因此，在引用这些文献的时候，我们一定要对概念的出处有所了解。

田芙蓉、杨韫和颜麒（2013）三位学者从自然科学、哲学、心理学、人类学和民族学等学科角度对"体验"一词的定义和重点进行了总结，这有助于人们进一步了解不同情景中的体验的含义。李艳娥（2010）则从经济学、管理学和心理学三个学科的角度界定了体验的概念，并简要总结了顾客体验在互联网行业、图书馆、零售行业、汽车行业、旅游业、房地产行业中的应用研究。王鉴忠和盖玉妍（2012）则将顾客体验研究分成四种学说：心理体验说、流体验说、组合体验说和战略体验模块说。从时间上看，这三篇文献相对较久远，没有涉及近十年的顾客体验的相关研究。比较新的是，王新新和李震（2019）从顾客体验质量测量角度对顾客体验进行了研究述评，将测量方法分成自我报告法、观察法和心理生理测量法三种，并强调没有适用于任何情景的十全十美的测量方法。

2. 顾客体验与其他概念的关系研究

一是与品牌权益的关系。本书主要证实了顾客体验对服务品牌权益具有显著的影响，在当时，用实证方法去验证这两个变量之间关系的文章还非常稀少，所以研究结论对于丰富顾客体验理论有一定的贡献。近些年，有不少学者进一步证实了顾客体验是创建品牌权益的一个重要来源。只是在实证研究时，不同学者确定的顾客体验的维度有所不同。

例如，Kumar、Dash 和 Purwar（2013）将品牌体验分为感观体验、情感体验、行为体验和知识体验四个二级维度，其中知识体验与 Schmitt（1999）提出的思考体验类似，主要指通过思考来解决问题；将品牌权益分为品牌认知、品牌联想、感知质量、品牌信任和品牌忠诚五个二级维度。三位学者用 902 个印度患者样本数据证实了品牌体验是医院品牌权益的一个重要影响因素。

Mishra、Dash 和 Cyr（2014）将服务体验分为有用性（功能价值）、使用中的愉悦感（享乐价值）和社会价值三个维度，将品牌权益分为品牌联想、感知质量、品牌信任和品牌忠诚，证实服务体验对于服务品牌权益具有重要影响。同时，顾客的专业知识和生活方式在体验对品牌权益的影响中起调节作用。

Pina 和 Dias（2021）证实了顾客的品牌体验对于基于顾客的品牌权益有重要影响，感观体验和情感体验对于品牌权益各维度的影响最大，并强调在产品和服务日趋类同的今天，情感将在顾客的购买决策中扮演重要角色。在对奢侈品社交媒体营销的研究中，Zollo 等人（2020）证实了顾客的情感体验和理性体验可以显著地影响品牌忠诚、品牌认知和感知质量，其中，理性体验包括行为体验和智力体验。

Schouten、McAlexander 和 Koenig（2007）证实了超然体验对品牌社区有积极的影响，并通过对品牌社区的忠诚提升服务品牌权益。超然体验主要包括高峰体验与心流体验，高峰体验与心流体验是两种联系紧密但本质不同的体验（Privette，1983）。高峰体验是一种超越自身需求的体验，往往产生于一瞬间，是完成目标任务或完全自我实现后达到的那种欣喜若狂、如醉如痴的状态（是一种豁然开朗的愉悦感和幸福感）。心流体验关注的是过程，是在从事某项工作或做某件具体事务时的那种全神贯注、高度投入的感觉，在这一体验的过程中，顾客常常忘记时间的存在。

二是与价值共创的关系。价值共创和服务主导逻辑是近几年市场营销专业学术研究领域最火热的概念，围绕这两个核心概念已经有大量的学术论文发表。在商品主导逻辑中，顾客只是价值的被动接受者，以对象性资源（商品）、企业、交换价值为核心；在服务主导逻辑中，顾客体验和顾客价值由顾客与服务提供者共同创造，顾客的服务体验感知不再是服务输出的结果，顾客自身也对体验质量和体验价值产生影响。操作性资源是竞争优势的根本来源（Vargo and Lusch，2008）。

价值共创理论来源于顾客体验理论，并在顾客体验理论的基础上有进一步的发展。其实，价值共创这一概念在其被提出后的十几年里，并未引起学术界的关注，在 Vargo 和 Lusch（2004）提出服务主导逻辑这一概念之后，价值共创才引起学术界的热议。在当今复杂的网络环境背景下，学者们开始关注服务生态系统中的价值共创,网络关系中的价值关注点也从起初的体验价值、使用价值、情境价值向社会情景价值和文化情景价值转移。对于消费体验与价值共创的关系,有兴趣的读者可以参考王新新和潘洪涛(2011)对社会网络环境下的消费体验与价值共创的研究述评,两位学者的述评非常精炼且详尽。

国内对于顾客价值共创行为的研究成果也有许多。例如,关辉国、耿闯闯和陈达(2018)证实了顾客体验通过影响自发价值共创和发起价值共创进一步影响品牌资产;孙永波、丁沂昕和王勇(2018)研究了价值共创互动行为对品牌权益的影响;袁婷和刘二石(2015)研究了价值共创活动对顾客价值的影响;胡俊和胡飞(2021)研究了共享服务系统中体验价值共创行为的影响因素。读者若想对价值共创理论进行了解,可以参考简兆权、令狐克睿和李雷(2016)年的文章,三位学者对价值共创理论演化路线的描述非常到位。

三是国内学者的其他相关研究。相关文献主要聚焦于六类。

第一类,零售场景中的顾客体验。郭俊辉(2016)将大型购物中心的顾客体验分为服务功能、商品价值、设施便捷、气息氛围、业态整合和期待惊喜六个部分,并证实了顾客体验通过影响情绪感知和感知质量两个变量来影响消费数额,揭示了顾客在购物中心消费的心路历程。于本海等(2015)证实了顾客体验对于社区O2O电商的成败至关重要,顾客体验与线下存在感均对社区居民的购买意愿产生重要影响,为了提升顾客体验,商家需要不断培养用户的使用习惯,增强用户黏性。

第二类,网络环境中的顾客体验。杨懿、谭雨微和陈明祥(2020)采用大数据挖掘技术,以大众点评和美团中的食客点评数据为样本,研究了长沙市餐饮业顾客体验与品牌引力之间的关系。刘述(2019)从感观体验、交互体验和学习体验三个维度,对八个学习平台的顾客体验进行了比较分析,指出顾客体验将成为在线学习平台发展的重要驱动力。

第三类,服务渠道中的顾客体验。李飞(2019)从顾客体验和服务渠道演化视角,设计了一个全新的全渠道服务蓝图基本框架,主要包括全渠道有形呈现支持系统、全渠道有形呈现、顾客的全渠道行为、前台员工的全渠道行为、后台员工的全渠道行为和全渠道员工行为的支持系统等六项内容，并指出在全渠道中需要重点关注顾客的综合体验。

第四类，心流体验。与此相关的研究文献主要有三篇。魏巍、刘贝妮和凌亚如（2019）用 300 份三波次数据证实了工作游戏化通过对网约配送员心流体验产生倒 U 型影响进而影响其工作卷入，同时，证实了过度劳动负向调节工作游戏化对心流体验和工作卷入的影响。李颖和肖珊（2019）以 205 份百度知道社区活跃用户为样本，证实了用户产生的心流体验越强，其持续参与知识共享的意愿就越强，并且社区用户的技能水平、感知控制力和兴趣，社区工具的互动性和感知易用性，以及任务的挑战性，对用户的心流体验均产生正向影响。黄晓治、梁敏华和刘得格（2018）用情景实验方法，证实了顾客参与强度对心流体验产生负向影响，而关系价值和感知胜任力则调节这种消极关系。

第五类，"共享"新商业模式中的顾客体验。王月辉、王茜和唐胜男（2020）基于扎根理论，用多个数据采集软件，对共享单车用户的在线评论进行了数据分析和词汇提取，总结出共享单车用户体验质量的四个主维度和十个子维度，最后构建出共享单车体验质量的概念模型。齐炳金和武忠（2015）则通过问卷星调研了移动社会媒体中的用户体验与知识共享关系，证实了行动体验和互动体验可以直接影响知识共享，而感观体验、情感体验和思考体验则通过参与水平对知识共享产生间接影响。

第六类，用户移动互联网使用行为对品牌权益的影响研究，与此相关的主要有两篇视角非常新颖的文献。一篇是汪旭晖和张基林（2017）从调节聚焦倾向与在线评论框架的调节匹配视角，用两组实验研究了在线评论对多渠道零售商品牌权益有显著的正向影响。另一篇是汪旭晖、李璐琳和陈凤麟（2019）证实了移动视频 UGC 的内容类型和信息框架都对品牌权益产生影响，信息导向型的视频与消极框架匹配时，会对品牌权益有显著的正向作用；娱乐导向型的视频与积极框架匹配时，会对品牌权益有显著的正向作用。

3. 智能化和数字化时代的顾客体验研究

近几年，一些新技术、新概念在不断地刺激人们的神经，刷新人们对客观世界的认知。虚拟现实（Virtual Reality，VR）、增强现实（Augment Reality，

AR）、5G、云计算、区块链、人工智能（Artificial Intelligence，AI）、物流网、脑机接口、数字孪生、机器人等已经在某些场所获得现实应用，国内外的许多学者也开始关注这些新技术、新应用对顾客体验的影响。

Lieberman（2021）指出，在数字化时代，物质商品将向体验商品转移，增强顾客融入、提升顾客忠诚度、维持差异化竞争优势是营销者的中心任务，管理顾客体验是营销职能的核心。Lieberman还提出了传递体验、提升内部能力的四个基本原则：一是采用综合的体验设计方式；二是创新开放式体验；三是促进体验的弹性设计；四是不能简单地将体验设计理解为数据驱动，而应以行为证据为基础设计体验。

Morewedge等（2021）认为未来营销有三大主要变化趋势：一是共享经济的兴起，二是产品和服务的数字化，三是个人数据的扩展。产品和服务的数字化无缝链接，将使营销者更加方便地接近顾客，沉浸式体验的形式将从呈现静态的图像（文字、图片）、动态的视频到虚拟的或真实的现实世界。

为了减少人工成本或减少客户的等待时间，为客户提供全天候即时服务，许多企业开始采用AI技术。Puntoni等（2021）结合心理学和社会学的相关理论，从体验视角将顾客的AI体验分成四个维度：数据捕获体验、数据分类体验、授权体验和社会化体验。Kushwaha、Kumar和Kar（2021）通过研究证实，在B2B环境下，企业在使用AI助力的聊天机器人时，顾客体验主要受机器人的总体系统设计、顾客使用新技术的能力以及顾客对品牌和系统的信任程度这三方面的影响。而Prentice和Nguyen（2020）则发现与AI体验相比，顾客更喜欢与企业员工互动。

在不同的服务场景，顾客对AI服务机器人的心理感知不相同。在信任型服务企业（如医院），对于机器人有用性的感知直接影响顾客的态度和使用意愿；而在体验型服务企业（如咖啡店），这种感知并不起作用（Park，Tung and Lee，2021）。无论在哪一种服务企业，对个人隐私的担忧和对AI技术的信任都会直接影响顾客对机器人的使用。

Martin等（2019）证实了由于仿真机器人更易给顾客带来不适感，所以与仿真机器人互动比与真人互动更易引发顾客的补偿反应，即顾客更容易购买象征身份的产品、寻求社会归属感、订购更多食品；但当顾客的社会归属感更强、感觉食品更安全、机械化程度更高（仿真技术较差）时，这种补偿反应产生的概率会降低。

在许多服务场景，人与人之间的交互逐渐演变成人与虚拟人之间的交互，用技术替代人工已经成为趋势，这也给营销研究带来了新的命题。Miao等（2022）新提出了数字化身营销理论。数字化身营销与数字化营销虽只有一字之差，但却是两个完全不同的概念。前一个概念主要针对企业应用智能仿真机器人或虚假品牌代言人去开展营销，后一个则是指企业借助信息化网络和数字化交互媒体来实现营销。

在直播带货盛行的今天，臧维、崔宇晴和徐磊（2022）用298份线上实验有效数据，证实了品牌直播体验对顾客自我概念一致性和顾客品牌心理所有权具有显著影响。甘露、谢雯、贾晓昕等（2019）则证实了在旅游业，尽管当前由VR技术创造的沉浸感在一定程度上可以消除现实与虚拟世界的界限，但是VR体验尚不能代替实地旅游。

2021年火爆的"元宇宙"概念更是打开了人们想象的翅膀，让人们充满对未来虚实相接世界的憧憬。在元宇宙的世界里，现实世界和虚拟世界进一步融合，人类的五类感观（视觉、听觉、味觉、嗅觉、触觉）和大脑意识将全部有不同的技术加以支撑，从而创造出超凡的全新顾客体验。相信在这几年，会有学者着手研究元宇宙世界里的顾客体验，这些新思路、新构想、新发现也将为元宇宙相关技术的开发提供思路。

二、对服务企业的管理启示

在工商管理领域，理论研究的目的是发现、总结、提炼企业经营的基本规律，通过现象挖掘本质，去解决"为什么"（Why）和"是什么"（What）的问题，并告诉企业什么可以做、什么不可以做。应用研究的目的是发现企业当前存在的问题、可以提升的空间或新的市场机会，然后提出有针对性的、具体的、可行的解决方案，去解决"如何做"（How）的问题。

美国企业之所以有这么多全球品牌，就与其重视基础理论研究有关系，现代管理理论多发源于美国。这些理论来源于企业实践，并最终反哺企业实践。这些理论有其科学性和先进性，我们完全可以借鉴，而且这绝不是崇洋媚外！

许多学术研究已经证实，顾客体验是创建服务品牌权益的重要来源，是提升服务质量、获取顾客"芳心"的密码和钥匙。服务企业要想提升品牌的含金量，要想在激烈的市场竞争中获得众多忠诚顾客的青睐，必须以顾客为中心，必须向市场提供优质、美好、持久、令人难忘的顾客体验。无论其规模、所处行业、地域、人员数量有何不同，经营者都需坚持这一经营理念。特别是那些小微服务企业，无强大资本实力支撑，无法通过海量广告来提升品牌知名度，更需要依靠提供美好的顾客体验来吸引顾客。

从内容上，顾客体验可以分成功能性体验、情感体验和社会体验三个维度；从时间上，顾客体验可以分成服务前体验、服务中体验和服务后体验三个部分。体验贯穿服务的全过程。顾客与企业在每个阶段的交互均会影响顾客的感受和评价，进而影响顾客对企业和品牌的信任与忠诚度。尽管服务业有多种形态，但提升顾客体验的策略基本相同，只是不同行业的侧重点会略有差异。

1. 高度重视功能性体验

服务功能体现服务企业存在的意义，如人们去快餐店是为了吃饭，去医院是为了看病，去理发店是为了理发或美容，去超市是为了购物，等等。功能性体验是基础，是根本，功能性体验不好，其他体验就无从谈起。功能性体验可以分为服务产品体验、服务环境体验和员工服务体验，在移动互联网时代，对于非网络平台式的服务企业，还应加上网络体验，因为网络已经成为服务企业生存与发展的必备要素之一。

服务产品是实现服务功能的载体，能满足顾客的核心利益诉求。狠抓服务产品质量是服务企业提升竞争力的不二法宝。有些服务产品是有形的，如饭店的菜肴、医院的药品、汽车4S店的配件、超市里的商品等；有些服务产品是无形的，如律师的建议、医生的处方、培训机构传授的知识等。无论其形态如何，服务企业都要牢记质量是安身立命的根本。当服务产品在市场上独一无二、无替代品可以选择的时候，顾客为了满足需要会放松对其他方面的要求。例如，有些医院尽管患者多，但因为医生医术高超，仍会吸引众多的患者前往。顾客面临多个选择的时候，通常会进行多方面的比较，服务产品将不再作为唯一的选择标准。例如，即便饭菜质量再好、再独特，如果服务人员的服务态度不好，顾客也会绕道而行；而如果服务人员的服务态度超好，但饭菜质量非常差，顾客也不会前往。经营者一定要意识到——服务产品是第一要素，但不是唯一要素。

服务环境为服务功能的实现提供保障，无论是真实的物理环境，还是虚拟的网络环境，均会影响人们的感知和评价。许多服务业需要顾客"身临其境"，顾客会将服务环境作为评判企业服务能力、服务水平的一个标准，如顾客会根据就餐人员的数量来判断餐馆的菜肴质量，会根据写字楼的位置、办公室的装饰情况判断律师事务所的实力。在网络环境里，顾客会根据网络内容的更新速度、企业介绍的内容是否全面等来判断企业的服务水平。但经营者要注意，服务环境并非越宽敞、越奢华越好，因为奢华意味着高成本；服务环境一定要与企业的定位、产品定价、目标市场相适应，最大化发挥空间效率。

员工是服务功能实现的实施者，高素质、负责任、态度好、技能水平高的员工是企业的宝贵财富，能体现企业的软实力。与服务产品和服务环境相比，员工具有更多交互性、不可控性、临时性、情绪化等特征，对于顾客体验的影响也更具不稳定性。对于员工，除了企业需要进行常态化的监督和管理之外，员工自身还需积极参与学习和培训。学习和培训可分为强迫式和鼓励式，无论是哪种形式，均有利于查漏补缺、更新知识、提升技能，更为重要的是可以统一思想，构建积极向上的组织氛围，让员工认可组织文化，培养团队精神。一项服务产品的输出和消费，往往需要多位员工的参与，团队合作尤为重要。企业要确保"人人有事做，事事有人做"，做好业务流程设计，不遗漏每个环节；在薪酬绩效分配上，既要在组织内做到公平、公正、公开，还要注意所处地域的行业总体水平。总之，企业应想方设法提升员工的归属感、荣誉感和幸福感。

网络功能是服务功能实现的当代元素，体现企业与时俱进、紧跟时代步伐的组织学习能力，也是服务功能体验的重要组成部分。企业必须积极拥抱互联网，毕竟谁转型快，谁就可以占据有利的竞争地位。在桌面互联网时代，许多企业纷纷开发自己的网站；在移动互联网时代，许多企业又开发自己的 App。其实，对于全国连锁型、大型的服务企业来说，开发自己的 App

是有必要的，而其他规模的服务企业则完全可以借助那些已经把握流量入口的网络服务平台。微信小程序是个非常强大的网络链接工具，企业应好好重视、利用这一工具。企业应在内部储备这方面的专业人才，如果当前没有，最好设岗招聘，因为即使是将业务外包，也要有"懂行"的对接人员。

2. 关注顾客消费时的情感

情感是体验的重要组成部分，将直接决定顾客是否会再次消费。情感分成积极情感和消极情感，追求积极情感（快乐）、避免消极情感（痛苦）是人的本性。顾客在消费时若产生高兴、愉悦、快乐、放松等情感，则会对企业或其品牌有好印象，从而形成信任和忠诚；而不愉快、气愤、生气、懊恼等消极情感会让顾客后悔来此消费，顾客甚至会广泛散播企业的负面信息，或者阻止其他人购买。纠纷或投诉往往发生在顾客不满意时，所以企业要高度重视顾客表露出的消极情感，不可激化矛盾，让冲突升级。为了促使顾客产生积极情感，一些服务企业的经营者，如餐馆、旅游企业等，可以在服务过程中制造一些惊喜或者增加一些娱乐性项目；而另一些服务企业的经营者，如医院、诊所等则需要给予顾客应有的关怀和鼓励。在日常经营中，服务企业一定要秉持一个基本原则——积极情感不一定会产生，但消极情感一定要规避。

3. 给予顾客美好的社会体验

给予顾客美好的社会体验就是要给予顾客应有的关怀和关爱，要让顾客觉得受到了重视和尊重。企业员工记住顾客的姓名、笑脸相迎、主动打招呼、主动提供帮助、开适度的玩笑、与顾客"称兄道弟"等，会让顾客倍感亲切，拉近彼此之间的距离。企业与顾客建立朋友般的情感联结，而非单纯的交易关系，才能让顾客抵御竞争对手的诱惑。有时候员工多问一句，多说一句，就可能带来意想不到的结果。企业在服务周期内时常提供一些福利，或者提供无微不至的关怀，通常会让顾客产生这种感觉。特别是顾客与服务员工交互时，员工的表情、言辞、语气、响应速度等将直接影响顾客的感受和评价。企业可以通过加强业务监管、开展有针对性的培训等方式，来强化员工"重视顾客、尊重顾客、真诚服务"等服务行为。

4. 提供多方位的售前服务

顾客体验常常在正式进行服务消费之前就已经开始。在进行服务消费前，顾客可能会与企业直接联系——通过咨询来了解情况。服务前体验也可能在悄悄进行——顾客通过查询网络评论、浏览公众号或倾听朋友的意见等来对企业服务进行综合判断。只要不是临时决定，顾客在进行服务消费前通常会有搜寻、比较、衡量、研判等行为，这就要求企业必须做好全方位的、真实的信息展现。企业在重视每一次的服务生产时，还要加强宣传力度。当然，企业不一定要在公众媒体上大量打广告，把自身的公众号、App 等私域流量经营好，也是较好的宣传手段。企业在使用机器人做客服时，最好配备一定的人工客服，以解决可能会遇到的个性化问题。美好的服务前体验能吸引顾客的眼球，服务前体验不佳，顾客消费的概率会大大降低。

5. 让服务中的细节闪亮发光

服务中体验是顾客体验的核心和主体部分，始于顾客与服务企业的正式接触，终于服务产品的交付或服务消费的完成。在整个服务过程中，企业不得有半点闪失，除了关键环节之外，企业更要注重一些细节。在许多时候，细节更易体现企业的用心、爱心和诚心，更易体现企业的温度，更易感动顾客。例如，餐馆为长发的女士提供免费的发绳，对老人和小孩提供额外的关照；理发店提供颈纸；商场为顾客提供免费的消毒液，甚至是免费的口罩；等等。当提供的服务内容基本相似时，细节将成为服务企业成败的关键，那些优秀的服务企业无不高度重视细节。关注细节，应当成为一种企业文化。企业最好经常组织一线员工进行头脑风暴，让一线员工主动发现有哪些细节可以完善，完善哪些细节可以带来更完美的顾客体验。一线员工与顾客直接接触，他们提供的情报或建议最具针对性和可操作性，为此，企业可以设立专门的奖励政策。

另外，许多时候员工在服务中会遇到服务失败的情况，即做了不少努力，费了不少口舌，但顾客仍然心存疑虑或直接表示以后再买。此时，员工切不可马上"变脸"，与刚才的热情形成鲜明对比，要知道顾客拒绝购买一定有其顾虑。无论何时、何因，面对被拒绝的情况，即便内心懊悔不已，员工也要始终保持微笑，向顾客明确表达"欢迎下次光临"。为提升成交率，员工需要在失败中不断总结经验教训，提升谈判技巧，用服务细节感动顾客，不能将负面情绪带到工作中。

6.做好服务后的延续工作

一次服务完成，既是前一服务的结束，也是新服务的起点，所以企业一定要做好服务后的延续工作，切不能将顾客付款视为服务的结束。企业要充分利用微信群、公众号、抖音号等精心打造自己的私域流量，积极与顾客展开互动，经常用一些优惠、促销活动等来增强顾客黏性，让顾客知道企业一直没有忘记"老朋友"，让顾客持续不断地产生被重视的感觉。一个没有感恩之心的人在社会上会经常碰壁，同理，一家没有感恩之心的企业也会被顾客嫌弃。

以上所述的顾客体验提升策略，企业要根据自身所处行业、规模、实力、市场竞争情况等灵活做取舍，不能照本宣科。但无论是哪家企业，都不能只喊口号，一定要发自内心地关爱顾客、尊重顾客。"以顾客为中心"不能只是一个宣传口号，企业应在实践中做到言行一致。

企业切记——只有真正地做到以顾客为中心，顾客才会给予你丰厚的回报！